동양의
고전을
읽는다
4
문학 下

동양의 고전을 읽는다

4
문학 下

■ 일러두기

- 이 시리즈는 '오늘의 눈으로 고전을 다시 읽자'를 모토로 휴머니스트 창립 5주년을 기념하여 기획한 것이다. 안광복(중동고 교사), 우찬제(서강대 교수), 이재민(휴머니스트 편집주간), 이종묵(서울대 교수), 정재서(이화여대 교수), 표정훈(출판 평론가), 한형조(한국학중앙연구원 교수) 등 7인이 편찬위원을 맡아 고전 및 필진의 선정에서 편집에 이르는 과정을 조율하였다.
- 이 시리즈는 서양과 동양 그리고 한국 등 3종으로 나누었고 문학과 사상 등 모두 14권으로 구성하였다. 말 그대로 동서고금의 고전 250여 종을 망라하였다. 이 기획의 가장 흥미로운 특징은 각 분야에서 돋보이는 역량과 필력을 자랑하는 250여 명의 당대 지식인과 작가들이 저자로 참여했다는 점이다.

머리말

동양의 문학 고전을 읽는다

1

고전이란 시대를 초월하여 삶을 위한 지혜의 양식이 되어온 가치 있는 책을 의미한다. 인류가 역사를 거듭해오는 동안, 어느 시대든 고전을 필요로 하였겠지만 오늘날 우리에게는 그 어느 때보다도 고전이 소중한 의미를 지닌다고 생각한다. 왜냐하면 우리는 지금 커다란 문명사적 전환의 시점에 처해 있기 때문이다. 활자문화로 대표되는 이른바 아날로그 시대를 지나 이미지에 의해 매개되는 디지털 시대로 급속히 이동하는 와중에 있으며, 종래에는 불가능할 것 같았던 인체의 생산과 조작이 가능해진 생명공학의 시대에 진입하고 있는 상황이다.

과학·기술의 진보가 가져온 유례없는 이 격변은 우리로 하여금 근본적으로 인간이 무엇인지를 다시 생각하게 하며 그리고 어떻게 해야 미래에 슬기롭게 대처해나갈 수 있는지를 묻게 한다. 인간 정체성이 위협을 받는 이 시점에서 우리는 과거에 삶의 고비마다 분투했던 선인들의 지혜를 절실히 필요로 한다. 바로 이것이 오늘날 우리가 고전을 찾는 진정한 이유이다.

우리는 고전을 통해 시대를 초월한 인간의 본질과 품성을 재고함으로써 인간 정체성의 위기를 넘어설 방안을 모색해 볼 수 있을 것이고 고전 속에 담긴 숱한 삶의 지혜를 오늘에 되살려 미래의 풍요로운 삶을 위한 자양으로 삼을 수 있을 것이다. 고전은 실로 가뭄에도 마르지 않는 '샘이 깊은 물'과 같다.

2

고전 중에서도 우리는 특히 동양 고전에 주목한다. 서양 고전이 서양 문화의 뿌리로서 서양인의 정체성을 형성시켜왔듯이 동양 고전은 동양 문화의 토대로서 동양인의 정체성을 함양시켜왔다. 그러나 근대 이후 서양 문화의 주도하에 가치가 폄하되었던 동양 고전은 오히려 오늘날 더욱 진가를 발휘할 수 있다. 왜냐하면 주로 서양 문명이 이룩한 과학·기술 만능의 이 시대에 동양 고전은 서양 고전과는 다른 차원에서 그 문제점을 지적하고 대안을 제시할 수 있는 훌륭한 내용을 지니고 있기 때문이다.

동양의 문학 고전은 장구한 세월 동안 수많은 사람들의 심금을 울리며 순수한 마음을 함양하고 감성을 살찌우는 역할을 담당해왔다. 공자는 일찍이 『논어(論語)』에서 "시에는 나쁜 생각이 없다"고 갈파한 바 있지만 문학 감정이야말로 인간 본질의 순수성을 가장 잘 드러낸 것이다. 공자는 또한 "시를 통해 감흥을 일으킬 수 있고 풍속을 살필 수 있으며, 함께 어울려 살 수 있고 풍자·비판할 수 있다"고 하여 문학의 사회적, 정치적 작용에 대해서도 강조하였다. 우리의 선인들은 동양의 문학 고전을 통하여 이와 같이 순수한 마음 자세를 유지하고 사회 현실을 보는 눈을 기를 수 있었다. 우리 역시 이 시대에 필요한 정신적 자양을 동양의 문학 고전으로부터 길어올 수 있을 것이다.

그렇다면 이 책에서 소개하고 있는 동양의 문학 고전은 어떠한 과정을 통해 선정되고 설명되었는가? 이 책에서는 우선 중국과 일본의 문학 고전을 대상으로 하였다. 동양 3국 중에서 한국의 문학 고전은 별도로 꾸며질 것이기 때문이다. 문학 고전 선정의 시간대는 고대부터 현대에 이르기까지이다. 전반적으로 중국의 현대 문학과 일본 문학의 비중이 적은데 이것은 고전 자체가 아무래도 시간적 비중을 많이 차지하는 전통 시기에 집중되어 있기 때문이기도 하고 우리나라에서 많이 읽혀온 동양 고전의 지역적 비중을 고려해서이기도 하다.

문학 고전의 선정 원칙은 3국의 문학사에서 비중 있게 다루어지면서 우리에게 기나긴 세월 동안 영향을 미쳐온 책 혹은 작가를 1차 대상으로 하였다. 아울러 한국에는 잘 알려지지 않았더라도 꼭 읽어야 할 중요한 고전 작품을 차선으로 대상에 포함시켰다. 다음으로 중요한 것은 집필자들을 선정하는 일이었다. 집필진은 해당 작품 및 작가에 대해 평소 깊은 연구를 해왔으면서 난삽하지 않은 글로 독자들을 고전의 세계로 쉽게 인도할 수 있는 역량을 지닌 전공 학자들로 구성되었다. 이러한 구성은 종래 비전문가 혹은 한 개인에 의한 다이제스트 형식의 고전 해설집이 지닌 상식적 수준 혹은 그 이하라는 내용상의 결함을 완전히 벗어나게 해줄 것이다. 집필자들은 무엇보다도 자신의 독서 체험에 의지하여 쉽고 흥미롭게 고전에 접근하되 '얕은 곳에서 깊은 곳으로', 즉 상식적인 수준에서 출발하여 전문적인 내용까지 망라할 수 있도록 하였다.

3

그럼 이제 선정된 고전들의 개략적인 내용과 경향을 훑어보기로 하자. 우선, 동양의 문학 고전은 두 권으로 구성되었는데, 여기의 문학〈하〉는 세 개의 부로 이루어졌다.

제1부 '역대의 명작 소설들'에서는 『수신기(搜神記)』, 『세설신어(世說新語)』, 『태평광기(太平廣記)』, 『전등신화(剪燈新話)』, 『요재지이(聊齋誌異)』, 『경화연(鏡花緣)』, 『관장현형기(官場現形記)』 등이 선보인다. 각기 독특한 내용과 구성으로 각 시대의 사회적, 문화적 현실을 묘사하였으며 동아시아의 서사문학에 미친 영향이 크다.

제2부 '시대를 넘어 다시 보아야 할 책들'에서는 『열녀전(列女傳)』, 『시품(詩品)』, 『문심조룡(文心雕龍)』, 『창려선생집(昌黎先生集)』, 『서상기(西廂記)』, 『도연초(徒然草)』 등의 작품을 해설한다. 이 고전들로부터 우리는 여성문제, 문학의 본질, 애정문제 등에 대해 시대를 뛰어넘는 훌륭한 교훈을 얻을 수 있다.

제3부 '현대의 문학 고전들'에서는 『아Q정전』, 『자야(子夜)』, 『낙타 시앙쯔』, 『가(家)』, 『변신인형』, 『설국(雪國)』, 『만엔 원년의 풋볼』 등 중국과 일본의 현대 문학을 대표하는 고전들을 만난다. 근

대 이후 험난한 시기에 어떠한 삶을 살아 왔는지를 감동적으로 우리에게 보여주는 작품들이다.

비록 한정된 수의 작품들이지만 이 책들을 통하여 우리는 같은 동아시아 문화권에 있으면서도 한국, 중국과는 다른 독특한 풍격을 지닌 일본 문화의 개성과 체취를 느껴볼 수 있다.

4

이처럼 동양의 문학 고전 〈하〉에서 모두 20편에 달하는 작품 및 작가에 대한 해설을 통하여 우리는 선인들로부터 오랜 세월 우리에게 감동을 주고 삶의 지침이 되어왔던 동양 문학의 세계를 살펴볼 수 있게 될 것이다. 물론 이 책에서 소개한 것이 동양 문학 고전의 전부는 아니다. 지면과 집필상의 한계로 다루지 못한 좋은 작품들도 있다. 그러나 각 분야의 전공 학자들이 이만큼 많은 고전을 정성껏 소개하여 한눈에 동양 문학을 파악할 수 있도록 한 경우는 짧은 우리 학문의 역사에서 흔치 않으리라고 본다. 과거에는 엄두도 못낼 이러한 시도는 이제 우리의 학문층이 두터워지고 역량이 축적된 징표로 간주되어 마음이 흔쾌하다. 모쪼록 공부 길에 있는 학생들, 지혜의 양식을 쌓고자 하는 많은 분들이 이 책을 길잡이로 삼아 가없는 고전의 바다로 나아가기를 바라며 두서없는 글 출간의 말씀에 대신하고자 한다.

2006년 7월
편찬위원을 대신하여, 정재서

차례

《동양의 고전을 읽는다》 4권 - 문학 ⓗ

머리말   5

I. 역대의 명작 소설들

01   내 마음 속의 전설처럼
     – 간보(干寶)의 『수신기(搜神記)』 / 장정해   18

02   촌철살인의 붓끝에서 핀 꽃송이
     – 유의경(劉義慶)의 『세설신어(世說新語)』 / 김장환   32

03   고대 소설의 집대성
     – 『태평광기(太平廣記)』 / 김장환   50

04   운명의 수레바퀴 속에서
     – 구우(瞿佑)의 『전등신화(剪燈新話)』 / 상기숙   62

05   꿈과 진실의 파노라마
     – 포송령(蒲松齡)의 『요재지이(聊齋志異)』 / 김혜경   84

06   거울 속의 꽃, 물 속의 달
     – 이여진(李汝珍)의 『경화연(鏡花緣)』 / 정영호   100

07   세기말 관료의 천태만상
     – 이보가(李寶嘉)의 『관장현형기(官場現形記)』 / 위행복   112

II. 시대를 넘어 다시 보아야 할 책들

01   우리 여성의 기원
     – 유향(劉向)의 『열녀전(列女傳)』 / 이숙인   134

02   세상의 시인을 논하다
     – 종영(鍾嶸)의 『시품(詩品)』 / 오태석   154

03	마음과 언어의 예술적 만남		
	– 유협(劉勰)의 『문심조룡(文心雕龍)』 / 김민나	172	
04	바르고 참된 산문 정신		
	– 한유(韓愈)의 『창려선생집(昌黎先生集)』 / 이세동	190	
05	살아 한 이불, 죽어 한 무덤		
	– 왕실보(王實甫)의 『서상기(西廂記)』 / 양회석	208	
06	무상한 세태를 사는 삶의 지혜		
	– 요시다 겐코(吉田兼好)의 『도연초(徒然草)』 / 정장식	228	

III. 현대의 문학 고전들

01	중국인의 일그러진 자화상	
	– 루쉰(魯迅)의 『아Q정전』 / 서광덕	246
02	1930년 상하이(上海)의 밤과 낮, 돈과 사람	
	– 마오둔(茅盾)의 『자야(子夜)』 / 김하림	262
03	인간에서 짐승으로	
	– 라오서(老舍)의 『낙타 시앙쯔』 / 이욱연	280
04	혁명을 꿈꾸는 휴머니스트	
	– 바진(巴金)의 『가(家)』 / 박난영	298
05	삶의 진정성에 대한 성찰	
	– 왕멍(王蒙)의 『변신인형(活動變人形)』 / 전형준	316
06	덧없이 타오르는 생명의 불꽃	
	– 가와바타 야스나리(川端康成)의 『설국(雪國)』 / 유숙자	330
07	백년을 뛰어넘는 역사와의 교감	
	– 오에 겐자부로(大江健三郎)의 『만엔 원년의 풋볼』 / 서은혜	346

《동양의 고전을 읽는다》 1권 - 역사 · 정치

I. 역사, 그 성찰의 기록

01 허신(許慎)의 『설문해자(說文解字)』 / 손예철
02 『서경(書經)』 / 심경호
03 사마천(司馬遷)의 『사기(史記)』 / 이인호
04 사마광(司馬光)의 『자치통감(資治通鑑)』 / 권중달
05 이븐 할둔의 『역사서설(歷史序說)』 / 김호동
06 『일본서기(日本書紀)』 / 이근우

II. 정치의 기술에 대한 충고

01 상앙(商鞅)의 『상군서(商君書)』 / 장현근
02 순황(荀況)의 『순자(荀子)』 / 장현근
03 유안(劉安)의 『회남자(淮南子)』 / 윤찬원
04 환관(桓寬)의 『염철론(鹽鐵論)』 / 김한규
05 오긍(吳兢)의 『정관정요(貞觀政要)』 / 김원중

III. 유학과 근대 세계

01 황종희(黃宗羲)의 『명이대방록(明夷待訪錄)』 / 조병한
02 강유위(康有爲)의 『대동서(大同書)』 / 황희경
03 마루야마 마사오(丸山眞男)의 『일본 정치사상사 연구』 / 김석근
04 마오쩌뚱(毛澤東)의 『실천론』과 『모순론』 / 김승일
05 뚜웨이밍(杜維明)의 『유학 제3기 발전의 전망 문제』 / 이승환

《동양의 고전을 읽는다》 2권 - 사상

I. 평화를 위한 목소리들

01 노자(老子)의 『도덕경(道德經)』 / 최진석
02 묵적(墨翟)의 『묵자(墨子)』 / 강신주
03 『주역(周易)』 / 최영진
04 『황제내경(黃帝內經)』 / 이창일

II. 인격과 사회적 책임

01 『대학(大學)』 / 김교빈
02 공자(孔子)의 『논어(論語)』 / 황희경
03 맹가(孟軻)의 『맹자(孟子)』 / 이승환
04 『중용(中庸)』 / 한형조
05 주희(朱熹)의 『근사록(近思錄)』 / 한형조

III. 자유와 비판의 지성

01 장주(莊周)의 『장자(莊子)』 / 김시천
02 왕충(王充)의 『논형(論衡)』 / 김종미
03 왕수인(王守仁)의 『전습록(傳習錄)』 / 한정길
04 이지(李贄)의 『분서(焚書)』 / 김혜경
05 석도(石濤)의 『고과화상화어록(苦瓜和尙畵語錄)』 / 이태호

IV. 영혼의 각성과 순례

01 『반야심경(般若心經)』 / 한형조
02 용수(龍樹)의 『중론(中論)』 / 박인성
03 혜능(慧能)의 『육조단경(六祖壇經)』 / 한형조
04 현장(玄奘)의 『대당서역기(大唐西域記)』 / 김호동

《동양의 고전을 읽는다》 3권-문학 ❶

I. 최고의 문학 고전들

01 『산해경(山海經)』 / 정재서
02 『시경(詩經)』 / 심경호
03 굴원(屈原)의 『초사(楚辭)』 / 송정화
04 무라사키 시키부(紫式部)의 『겐지이야기(源氏物語)』 / 김유천

II. 불멸의 시인들

01 도연명(陶淵明)의 시 / 김창환
02 이백(李白)의 시 / 신하윤
03 왕유(王維)의 시 / 박삼수
04 두보(杜甫)의 시 / 이지운
05 오토모노 야카모치(大伴家持)의 『만엽집(萬葉集)』 / 박상현
06 백거이(白居易)의 시 / 유병례

07 소동파(蘇東坡)의 시 / 류종목
08 마츠오 바쇼(松尾芭蕉)의 하이쿠 / 김정례

III. 세상을 놀라게 한 여섯 권의 책

01 나관중(羅貫中)의 『삼국지(三國志)』 / 유중하
02 시내암(施耐庵)의 『수호전(水滸傳)』 / 송진영
03 오승은(吳承恩)의 『서유기(西遊記)』 / 정재서
04 소소생(笑笑生)의 『금병매(金甁梅)』 / 강태권
05 오경재(吳敬梓)의 『유림외사(儒林外史)』 / 김효민
06 조설근(曹雪芹)의 『홍루몽(紅樓夢)』 / 최용철

I 역대의 명작 소설들

01 간보,『수신기(搜神記)』
02 유의경,『세설신어(世說新語)』
03 이방 외,『태평광기(太平廣記)』
04 구우,『전등신화(剪燈新話)』
05 포송령,『요재지이(聊齋志異)』
06 이여진,『경화연(鏡花緣)』
07 이보가,『관장현형기(官場現形記)』

한 건무 원년에 동래 사람 지씨는 집에서 항상 술을 빚었다.
하루는 이상한 손님 세 명이 국수와 밥을 가져 와서는
술을 달라고 하더니 다 마시고 떠났다.
잠시 후, 한 사람이 와서 말하길,
"귀신 셋이 술에 취해 숲 속에 있는 것을 보았네" 했다.
―『수신기』 중에서

간보

이 책을 편찬한 사람은 간보(干寶)이다. 간보는 동진(東晋) 시기 사람으로 서기 317년 전후의 인물이라고 전해진다. 자(字)는 영승(令升)이며 지금의 하남성(河南省) 신채현(新蔡縣) 출신이다. 그의 생애가 기록된 『진서(晋書)』 권82를 살펴보면 간보는 어려서부터 학문에 전념하였고 독서를 많이 하여서 박학다식하였으며 음양술수(陰陽術數)에 심취했었다고 한다. 그는 사학자이자 문학가로서 일찍이 저작랑(著作郞)을 역임했으며, 국사를 편찬하는 데 참여하여 『진기(晋紀)』 20권을 저술하였으나 이 책은 지금 전해지지 않는다. 벼슬도 시안태수(始安太守), 산기시랑(散騎侍郞)에 오르는 등 다방면에 뛰어난 인물이었다.

01

내 마음 속의 전설처럼
간보(干寶)의 『수신기(搜神記)』

장정해 | 한신대학교 중어중문학과 교수

기억 속의 풍경 하나

내가 태어난 곳은 한강변의 한 조그만 마을이다. 대여섯 살에 이사를 나온 터라 그곳에 대한 기억은 거의 남아 있지 않지만 어린 시절을 생각하면 어렴풋하게 떠오르는 풍경이 하나 있다.

그곳에는 마을 앞을 흐르다가 굽이쳐 한강으로 흘러드는 작은 하천이 있었다. 어린 내가 나지막한 하천 둑에 서서 한강 쪽을 바라다보면 한강은 온통 물 천지였고, 사람이 도저히 건널 수 없을 것처럼 넓디넓었다. 그런데 이상하게도 내가 매번 그곳에 있을 때면 멀리 건너편 물가의 한 모퉁이에도 발을 물에 담그고 하염없이 서 있는 사람이 있었다. 나는 늘 그가 궁금하였다. 누구이기에 매일 저렇게 서 있는지, 무엇을 바라보며 움직이지도 않는 것인지 그저 의아하기만 할 뿐이었다. 그러다가 나는 그가 아마도 누군가를 기다리며 거기에 서 있을 것이라고 생각하였고, 기다리는 사람이 빨리 오기를 바랐던 기억이 난다.

그곳을 떠나 꽤 많은 세월이 흐른 뒤에도 물가에 서 있던 사람의 모습은 마치 꿈인 듯, 전설인 듯 가끔씩 내 기억 속에서 되살아나곤 했다.

동아시아 설화의 보고, 『수신기』

『수신기(搜神記)』는 책제목 그대로 신기한 이야기를 기록한 책이다. 그래서인지 몰라도 참 재미있는 책이다. 『수신기』를 읽고 있노라면 나는 마치 할머님의 이야기보따리를 거머쥔 듯한 뿌듯함에 사로잡히곤 하는데, 그 신기한 이야기들을 따라가다 보면 잠시나마 어린 시절마냥 환상과 신비 속으로 푹 빠져들곤 하였다.

『수신기』는 중국 동진(東晋) 시기의 사람인 간보(干寶)에 의해 편찬되었는데 간보의 명성도 이 책으로 인해 확보되었다고 할 수 있다. 이 책은 신화, 전설, 신선들의 이야기, 인물야담 등의 설화를 모은 것으로 중국 지괴소설(志怪小說)의 백미로 여겨지는데 애석하게도 원본은 산실되었고, 지금 남아있는 책은 후기에 다시 엮어진 것으로 20권 본에 총 464편의 이야기가 실려 있다.

지괴(志怪)란 중국의 위진남북조(魏晉南北朝)[1] 시기에 유행했던 소설 양식으로서, 『수신기』이외에도 『수신후기(搜神後記)』, 『유명록(幽明錄)』, 『박물지(博物志)』 등의 많은 작품이 전해지는데 당시에 떠도는 신화나 전설, 민담 등 기이한 이야기들을 수집하여 엮은 것들이다. 비록 편폭이 짧고 작가의 창작이 아닌 기록물이어서 예술적 상상력과 허구성을 강조하는 오늘날의 서사문학의 한 갈래로서의 소설의 개념과는 차이가 있으나 혹자는 중국 소설의 기원을 지괴에서 찾기도 한다.

지괴작가들은 당시에 전해지는 이야기들을 되도록이면 개작하지 않고 들은 그대로 충실히 기록했기 때문에 『수서(隋書)·경적지(經籍志)』는 『수신기』를 비롯한 많은 지괴소설들을 '사부잡전류(史部雜傳類)'로 분류하여 역사서로 간주하였다. 지괴가 소설로서 비로소 자리매김하게 된 것은 송나라 시대 이후의 일이다.

간보가 『수신기』를 편찬하게 된 까닭은 무엇인가? 『진서(晉書)』[2] 권82에는 『수신기』를 편찬하기 이전에 간보가 경험한 두 가지의 아주 특별한 사건이 언급되어 있다.

한 가지는 그의 형 간경(干慶)의 죽음과 소생을 목도한 것이다. 간보의 형 간경이 아무 병도 없이 죽었다. 당시에 오맹(吳猛)이란

---

1) 서기 220년 위(魏)나라의 건국으로부터 589년 수(隋)가 중국을 통일하기까지의 약 370년간을 가리킨다. 위(魏)를 이은 진(晉)나라가 멸망한 후에 화북(華北) 지역은 5호16국(五胡十六國)이, 강남(江南) 지역은 동진(東晉)이 통치를 하게 된다. 화북 지역은 북위(北魏), 동위(東魏), 북제(北齊), 서위(西魏), 북주(北周) 등의 나라가 흥망하였고, 강남에서는 송(宋)·제(齊)·양(梁)·진(陳)의 4왕조가 교체하였다.

2) 진(晉) 왕조의 정사(正史)이다. 당나라 태종(太宗)의 지시로 당시의 유명한 학자 방현령(房玄齡) 등이 저술했으며 그 중 「선제기(宣帝紀)」, 「무제기(武帝紀)」, 「육기전(陸機傳)」, 「왕희지전(王羲之傳)」 등은 태종이 직접 집필하였다. 본기(本紀) 10권, 지(志) 20권, 열전(列傳) 70권과 5호16국의 일을 기술한 재기(載記) 30권으로 구성되어 있으며 서기 648년에 완성되었다.

술사가 와서 간경의 수명이 다하지 않았으니 염을 하지 말라고 하였다. 간경이 이레 후에 소생하여서 자신이 죽은 후에 지옥에 끌려갔었으며 오맹이 와서 자기를 풀어주도록 하여 살아났다고 말했다.

또 하나는 그의 부친의 여종에 관한 사건이다. 간보의 부친이 한 여종을 총애하였는데 부친이 돌아가시자 질투심 많은 모친이 그 여종을 부친의 무덤 속에 밀어 넣고 무덤을 봉해버렸다. 십여 년 후 모친이 돌아가시자 합장을 위해 무덤을 열었더니 여종이 아직도 살아 있었다. 부친이 먹을 것을 구해다 주고 생시와 같이 자기를 사랑해 주었다는 것이다. 여종은 후에 시집가서 아이까지 낳았다고 한다.

이 두 가지 불가사의한 일들을 직접 경험하고 난 후에 간보는 귀신세계에 대해 사색하기 시작했고, 그것의 진실성을 믿게 되었으며 이후로 신비한 일들을 수집하여 기록하기 시작했다는 것이다. 『수신기』의 서문에서 간보는 "귀신의 도가 거짓이 아님을 밝히기 위해서" 이 책을 집필했음을 고백하고 있는데, 이것이 바로 『수신기』를 편찬하게 된 직접적인 동기라고 할 수 있을 것이다.

물론 우리는 이 두 사건의 진위 여부를 두고 의심쩍어 할 수도 있다. 그러나 이러한 사건은 간보 개인만의 체험이었다기보다 그와 동시대인들이 일상적으로 겪었던 사건이었다고 할 수 있다. 간보가 살았던 위진남북조(魏晉南北朝)는 숨 가쁜 정권 교체와 이민족의 침입 등으로 인해 불안한 현실 상황에서 불교, 도교를 비롯한 갖가지 종교가 민중의 삶을 지배하던 시기였다. 당시 사람들에게 귀신의 일이나 인사(人事)는 별개가 아니었고, 지금 우리에게 괴이한 일들로 간주되는 것들도 사실로 받아들여지곤 했는데 이러한 시대

『수신기(搜神記)』 상상도

상황 속에서 사관인 간보가 『수신기』를 편찬했다는 것은 그리 이상한 일이 아니었던 것이다.

  이 책에 실려 있는 신화나 전설, 민간 고사들은 후대에 널리 회자되어 당대(唐代) 이후의 많은 소설이나 희곡에 소재를 제공하였을 뿐만 아니라 중국을 비롯한 동아시아 설화 연구에도 중요한 자료로서의 가치를 지닌다. 이 때문에 『수신기』는 중국에서 뿐만 아니라 한국이나 일본에서도 매우 중시되는 책이다.

『수신기』에서 가장 유명한 고사를 들자면 일반적으로 아버지의 원수를 갚기 위해 자기의 목숨을 바친 용사의 이야기 '간장막야(干將莫邪)'나 지고한 부부애를 나타낸 '한빙부부(韓憑夫婦)'의 고사 등을 꼽을 수 있으며, 우리에게는 동명왕(東明王)의 신화가 중요한 가치를 지닌다. 그러나 이 책의 묘미는 누가 뭐래도 인간적인 너무나 인간적인 '귀신 이야기'에 있다고 할 것이다.

너무나 인간적인 귀신들

『수신기』에는 종교적 대상이나 초월적 존재로서의 신(神)과 인간이 죽어서 변화한 존재인 귀(鬼), 동식물이나 사물 등이 인간의 모습으로 변화한 요괴(妖怪), 정령(精靈)들에 관한 이야기가 많이 실려 있는데 그 중에서도 귀(鬼)에 관한 이야기가 압도적으로 많다.

『수신기』에는 수많은 귀신들이 등장한다. 우리는 귀신을 한 번도 본 적이 없건만, 어린 시절 들었던 무서운 이야기나 해마다 여름이면 납량특집의 주인공으로 등장했던 한 품은 귀신이나 사람이 되지 못한 요괴들의 무서운 형상 덕분에 귀신에 대해서 막연한 두려움을 가지고 있다. 그렇다면 이 책은 얼마나 오싹한 책인가? 그러나 『수신기』 전편을 통해서 만나본 귀신들은 너무나도 인간적이어서 두려움보다는 오히려 인간적인 매력과 때로는 연민까지도 느껴진다. 『수신기』의 귀신들은 인간과 더불어 먹고 마시며 사랑을 하기도 하고, 인간을 괴롭히거나 인간에게 속임을 당하기도 하면서 살아 있는 사람들과 공존한다.

한 건무 원년에 동래 사람 지씨는 집에서 항상 술을 빚었다. 하루는 이상한 손님 세 명이 국수와 밥을 가져 와서는 술을 달라고 하더니 다 마시고 떠났다. 잠시 후, 한 사람이 와서 말하기를, "귀신 셋이 술에 취해 숲 속에 있는 것을 보았네" 했다.

이것은 '술 취한 귀신'의 이야기이다. 맛있는 술을 얻어먹기 위해 인간을 방문하고 거나하게 취해서 숲 속에서 잠든 귀신들은 인간의 모습 그대로이다. 그냥 오기 미안해서 먹을 것을 들고 오는 그들은 무섭기는커녕 사람들과 어울리며 공존하는 그저 평범한 이웃일 뿐이다. 『수신기』 속에는 인간보다 어리석은 귀신도 등장하는데 '귀신을 팔아버린 송정백(宋定伯)' 이야기에서 만나볼 수 있다. 송정백이 젊었을 때 밤에 길을 가다가 귀신을 만났다. 그는 자기도 신참 귀신이라고 속이고 귀신과 함께 완시라는 곳까지 서로 얹어주며 동행하였는데 도중에 그는 귀신이 사람의 침을 무서워함을 알게 되었다.

완시에 거의 다 오자 송정백이 어깨에 메고 있던 귀신을 확 잡아당겼다. 귀신이 큰 소리를 지르면서 내려달라고 했으나 모르는 척 했다가 완시에 이르러 땅에 내려놓으니 귀신이 양으로 변했다. 그가 이것을 팔았는데 다시 귀신으로 변할까 걱정이 되어 침을 뱉은 뒤에 천오백 전을 받고 떠나갔다.

여기에서 귀신은 산 자와 죽은 자도 잘 구분하지 못하고 그저 사람에게 속아 넘어가는 어리숙한 존재일 뿐이다. 당시에는 침을 뱉어 귀신을 제압하는 풍습이 있었는데 이 이야기는 그러한 풍습을 반영하고 있다. 아무튼 남의 말을 덥석덥석 믿으면 귀신이 되어서도 고생을 하나보다. 이와 반대로 『수신기』에는 인간을 괴롭히는 귀신들도 있다.

> (양도가) 밤길을 가는데 한 소년이 비파를 들고 수레를 태워달라고 하여 태워주었다. 소년은 비파를 뜯으며 수십 곡을 다 연주한 후에 혀를 내밀고 눈을 부라리며 양도를 놀라게 하고는 가버렸다. 다시 20리쯤 갔을 때 한 노인을 만났는데 성이 왕이고 이름은 계라고 했다. 다시 노인을 태우고 가다가 양도가 "귀신이 비파를 잘 타던데 곡조가 슬프더군요" 하자 노인이 "나도 잘 타지" 하여, 보니 방금 전의 그 귀신이었다. 귀신이 다시 눈을 부릅뜨고 혀를 내밀자 양도가 무서워서 죽을 지경이 되었다.

바로 위의 '양도(楊度)를 놀라게 한 귀신'이 그런 경우이다. 여기의 귀신은 변화무쌍하며 사람이 놀라는 모습을 보고 즐거워하는 짓궂은 귀신이다. 만약 이런 모습의 귀신을 만난다면 우리도 주인공만큼이나 놀라게 되겠지만 이 대목을 읽으면서 웃음이 터져 나오는 것은 또 무슨 조화란 말인가! 이와 같이 『수신기』에는 무서운 귀신, 바보 같은 귀신, 사람을 해치는 귀신, 사람을 도와주는 귀신 등 각양각색의 귀신들이 등장한다. 이는 당시의 대다수가 공감하고 있던 귀신의 모습으로서 우리는 이런 이야기들을 통해서 당시 사람들의 생사관이나 우주관을 엿볼 수가 있다.

그들의 삶과 대면하다
『수신기』의 기록 내용은 광범위하다. 귀신이야기 외에도 이 책에서 우리가 눈여겨 볼 것은 당시 사람들의 '삶의 현장'을 기록한 부분이라고 할 수 있다. 중국의 고대 문헌에는 그 시대를 사는 사람들의 다양한 생활을 볼 수 있는 기록이 그리 많지 않다. 우리는 지괴고사를 통해서 역사 기록이 다 담지 못한 사람들의 다양한 삶의 모습과 대면하게 된다.

>(진나라 민제 건흥 4년) 10월22일에 신채현의 관리 임교의 처 호씨(胡氏)가 스물다섯 살에 두 딸을 낳았는데 서로 마주보고 배와 심장이 붙어 있으며 허리 위쪽에서 배꼽 아래까지는 분리되어 있었다.

>진 혜제 원강 연간에 안풍군의 주세녕(周世寧)이라는 여자가 여덟 살부터 점차 남자로 변하더니 열일곱, 열여덟 살이 되자 기질과 성징이 완성되었다. 그러나 여자의 몸이 다 바뀐 것은 아니었고 남자로 완전히 변한 것도 아니어서 아내를 얻었으나 자식이 없었다.

이상은 『수신기』 권7에 있는 고사들이다. 오늘날에도 10만분의 일 비율로 태어난다는 '샴쌍둥이'나 남녀의 성징을 한 몸에 가지고 있는 '양성 구유자(兩性具有者:hermaphrodite)'들이 있어서 사회적인 관심사가 되기도 하는데 위진남북조 시기에도 마찬가지로 주

『수신기』 상상도

목을 받았음을 볼 수 있다. 당시 사람들은 이들의 일을 장차 발생할 사건의 징조로 간주했는데 이런 점만 뺀다면 『수신기』의 기록은 지금의 뉴스 보도와 다르지 않다.

원강(元康) 연간에 귀족 자제들이 서로 머리를 풀어헤치고 나체가 되어 술을 마시고 비첩들을 희롱했다. 이를 거역한 자들과는 어울리지 않았고 비난하는 자들은 조롱했다. 세속에 부합하는 선비들도 이를 부끄럽게 여겨 참여하지 않았다. 후에 유요와 석륵이 난을 일으켰다.

서기 4세기 초에 중국에서는 서진(西晉)이 멸망하고 이른바 5호 16국(五胡十六國)[3] 시기의 서막이 열린다. 『수신기』는 이민족의 침입이 있기 직전 당시 사회의 암울한 면을 위의 '산발한 귀족 자제'에서 적고 있는데 여기에는 고달픈 백성들의 생활과 대비되는 귀족들의 사치스러움과 문란한 생활상이 여실히 나타나 있다.

짧은 글 긴 여운

　돌이켜 보면 어린 시절 내가 지켜보았던 물가의 사람은 그저 서 있는 돌덩어리에 지나지 않았을 것이다. 그러나 어린 나에게 그는 바람을 맞으며 누군가를 기다리는 살아있는 존재였다. 『수신기』를 읽으면서 우리는 그 안의 귀신이나 정괴(精怪)의 군상들을 비현실적인 것이라고 여긴다. 그러나 당시 사람들에게 이들은 그들 삶의 한 부분이었고 현실이었다. 우리가 『수신기』의 재미에 매료되면서도 때론 탄식하고 때론 진지해지는 까닭도 여기에 있는 것이다.

　우울증이 화두가 되고 있다. 현실이 각박하다고 느끼는 이가 많아서이다. 현실이 우리를 슬프게 할 때 가끔은 인터넷을 끄고 『수신기』를 펼쳐보자. 그 곳에서 많은 귀신들을 만나보자. 이야기에 흠뻑 빠져서 옛 사람들과 더불어 삶과 죽음에 대해서 이야기해 보자. 어

---

3) 서기 304년 흉노왕 유연(劉淵)이 한(漢)나라를 세우고 왕이라 칭하면서 시작되어 북위(北魏)가 439년에 화북 통일에 성공할 때까지 화북에서 흥망했던 나라들 및 그 시대를 가리킨다. 이민족이 최초로 중국을 지배한 시기로 5호란 흉노(匈奴), 갈(羯), 선비(鮮卑), 저(氐), 강(羌)을 가리키며 이들과 한인(漢人)이 세운 나라가 16개국을 넘었다고 한다. 이를 소위 5호16국이라고 한다.

쩌면 삶을 좀더 여유롭고 진지하게 살 수 있는 방법을 가르쳐 줄지도 모르지 않는가!

더 생각해볼 문제들

1. 간보가 『수신기』를 편찬하게 된 동기는 무엇인가?

    간보는 그의 형 간경(干慶)의 죽음과 소생을 목도하였으며, 그의 부친의 여종이 무덤에 봉해졌다가 십여 년이 지난 후에도 살아 있었던 불가사의한 일들을 직접 경험하고 난 후에 귀신세계에 대해 사색하기 시작했고, 그것의 진실성을 믿게 되었으며 이후로 신비한 일들을 수집하여 기록하기 시작하였다. 『수신기』의 서문에서 간보는 "귀신의 도가 거짓이 아님을 밝히기 위해서" 이 책을 집필했음을 고백하고 있는데, 이것이 바로 『수신기』를 편찬하게 된 동기라고 할 수 있을 것이다.

2. 지괴란 무엇인가?

    지괴(志怪)란 중국의 위진남북조(魏晉南北朝) 시기에 유행했던 소설 양식으로서, 당시에 떠도는 신화나 전설, 민담 등 기이한 이야기들을 수집하여 엮은 것들이다. 비록 분량이 짧고 작가의 창작이 아닌 기록물이어서 예술적 상상력과 허구성을 강조하는 오늘날의 서사문학의 한 갈래로서의 소설의 개념과는 차이가 있으나 혹자는 중국 소설의 기원을 지괴에서 찾기도 한다. 대표작으로 『수신기』, 『수신후기(搜神後記)』, 『유명록(幽明錄)』, 『박물지(博物志)』 등이 있다.

3. 『수신기』의 문학사적 가치는 어떠한 것을 들 수 있을까?

    『수신기』는 중국 지괴소설(志怪小說)의 백미로 여겨진다. 이 책에 실려 있는 신화나 전설, 민간 고사들은 후대에 널리 회자되어 당대(唐代) 이후의 많은 소설이나 희곡에 소재를 제공하였을 뿐만 아니라 중국을 비롯한 동아시아 설화 연구에도 중요한 자료로서의 가치를 지닌다.

추천할 만한 텍스트
『수신기』, 간보 지음, 임동석 옮김, 동문선, 1998

장정해
한신대학교 중어중문학과 교수

유령(劉伶)은 늘 맘껏 술을 마시고 분방하게 행동했는데,
간혹 옷을 벗고 나체로 집안에 있곤 했다.
사람들이 그것을 보고 비난하자 유령이 이렇게 말했다.
"나는 천지를 거처로 삼고 집을 속옷으로 삼고 있는데,
제군들은 어찌하여 나의 속옷 안으로 들어왔소?"
―『세설신어』의 「임탄(任誕)」편 중에서

유의경 (403~444)

중국의 위진남북조(魏晉南北朝) 시대 송(宋)나라의 문학가로서 팽성(彭城) 수리(綏里), 지금의 강소성(江蘇省) 동산현(銅山縣) 사람이다. 유종(劉宗) 개국 황제인 유유(劉裕)의 조카로서, 임천왕(臨川王)에 습봉되었으며 상서좌복야(尙書左僕射)·단양윤(丹陽尹)·형주자사(荊州刺史) 등을 역임했다. 사후에 시중(侍中)과 사공(司空)에 추증되었으며 강왕(康王)이라는 시호를 받았다.

문학을 애호하고 많은 문인들을 초빙하여 함께 여러 저작을 편찬했다. 『세설신어』 외에 『유명록(幽明錄)』, 『선험기(宣驗記)』, 『소설(小說)』, 『서주선현전(徐州先賢傳)』, 『강좌명사전(江左名士傳)』, 『의경집(義慶集)』, 『집림(集林)』 등 많은 작품을 저술했는데, 『세설신어』를 제외하고는 모두 망실되어 전하지 않는다.

02

촌철살인의 붓끝에서 핀 꽃송이
유의경(劉義慶)의 『세설신어(世說新語)』

김장환 | 연세대학교 중어중문학과 교수

『세설신어』는 어떤 책인가?

『세설신어』는 후한(後漢) 말에서 동진(東晉) 말까지 약 200년간 실존했던 제왕과 고관 귀족을 비롯하여 문인·학자·현자·스님·부녀자 등 700여 명에 달하는 인물들의 독특한 언행과 일화 1,130조를, 「덕행(德行)」편부터 「구극(仇隙)」편까지 36편에 주제별로 수록해 놓은 이야기 모음집이다. 내용은 상당히 방대하여 당시의 문학·예술·정치·학술·사상·역사·사회상·인생관 등 인간생활의 전반적인 면모를 담고 있다. 따라서 중국 중고시대의 문화를 총체적으로 이해하는 데 무척 중요한 필독서이다.

우선 문학예술의 측면에서 『세설신어』는 그 자체로도 깔끔하기 이를 데 없는 훌륭한 산문작품이다. 사륙변려문(四六騈儷文)과 같은 수사학적인 유미주의가 극성하던 당시의 문학 풍토에서 이처럼 간결하고 담백한 문장은 한 줄기 청신한 바람이었다. 인물을 묘사하는 데 사용된 언어는 고도의 간결미와 함축미를 지니고 있어서 위진 시대 언어예술의 높은 품격을 보여주고 있다. 『세설신어』에는 문학적으로 다듬어진 수많은 고사성어가 산재되어 있는데, 오늘날에도 널리 인구에 회자되고 있는 '등용문(登龍門)'·'난형난제(難兄難弟)'·'점입가경(漸入佳境)' 등이 그 대표적인 예이다. 또한 『세설신어』는 중국 고전소설사상 '지인소설(志人小說)'[1]이라는 독특한 유파를 정립하여 근대에 이르기까지 수많은 모방작들을 만들어 내면서 이른바 '세설체(世說體)' 필기소설의 비조로 존중받고 있다.

학술사상의 측면에서 『세설신어』는 위진 시대를 대표하는 철학 사조인 현학(玄學)을 이해하는 데 필수적인 자료이다. 현학은 형이상학적인 심오한 철리를 논하는 학문으로 주로 청담(淸談)의 형태로 표현되었는데, 청담의 주된 내용은 『역경』·『노자』·『장자』의 이른바 '삼현(三玄)'을 기본대상으로 하고 여기에 불학(佛學)과 당시 지식인들 사이에서 널리 성행했던 인물품평이 더해졌다. 『세설신어』에는 하안(何晏)·왕필(王弼)과 같은 청담 대가에 대한 기

---

1) 위진남북조 소설을 분류할 때 '지괴소설(志怪小說)'의 상대적인 개념으로 사용하는 용어로 노신(魯迅)이 처음 명명했다. 일부 학자들은 '일사소설(軼事小說)'이란 용어를 사용하기도 한다. 실제 인물의 특정한 언행과 면모를 짧은 편폭에 핍진하게 묘사해내는 필기소설을 말한다.

록은 물론이고 청담의 다양한 주제와 방법 등이 집약되어 있어서 청담의 보고라는 명성을 얻고 있으며, 인물품평을 통해 드러난 수준 높은 사유 활동의 면면은 중국미학사상 한 장을 차지하기에 충분하다. 당시의 문사들은 현학과 청담에 능해야만 비로소 명사로서 행세할 수 있었는데, 그렇게 하려면 청담 논변과 현학적인 언어 응대가 집약되어 있는 『세설신어』와 같은 책을 보지 않으면 안 되었다. 따라서 자연히 『세설신어』는 '명사들의 교과서'가 되었던 것이다.

  사학의 측면에서 『세설신어』는 실존했던 인물에 대한 기록인 만큼 사료로서의 가치도 매우 높다. 당나라 때에 정사인 『진서(晉書)』의 열전을 편찬할 때 『세설신어』의 기록을 토대로 삼았던 것이 바로 이를 증명한다. 또한 영가(永嘉)의 난[2]을 비롯하여 왕돈(王敦)·소준(蘇峻)·환현(桓玄)의 난 등 진대에 발생했던 중대한 역사적 사건들이 비교적 객관적으로 기술되어 있어서 당시의 역사적 사실을 이해하는 데 많은 도움을 준다. 그밖에 수많은 위정자들의 통치행위와 문벌적인 지배 계층 사이의 정치적 대립이 사실적으로 묘

---

2) 서진(西晉) 말 영가년간(307~312)에 일어났던 대란이다. 팔왕(八王)의 난(300) 이후에 대두된 왕족 상호간의 권력쟁탈과 중원의 황폐를 틈타, 흉노족 유연(劉淵)이 한왕(漢王)을 자칭하고 갈족(羯族)의 석륵(石勒)과 왕미(王彌)를 귀속하여 하남(河南)과 산동(山東) 일대를 근거지로 삼아 세력을 확장했으며, 312년에는 유연의 아들 유총(劉聰)이 수도 낙양(洛陽)을 침공하여 회제(懷帝)를 평양(平陽)에 유폐시켰다가 살해하고 민제(愍帝)를 장안(長安)에서 옹립했다. 서진은 이 난 때문에 사실상 붕괴되었으며 화북은 오호십육국(五胡十六國) 시대로 접어들게 되었다.

사되어 있어서 당시의 정치 상황을 엿볼 수 있다.

　그밖에 도교의 영향으로 생겨난 풍수·미신·점술 사상과 오석산(五石散)이라는 일종의 마약을 상습적으로 복용하던 지식인들의 풍습 및 결혼에 대한 풍속 등이 반영되어 있어서 당시의 사회상황을 간접적으로 이해할 수 있다. 또한 정치적·사회적으로 몹시 혼란했던 시대를 살았던 당시 지식인들의 다양한 처세태도나 인생관도 접해볼 수 있다.

　『세설신어』는 문헌학적으로도 귀중한 자료이다. 양(梁)나라의 유효표(劉孝標)가 주(註)를 달 때 4백여 종에 달하는 서적을 인용했으나 오늘날 그 대부분이 없어지고 『세설신어주』를 통해서만 그 내용이 전해지고 있기 때문에 더욱 중요한 가치를 지닌다. 그래서 유효표의 『세설신어주』는 배송지(裵松之)의 『삼국지주(三國志注)』, 역도원(酈道元)의 『수경주(水經注)』, 이선(李善)의 『문선주(文選注)』와 함께 역대 중국의 4대 명주(名注)로 손꼽힌다.

　『세설신어』가 우리나라에 전래된 사실을 알 수 있는 구체적인 문헌상의 기록은 고려 시대 이규보(李奎報)의 『동국이상국집(東國李相國集)』에 처음으로 보이지만, 그 이전에 최치원(崔致遠)이 그의 시에 『세설신어』의 이야기를 전고로 사용한 것으로 보아, 이미 통일신라 시대에 전래되었다고 추정할 수 있다. 실제로 고려 시대 이규보를 비롯한 여러 문인·학자들이 즐겨 애독하고 그들의 시문에 폭넓게 수용한 예를 확인할 수 있으며, 이러한 기풍은 조선 시대까지 계속 이어졌다. 따라서 국내의 한문학 연구에도 매우 유용한 자료 가운데 하나라고 여겨진다.

36가지 주제에 담긴 인물품평의 세계

> 고개지(顧愷之)는 사람의 초상을 그리면서 간혹 몇 년 동안 눈동자를 찍지 않는 경우가 있었다. 그래서 사람들이 그 까닭을 물었더니 고장강이 말했다.
> "자태의 미추(美醜)는 본래 그림의 오묘한 점과는 무관하니, 정신을 전하여 진영(眞影)을 그려내는 것[傳神寫照]은 바로 이것 속에 있지요."
> ―「교예(巧藝)」편

위의 이야기는 중국 화론(畵論)의 근간이 되는 '전신론(傳神論)'의 근거이다. '전신사조(傳神寫照)'는 그림을 그리는 데 있어서 대상의 본질까지 전달할 수 있을 정도로 생동감 넘친다는 뜻으로, 문학작품의 묘사에서도 흔히 사용되는 용어이다. 중국의 고전 텍스트 중에서 이 '전신'의 필요성이 가장 크게 대두되는 것이 바로 『세설신어』이다. 그 이유는 『세설신어』 내용의 거의 대부분이 인물에 대한 묘사와 품평이기 때문이다.

『세설신어』는 전체가 모두 인물품평에 관한 것이라고 해도 과언이 아닐 정도로 인물품평이 차지하는 비중이 지대하다. 즉 전체 1,130조의 이야기를 36가지의 키워드로 인물의 다양한 면모를 품평한 것이라고 할 수 있다.[3]

인물품평은 당시 유행하던 청담의 주요한 과제 중의 하나로서, 종종 인물의 일생을 좌우할 정도로 그 영향력이 막대했다. 『세설신어』에는 인물품평에 관한 다양한 유형과 방법이 제시되어 있으며 그 품평어는 고도로 함축된 언어예술성을 보여 주고 있다. 그 품평의 실제방법은 품평자가 대상인물의 본성·재능·식견 등 제반 특성을 직접적으로 서술하여 품평하는 경우, 대상인물의 특성을 다른 사람이나 사물에 비유하여 품평하는 경우, 두 사람이나 그 이상의 대상인물에 대하여 그들의 언행·재능·품덕·위의(威儀)·진퇴 등을 통하여 서로의 우열과 고하를 비교하여 품평하는 경우 등으로 나눌 수 있다.

   『세설신어』의 인물품평 특성은 청담이 풍미하던 당시의 시대사상과 밀접한 관계가 있는 것으로, 특히 위진남북조 시대의 미학적 심미의식을 이해하는 데 중요한 참고자료이기도 하다. 이러한 심미의

---

3) 그 36가지 주제는 1) 덕행(德行: 고결한 품행), 2) 언어(言語: 뛰어난 언어응대), 3) 정사(政事: 정치 일화), 4) 문학(文學: 문학과 학술), 5) 방정(方正: 바르고 모범적인 행실), 6) 아량(雅量: 단아한 인격과 넓은 도량), 7) 식감(識鑒: 사리 식별과 시비 판단), 8) 상예(賞譽: 감상과 칭송), 9) 품조(品藻: 품평과 평가), 10) 규잠(規箴: 규범과 경계), 11) 첩오(捷悟: 민첩한 생각과 신속한 깨달음), 12) 숙혜(夙慧: 어린 나이의 총명함), 13) 호상(豪爽: 호탕한 기품과 시원스런 성격), 14) 용지(容止: 준수한 용모와 훌륭한 행동거지), 15) 자신(自新: 개과천선), 16) 기선(企羨: 남의 훌륭한 점을 흠모하여 따름), 17) 상서(傷逝: 죽은 자에 대한 애도), 18) 서일(棲逸: 은자들의 은거생활), 19) 현원(賢媛: 현덕한 부녀자), 20) 술해(術解: 뛰어난 기술과 능력), 21) 교예(巧藝: 정교한 재주와 예술), 22) 총례(寵禮: 총애와 예우), 23) 임탄(任誕: 거리낌 없는 방종), 24) 간오(簡傲: 거만함과 불손함), 25) 배조(排調: 비꼼과 조소), 26) 경저(輕詆: 멸시와 비난), 27) 가휼(假譎: 거짓과 속임수), 28) 출면(黜免: 축출과 파면), 29) 검색(儉嗇: 근검절약과 인색), 30) 태치(汰侈: 낭비와 사치), 31) 분견(忿狷: 성냄과 성급함), 32) 참험(讒險: 음험한 비방), 33) 우회(尤悔: 실수와 후회), 34) 비루(紕漏: 가벼운 처신과 낭패), 35) 혹닉(惑溺: 미혹과 탐닉), 36) 구극(仇隙: 원수와 반목)이다.

식에 대한 촉진은 자연스럽게 섬세한 감수성을 발달시켰다. 위진남북조 시대가 극심한 정치적 혼란 속에서도 음악·건축·회화·서법·문학론 등이 비약적으로 발전하고 각종 문화 교류 및 충돌을 통해 '역동적인 제2의 백가쟁명(百家爭鳴) 시대'로 평가되는 것도 바로 이 때문이다.

말의 깊이와 말의 멋

사실 『세설신어』는 일반 독자들이 이해하기에 그리 녹녹한 책이 아니다. 그 짧은 이야기들 속에 담겨 있는 철학적인 사고의 깊이와 숨가쁜 역사의 호흡을 비롯하여, 곳곳에 숨어 있는 비유와 암시, 유머와 기지, 조롱과 독설, 함축적이고 추상적인 품평어, 그리고 무엇보다도 등장인물 내면의 심리상태 등등을 제대로 파악해야 하기 때문이다.

심오한 철학적 논변

어떤 객이 악령(樂令: 樂廣)에게 "손가락은 [어떤 물체에 결코 진정으로] 이르지[닿지] 못한다"는 논제에 대해서 물었다. 악령은 더 이상 그 문구를 해석하지 않고 다만 주미(麈尾) 자루로 안석을 두드리면서 말했다.
"이르렀소?"
객이 말했다.
"이르렀습니다."

곧 이어 악령이 주미를 다시 들고 말했다.
"만약에 진정으로 이르렀다면 어떻게 떠날 수[떨어질 수] 있겠소?"
이에 객이 비로소 그 의미를 깨닫고 감복했다. 악령의 말이 간결하면서도 뜻이 잘 통하는 것이 모두 이와 같았다.
―「문학」편

'지부지론(旨不至論)'은 위진 시대에 유행하던 청담 논변 가운데 하나로 『장자(莊子)』에서 비롯되었다. 일반적으로 '지부지'는 어떤 사람이 일정한 시간·장소·위치에서 생각하는 사물은 한정되어 있기 때문에 그 사람이 손가락으로 가리키는 것은 그가 생각하고 있는 사물과 정확히 일치하지 않는다고 풀이된다. 그러나 위의 이야기는 전체적인 맥락에 근거하면, 손가락이 어떤 물체에 진정으로 닿을 수 있느냐 없느냐의 문제를 논한 것으로 보인다.[4]

---

4) 이 밖에도 『세설신어』에는 당시 유행하던 청담 논변의 주제가 많이 실려 있는데, 역리(易理)에 관한 것으로는 언상의지변(言象意之辨), 역상묘어현형론(易象妙於見形論), 역체론(易體論)이 있고 노장학(老莊學)에 관한 것으로는 귀무론(貴無論), 소요론(逍遙論), 제물론(齊物論), 어부론(漁父論), 양생론(養生論)이 있으며 유도이동(儒道異同)에 관한 것으로는 노장여성교이동론(老莊與聖敎異同論), 성인유정무정론(聖人有情無情論)이 있다. 그리고 불리(佛理)에 관한 것으로 아비담론(阿毗曇論), 즉색론(卽色論)이 있고 인물재성(人物才性)에 관한 것으로는 재성사본론(才性四本論)이 있으며 음악에 관한 것으로 성무애락론(聲無哀樂論), 꿈에 관한 것으로 몽론(夢論) 등이 있다. 따라서 이러한 이야기를 제대로 음미하기 위해서는 유학과 도교, 불교에 대한 심층적인 이해가 필요하다.

숨가쁜 역사의 호흡과 내면의 심리상태

> 사안(謝安)이 손님과 바둑을 두고 있었는데, 잠시 후 사현(謝玄)이 회수(淮水)에서 보낸 사신이 도착했다. 사안은 서찰을 다 보고 나서 묵묵히 아무 말도 하지 않은 채 천천히 바둑판을 향했다. 손님이 회수에서의 승패를 물었더니, 이렇게 대답했다.
> "조카 놈들이 적을 대파했다는군요."
> 사안은 안색이나 행동거지가 평상시와 다름없었다.
> —「아량」편

    이 이야기를 제대로 이해하기 위해서는 먼저 '회수에서의 승패'가 역사적으로 어떤 의미를 갖고 있는지를 알아야 한다. '회수에서의 승패'는 동진(東晉) 효무제(孝武帝) 때 전진(前秦)과 벌인 '비수대전(淝水大戰)'을 말한다. 전진의 부견(苻堅)은 383년에 남쪽의 동진을 정벌하기 위해 백만 대군을 이끌고 내려왔는데, 당시 동진의 재상이었던 사안(謝安)은 동생 사석(謝石), 조카 사현 등을 앞세워 이에 맞서지만 그들은 숫자적으로 전진의 10분의 1밖에 안 되는 열악한 상황이었다. 그러나 배수(背水)의 진(陣)을 치고 필사의 각오로 싸운 동진군은 기적과 같은 승리를 거두게 되었다. 이 전쟁은 동진의 운명을 결정짓는 너무나도 중요한 한판 승부였다.[6]
    다음으로 사안의 침착한 언행에 내포되어 있는 의미를 파악해야 한다. 사씨 일족의 운명은 물론이고 동진 국가 전체의 흥망이 달려 있는 절체절명의 순간에 사안은 태연히 바둑을 두었으며, 손님이

전쟁의 승패에 대해 물었을 때에도 그저 남 얘기하듯 대수롭지 않게 이겼다고 말한다. 그러나 그의 속마음은 그야말로 뛸 듯이 기뻤을 것이다.[7] 하지만 사안은 그러한 기쁜 마음을 겉으로 드러내지 않았다. 왜 그랬을까? 여기에는 당시 명사들이 갖추어야 할 덕목 가운데 하나였던 '지신(至愼)'의 사회적 분위기가 깔려 있다. '지신'은 어떤 일에 대한 희로애락의 감정이나 어떤 사람에 대한 호오의 감정을 밖으로 드러내지 않고 신중을 기하는 태도를 말한다. 이러한 '지신'의 태도는 위진의 사인들이 격렬한 왕권쟁탈의 와중에서 화를 피하고 목숨을 보전할 수 있었던 처세방법 가운데 하나였던 것이다.

풍자와 해학

> 사안(謝安)은 당초 동산(東山)에 은거할 뜻을 가지고 있었으나 나중에 엄명이 자주 이르자 하는 수 없이 비로소 환온(桓溫)의 사마(司馬) 벼슬에 나아갔다. 그 때 어떤 사람이 환온에게 약초를 선물했는데, 그 중에 원지(遠志)라는 약초가 있었다. 환온이 그것을 들어 사안에

---

6) 비수대전 이후 북부 지역은 10개국으로 분열되어 있다가 선비족인 탁발씨(拓跋氏)가 세운 북위(北魏)에 의해 통일되어 130여 년에 걸친 5호16국(五胡十六國) 시대가 끝나고 북조 시대가 열렸다.

7) 『진서(晉書)』권79 「사안전(謝安傳)」에 따르면, 사안은 승전보를 듣고 집으로 돌아간 뒤 너무 기쁜 나머지 문지방을 건너다가 신발 굽이 부러진 것도 못 느낄 정도였다고 한다. 이것을 보면 사안의 속마음이 어떠했는지 짐작이 가고도 남는다.

게 물었다.

"이 약초는 또한 소초(小草)라고도 하는데 어찌하여 한 물건에 두 가지 이름이 있는 것이오?"

사안이 미처 대답하지 못하고 있을 때, 동석해 있던 학륭(郝隆)이 곧바로 대답했다.

"그것은 매우 알기 쉬운 일입니다. 산 속에 있으면 원지가 되지만 세상에 나오면 소초가 되는 것이지요."

사안은 심히 부끄러운 기색이었다. 이에 환온이 사안을 돌아보고 웃으며 말했다.

"학참군(郝參軍)의 대답은 악의는 없지만 매우 그럴 듯하구먼."

ㅡ「배조」편

  이 이야기는 학륭이 '원지'와 '소초'라는 두 가지 이름을 갖고 있는 약초를 빌어 사안의 출사(出仕)를 은유적으로 풍자한 것으로, 자칫하면 불미스런 악감이 생길 뻔한 상황에서 환공이 분위기를 해학적으로 이끌어 무마했다. 이처럼 해학은 자칫 독설에 빠지기 쉬운 풍자의 날카로움을 무마해 주고, 풍자는 자칫 농담으로 흐르기 쉬운 해학의 경박함을 막아준다.

  이 밖에도 『세설신어』에는 명사들의 기지에 넘치는 언변과 방탄스런 행동에 배어 있는 냉소 등 생활 속에서 자연스럽게 표출되는 위진인의 유머감각이 살아 숨쉬고 있다.

비유의 예술

당시 사람들이 평했다.
"하후현(夏侯玄)의 맑은 인품은 해와 달이 가슴 속에 들어 있는 것과 같고, 이풍(李豊)의 흔들거리는 모습은 옥산(玉山)이 장차 무너지려는 것과 같다."
—「용지」편

이 이야기는 하후현의 인품과 이풍의 술 취한 모습을 자연물에 비유하여 묘사한 것으로, 그 비유의 대상 자체가 바로 그 인물의 특성을 예술적으로 표현해주고 있다. 특히 술 취한 사람의 모습을 멋스럽게 표현하는 데 쓰이는 '옥산장붕(玉山將崩)'이라는 성어(成語)가 바로 여기에서 나왔다.

생생한 인물묘사

왕람전(王藍田)은 성질이 급했다. 한 번은 계란을 먹을 때 젓가락으로 찔렀으나 잡히지 않자 버럭 화를 내며 땅바닥에 집어던졌다. 계란이 땅에서 떼굴떼굴 굴러가면서 멈추지 않자 곧장 땅으로 뛰어 내려가 나막신의 굽으로 밟았으나 역시 밟히지 않았다. 왕람전은 극도로 화가 치밀어 다시 땅에 있는 계란을 주워 입에 넣고 이로 콱 깨문 뒤에 뱉었다.
—「분견」편

이 이야기는 왕람전의 성격이 얼마나 급한지를 그의 사소한 행동을 통하여 생생하게 묘사하고 있는데, 다소 과장된 면이 있긴 하지만 계란을 '젓가락으로 찌르고' '신발로 밟고' '입으로 깨무는' 점층적인 묘사가 인물의 조급한 성격을 더욱 부각시키고 있다.

간결하고 함축적인 언어

> 왕융(王戎)은 좋은 오얏나무를 가지고 있었는데, 이를 팔 때 다른 사람이 그 씨를 얻게 될까봐 걱정하여 항상 씨에 구멍을 뚫었다.
> —「검색」편

이 이야기는 항상 씨에 구멍을 뚫었다는 뜻의 '항찬기핵(恒鑽其核)'이란 4글자로 왕융의 인색한 본성을 명쾌하게 묘사했다. 이처럼 『세설신어』는 대상인물을 묘사함에 있어서 단지 몇 글자만으로도 그 사람의 특성을 명쾌하게 드러내는 데 뛰어난 표현역량을 보이고 있다. 『세설신어』의 언어묘사는 이러한 간결하고 함축적인 특성으로 인하여 성어와 경구로 정착된 것이 많다.

촌철살인의 붓끝에서 핀 꽃송이

> 유담(劉惔)이 강관(江灌)을 평했다.
> "말을 잘 하지는 못하지만 말을 하지 않는 것은 잘 한다."
> —「상예」편

달변이나 능변(能辯)의 재주는 없지만 침묵해야 할 때 침묵할 수 있는 능력을 지닌 강도군을 유윤이 한 마디로 평가했다. "말을 잘 하지는 못하지만 말을 하지 않는 것은 잘 한다." 더 이상의 말은 군더더기일 뿐이다.

『세설신어』에 담겨 있는 다양한 인물묘사 수법과 문학적으로 형상화된 언어기교는 오늘날에도 여전히 유효하다. 특히 어느 때보다도 가볍고 얕은 언사가 난무하고 있는 지금의 우리 사회에서 『세설신어』는 진정으로 맛있는 말과 멋있는 말이 무엇인지를 가르쳐주고 우리의 사유수준을 한층 높여줄 것이다. 이런 의미에서 이윤기의 다음과 같은 평가는 참으로 적절하다 하겠다.

> 나는 산중의 『육조단경(六祖壇經)』에 견주어질 세속의 한 책이 바로 이 『세설신어』라고 생각한다. 이야기 하나 하나가 촌철살인의 붓끝에서 핀 꽃송이 같다. 문자 그대로 '소설(小說)'의 활화석(活化石) 같다. 무수한 책이 쏟아져 똥 무더기처럼 쌓이는 이 시대에, 짧은 이야기가 실린 긴 『세설신어』는 그 자체가 혹독한 꾸짖음이다. 글 팔아 먹고 사는 자들의 어깨 위로 떨어지는 5세기 찰중의 죽비다. 내가 밤참 먹듯이 아껴 가면서 읽는 이 『세설신어』의 깊은 생각과 검박한 말 쓰임새가 우리 문학에 편입되었으면 참 좋겠다.

더 생각해볼 문제들

1. 『세설신어』와 같은 책이 나오게 된 시대배경은 무엇인가?

   위진 시대에는 당시 유행하던 노장사상과 불학을 중심으로 한 현학(玄學)의 영향을 받아 정치와는 동떨어진 순수한 철학적 담론인 청담의 기풍이 일어났는데, 동한(東漢) 말에 성행했던 정치담론인 청의(淸議)의 정치적 성격에서는 벗어났으나 인물의 품격·기질·언행에 대한 품평은 오히려 더욱 성행하여 개인 명예의 성패가 종종 한 마디의 평어에 의해 결정되곤 했다. 따라서 인물의 품평이 집약된 서책의 필요성이 자연히 대두되었는데, 『세설신어』는 바로 그러한 시대적 요구에 부응하여 나온 것이었다.

2. 『세설신어』의 주제별 분류 체재의 장단점은 무엇인가?

   다양한 인물고사를 36가지의 주제별로 파악할 수 있는 것은 장점이지만, 동일한 인물에 관한 고사가 여러 편에 흩어져 있어서 개인의 전체적인 면모를 한눈에 파악하기 어려운 점은 단점으로 지적된다.

3. 『세설신어』 「문학」편의 '문학' 개념은 오늘날과 어떤 차이가 있는가?

   『세설신어』가 창작될 당시의 '문학'이라는 개념은 오늘날과는 달리 사실상 학술과 문학의 통칭으로 쓰였다. 한(漢)나라 시대 말기 이래로 사람들의 사상성이 점차 해방됨에 따라 인물의 개성과 정감을 직접 표현한 문학이 갈수록 사람들의 중시를 받아 독립적인 경향을 띠기 시작했다. 이른바 '문학자각'의 시대가 시작된 것이었다. 「문학」편은 바로 그러한 시대적 영향을 받아 학술과 문학의 두 부분으로 구성되어 있는데, 전체 104조 중에서 제65조까지는 학술에 관한 것이고 그 이후는 문학에 관한 것이다.

4. 우리나라에서 판각된 『세설신어』 판본에는 어떤 것이 있는가?

   조선 시대에는 명나라 때의 왕세정(王世貞)이 증보한 『세설신어보(世說新語

補)』가 널리 유행하여 현종실록자(顯宗實錄字)로 판각되었고,『세설신어보』의 각 등장인물을 성씨별로 재편집하여 판각한『세설신어성휘운분(世說新語姓彙韻分)』이 있다.『세설신어성휘운분』은 우리나라에만 있는 독특한 판본이다.

추천할 만한 텍스트

『세설신어』(상·중·하), 유의경 지음, 김장환 역주, 살림출판사, 1996~2000.

김장환

연세대학교 중어중문학과 교수.

연세대학교 중어중문학과를 졸업한 뒤, 서울대학교에서 '세설신어 연구'로 석사 학위를 받았고, 연세대학교에서 『위진남북조 지인소설 연구』로 박사 학위를 받았으며, 강원대학교 중문과 교수와 미국 Harvard-Yenching Institute Visiting Scholar를 지냈다. 전공분야는 중국 문언소설과 필기문헌이다.

그동안 쓰고 번역한 책으로는 『중국 문학 입문』, 『중국 문언단편소설선』, 『중국 연극사』, 『중국 유서개설(中國類書槪說)』, 『열선전(列仙傳)』, 『서경잡기(西京雜記)』, 『세설신어』(전3권), 『고사전(高士傳)』, 『태평광기(太平廣記)』(전21권), 『태평광기상절(太平廣記詳節)』(전4권) 등이 있으며, 중국 문언소설과 필기문헌에 관한 다수의 연구논문이 있다.

나는 『태평광기』의 장점에 두 가지가 있다고 생각한다.
첫째는 육조(六朝)에서 송초(宋初)까지의 소설이
거의 전부 그 안에 수록되어 있으므로 만약 대략적인 연구를 한다면
많은 책을 따로 살 필요가 없다는 것이고,
둘째는 요괴·귀신·화상(和尙)·도사 등을 한 부류씩 매우 분명하게 분류하고
아주 많은 고사를 모아 놓았으므로
우리들이 물리도록 실컷 볼 수 있다는 것이다.
— 루쉰(魯迅)의 「파당인설화(破唐人說話)」 중에서

이방 (925~996) 외

『태평광기』의 편찬에는 모두 13명의 학자가 참여했는데 이방(李昉)이 그 대표자이다. 이방은 송(宋)나라 초기의 학자로, 자는 명원(明遠)이고 심주(深州) 요양(饒陽: 지금의 河北省에 속함) 사람이다. 오대(五代) 후한(後漢)의 건우(乾祐)년간에 진사(進士)가 되었고, 후한과 후주(後周)에서 벼슬했으며, 송대에 들어와 우복야(右僕射)·중서시랑평장사(中書侍郞平章事)를 지냈다. 일찍이 칙명을 받들어 『태평광기』를 비롯하여 『태평어람(太平御覽)』, 『문원영화(文苑英華)』, 『구오대사(舊五代史)』의 편찬을 이끌었으며 문집 50권이 있다. 그 밖의 참여자는 호몽(扈蒙), 이목(李穆), 서현(徐鉉), 송백(宋白), 장계(張◉), 왕극정(王克貞), 조린기(趙隣幾), 오숙(吳淑), 여문중(呂文仲), 탕열(湯悅), 동순(董淳), 진악(陳鄂) 등이다.

03

고대 소설의 집대성
『태평광기(太平廣記)』

김장환 | 연세대학교 중어중문학과 교수

『태평광기』는 어떤 책인가?

고래의 숨은 이야기와 자질구레한 일, 보기 드문 책과 없어진 문장이 모두 여기에 있는데, 그 권질(卷帙)이 적은 것은 종종 전부 수록해 놓았으니, 대개 소설가의 깊은 바다이다. … 이 책은 비록 신괴(神怪)를 많이 얘기하고 있지만 채록한 고사가 매우 풍부하고 명물(名物)과 전고(典故)가 그 사이에 섞여 있기에, 문장가들이 늘 인용하는 바이고 고증가들 역시 자료로 삼는 바가 많다. 또한 당(唐) 이전의 책 가운데 세상에 전해지지 않는 것으로 잔결(殘缺)된 서적이 10분의 1이나 여전히 보존되어 있으므로 더욱 귀중하다.
- 청(淸) 기윤(紀昀)의 『사고전서총목제요(四庫全書總目提要)』

『태평광기(太平廣記)』는 중국 북송(北宋) 태종(太宗) 태평흥국(太平興國) 3년(978)에 편찬되어 태평흥국 6년(981년)에 판각되었다. 이 책은 한(漢)나라 시대부터 북송(北宋) 초기에 이르는 소설, 필기, 야사 등의 전적에 수록되어 있는 이야기들을 광범위하게 채록하여 총 500권에 7,000여 조에 달하는 이야기를 수록했다.

92개의 각 부류[1]에 실려 있는 고사는 시대순으로 배열되어 있고, 대부분 인물명을 제목으로 삼았으며, 고사의 끝에는 채록의 출처를 밝혀 놓았다. 인용된 책은 거의 500종에 가까운데, 그 중에서 절반가량은 이미 망실된 것으로 『태평광기』에 의거해서 적지 않은 내용이 세상에 전해지게 되었다. 또한 현존하는 절반가량의 인용서도 『태평광기』에 인용된 해당 고사에 근거하여 잘못된 부분을 고증

---

1) 각 부류의 명칭은 다음과 같다. 1.신선(神仙) 2.여선(女仙) 3.도술(道術) 4.방사(方士) 5.이인(異人) 6.이승(異僧) 7.석증(釋證) 8.보응(報應) 9.징응(徵應) 10.정수(定數) 11.감응(感應) 12.참응(讖應) 13.명현(明賢) 14.염검(廉儉) 15.기의(氣義) 16.지인(知人) 17.정찰(精察) 18.준변(俊辯) 19.유민(幼敏) 20.기량(器量) 21.공거(貢擧) 22.전선(銓選) 23.직관(職官) 24.권행(權倖) 25.장수(將帥) 26.효용(驍勇) 27.호협(豪俠) 28.박물(博物) 29.문장(文章) 30.재명(才名) 31.유행(儒行) 32.악(樂) 33.서(書) 34.화(畫) 35.산술(算術) 36.복서(卜筮) 37.의(醫) 38.상(相) 39.기교(伎巧) 40.박희(博戲) 41.기완(器玩) 42.주(酒) 43.식(食) 44.교우(交友) 45.사치(奢侈) 46.궤사(詭詐) 47.첨녕(諂佞) 48.유오(謬誤) 49.치생(治生) 50.편급(褊急) 51.회해(詼諧) 52.조초(嘲誚) 53.치비(嗤鄙) 54.무뢰(無賴) 55.경박(輕薄) 56.혹포(酷暴) 57.부인(婦人) 58.정감(情感) 59.동복(童僕) 60.몽(夢) 61.무(巫) 62.환술(幻術) 63.요망(妖妄) 64.신(神) 65.귀(鬼) 66.야차(夜叉) 67.신혼(神魂) 68.요괴(妖怪) 69.정괴(精怪) 70.영이(靈異) 71.재생(再生) 72.오전생(悟前生) 73.총묘(塚墓) 74.명기(銘記) 75.뇌(雷) 76.우(雨) 77.산(山) 78.석(石) 79.수(水) 80.보(寶) 81.초목(草木) 82.용(龍) 83.호(虎) 84.축수(畜獸) 85.호(狐) 86.사(蛇) 87.금조(禽鳥) 88.수족(水族) 89.곤충(昆蟲) 90.만이(蠻夷) 91.잡전기(雜傳記) 92.잡록(雜錄)

하거나 교감할 수 있다. 따라서 고소설의 일문(佚文)을 보존하고 있는 측면과 고소설의 변화 발전을 연구하는 측면에서 볼 때 『태평광기』의 중요성은 지대하다고 하겠다.

『태평광기』에 수록된 이야기는 신선귀괴(神仙鬼怪)와 인과응보(因果應報)에 관한 것이 비교적 큰 비중을 차지하고 있다. 어떤 경우는 한 부류가 한 권으로 되어 있기도 하고 어떤 경우는 한 부류가 여러 권으로 되어 있기도 하다. 그 중에서 신선(神仙), 여선(女仙), 보응(報應), 신(神), 귀(鬼), 요괴(妖怪) 등의 부류가 다른 부류의 권수보다 상대적으로 분량이 많다. 신의 부류는 조상신, 사당신, 산천신 등에 관한 내용이고, 귀의 부류는 우리가 일반적으로 알고 있는 '귀신(도깨비)' 이야기에 해당한다. 이러한 경향은 고대 민간풍속과 위진남북조(魏晉南北朝) 이래 지괴(志怪)소설의 흥성을 반영하고 있다. 또한 「잡전기(雜傳記)」는 모두 당(唐)나라 시대의 전기(傳奇)를 수록했는데, 이를 통하여 당시 어떤 종류의 내용이 주로 기록되었는지를 구체적으로 이해할 수 있다. 부류별로 고사를 배열하는 이러한 체제는 독자들이 이를 분석하고 연구하는 데에 많은 편리함을 제공하고 있다. 그래서 송(宋)나라 시대 이전 고소설의 변천과 발전 상황을 알고 싶으면 이 책에 근거해서 탐색해 나갈 수 있다.

『태평광기』는 각종의 고소설을 많이 모아놓았을 뿐만 아니라 역사, 지리, 종교, 민속, 명물, 전고, 문장, 고증 등의 면에서 풍부한 내용을 포함하고 있기 때문에 다방면의 연구와 참고 자료를 제공한다. 특히 위진남북조와 당나라 때의 사회 상황을 연구할 때에도 이 책에서 많은 유용한 자료를 찾아 낼 수 있다.

유서로서의 『태평광기』

『태평광기』의 성격을 규명하는 다양한 논의 가운데 하나는 유서(類書)로 간주하는 것이다. 유서는 각종 자료를 찾아보기 쉽게 주제별로 나누어 편집한 책으로서, 오늘날의 백과사전처럼 필요한 자료나 구절을 찾아보는 데 사용되었다. 따라서 당시부터 지금에 이르기까지 유서는 주로 도구적인 책으로 인식되었다.

실제로 유서는 중국의 전통적인 학문체계인 유가 경전이나 역사서, 철학사상서, 작가들의 문집 안에 적절히 포괄되지도 못했을 뿐만 아니라 별로 주목받지도 못했다. 그러나 단순히 자료를 모아놓은 도구서로서 유서를 이해하는 것에서 한 발짝 물러나 생각해 본다면, 유서는 '도구서' 이상의 의미를 가지고 있음을 알 수 있다. 왜냐하면 유서가 표방하고 있는 세계의 여러 가지 현상과 사물, 사건들을 분류하고 정리하는 방식과 구조 속에서 우리는 당시 사람들이 자신을 둘러싼 세계를 바라보고 그것들을 나름대로 분류화, 체계화, 개념화한 세계 해석의 방식을 감지해낼 수 있기 때문이다. 따라서 유서가 지어졌을 당시의 배경과 목적, 체제 등의 앞뒤 흐름을 제대로 살펴본다면 유서는 중국의 전통 문화구도를 설명하는 중요한 하나의 창이 될 수 있다.

『태평광기』는 중국 소설을 연구하는 사람이라면 누구나 언급하지 않을 수 없는 고대 소설의 보고이다. 그러므로 당연히 고대 소설의 망실된 자료를 집록하고 교감하는 일차적인 자료를 제공해주는 도구서로서 이용되어 왔다. 그러나 단순히 자료적 차원에서 이용하는 것에서 더 나아가 『태평광기』라는 유서 그 자체에 주목하면 또 다른 새로운 측면을 볼 수 있다. 괴이한 이야기만을 잔뜩 모아놓은 『태평광기』가 어떻게 국가 정책적 차원에서 편찬이 추진될 수 있었는가? 그것이 다른 유서와 구별되는 점은 무엇인가? 그것의 편찬은 어떤 의미를 지니고 있으며 어떤 영향을 끼쳤는가? 이는 당시의 문화적 맥락 안에서 『태평광기』가 편찬될 수 있었던 흐름과 함께 『태평광기』라는 유서가 완성된 이후에 파생되었던 흐름을 아울러 살펴보아야만 대답할 수 있는 질문들이다. 이러한 논의 과정 속에서 우리는 특히 중국 '소설(小說)'을 인식하는 방식의 변화 지점을 확인할 수 있다.

유서로서의 『태평광기』는 특히 다른 유서와는 달리 '이야기(故事)'만을 분류 수록함으로써, 반대로 '서사(narrtive)' 관념을 확정 짓고 개념화하는 결과를 낳게 되었다. 이전에는 사부(史部)나 자부(子部)에 아무렇게나 섞여있었던 '서사'에 대해서 분명히 인식하게 되는 계기가 되었던 것이다. 『태평광기』의 서사는 그것이 표방하고 있는 세계 인식과 결부되어 사부에 속할 수 있는 서사와는 다른 종류의 서사, 곧 일상적이고 관습적인 세계에서는 좀처럼 보지 못하는 종류의 '기이한(奇) 이야기'였다. 결국 '이야기'만을 모아 수록한 『태평광기』라는 거대한 유서의 편찬은 '소설'의 인식 변화에 커다란 영향을 끼치게 되었다. 이는 『태평광기』 편찬 전에 기록되었던 『수서(隋書)』 「경적지(經籍志)」와 『구당서(舊唐書)』 「경적지」의 목록 및 그 이후에 편찬되었던 『신당서(新唐書)』 「예문지(藝文志)」의 목록을 비교해 보면 분명히 드러난다. 『태평광기』에 인용되었던 '기이한 이야기'들은 더 이상 예전처럼 사부에 섞여있지 못하고 모두 '소설가류(小說家類)'로 이동하게 되었던 것이다. 이때의 '소설가'는 이미 『태평광기』 이전의 소설가의 관념과는 달라진 것이다. 곧 『태평광기』라는 유서의 편찬은 기이한 이야기를 소설의 범주에 편입시킴으로써 전체 소설의 인식 변화를 유발하는 중대한 전환점으로서 작용하고 있는 것이다.

『태평광기』의 국내 전래와 유행

『태평광기』가 처음 우리나라에 전래된 분명한 시기는 알 수 없지만, 남송(南宋) 때의 문인 왕벽지(王闢之)가 지은 『승수연담록(澠水燕談錄)』을 보면 그 실마리를 찾을 수 있다. 거기에는 송 신종(神宗) 원풍(元豊) 3년(1080)에 송나라에 사신으로 파견된 박인량(朴寅亮)이 『태평광기』에 실려 있는 고사를 능숙하게 활용하여 글을 지었다는 내용이 기록되어 있다. 원풍 3년은 고려 문종(文宗) 34년에 해당하며, 『태평광기』가 간행된 때(981년)로부터 100년이 되기 직전이다. 따라서 그 이전에 『태평광기』가 국내에 전래되었을 가능성이 높다.

『승수연담록』의 기록에서 중요한 것은 일화의 주인공이 박인량이란 점이다. 그는 고려 초기의 문신(文臣)으로 『수이전(殊異傳)』의 편찬자로 알려진 인물이다. 『수이전』은 신라 시대 말에서 고려 시대 초에 간행된 설화집으로, 지금은 망실되어 전체적인 체제와 특성에 대해서는 자세히 알 수 없지만 그 일문(佚文)이 집록된 상태이다. 현재 『수이전』은 한국 고소설의 성립 시기를, 종래 조선 초의 『금오신화(金鰲新話)』에서 나말여초(羅末麗初)로 앞당길 수 있는 중요한 자료로 평가받고 있다. 기존에는 『수이전』의 성립 문제를 중국의 지괴소설이나 당 전기 등의 영향 관계에서 추정해 보았는데, 이 기록을 통해『태평광기』와 나말여초의 고소설 성립 문제를 보다 구체화시킬 수 있는 계기가 마련되었다고 생각한다.

그 후로 고려 문신 윤포(尹誧)의「태평광기촬요시(太平廣記撮要詩)」(1146),『한림별곡(翰林別曲)』(1216),『삼국사기(三國史記)』,『삼국유사(三國遺事)』,『고려사(高麗史)』 등에『태평광기』의 서명이나 내용이 계속 나타난다.

조선 시대 초기에는 중국 판본이 재차 수입되어 당시 식자층의 필독서가 되었다. 그러나 원서는 분량이 너무 방대하고 중국에서 수입해야 했기 때문에 구해 보기가 쉽지 않았다. 그래서 세조(世祖) 8년(1462)에 성임(成任)이 원서를 50권으로 축약한『태평광기상절(太平廣記詳節)』을 간행했으며, 그 후 다른 여러 책에서 채록한 30권 분량의 고사를 합쳐 80권으로 된『태평통재(太平通載)』를 다시 간행했다. 이를 통해 당시『태평광기』의 수요가 어느 정도였는가 하는 것을 짐작할 수 있다.『태평광기상절』은 일찍이 망실되었지만 최근까지 50권 중 26권이 발굴되었으며,『태평통재』도 현재 일부만 남아 있는 상태이다.

『태평광기상절』과『태평통재』는 여러 차례의 간행을 통해 많은 독자층을 확보했지만, 어디까지나 한문을 이해할 수 있는 식자층에 국한되어 있었다. 따라서 한문을 해독할 수 없는 일반 서민이나 여성 독자들을 위해서는 우리말로 된 번역본이 필요했다. 이러한 필요에 의해 명종(明宗: 1545~1567 재위) 때를 전후해서 나온 것이 바로『태평광기언해(太平廣記諺解)』이다. 현존하는 언해본으로는 멱남본(覓南本)과 낙선재본(樂善齋本) 두 종류가 있다.

이처럼 『태평광기』는 그 자체로 혹은 『태평광기상절』, 『태평통재』, 『태평광기언해』의 다양한 형태로 조선 시대 문인들에게 애독되었고, 그에 따른 영향 또한 상당한 것이었다. 이러한 축약본과 언해본에 어떠한 고사들이 선별 수록되었는지를 분석해본다면, 중국소설에 대한 당시 독자들의 독서경향을 알아낼 수 있으며, 이는 곧 국내 고소설의 발전과정을 연구하는 데 하나의 중요한 단서가 될 수 있을 것이다.

『태평광기』의 현대적 수용

고전의 매력은 시대를 초월하여 새롭게 이해되고 해석되는 데에 있다. 약 천여 년 전에 편찬된 『태평광기』도 지금까지 다양한 독자층을 형성하며 애독되고 있다.

『태평광기』는 작심하고 벼려서 처음부터 끝까지 독파하는 책이 아니다. 불로장생하는 신선 이야기에서부터 기이한 동식물 이야기에 이르기까지 92개의 큰 부류와 150여 개의 작은 부류에 체계적으로 분류된 7,000여 편의 이야기 중에서 자신이 관심 있는 부분만 골라 읽으면 된다. 예를 들어 여우 이야기에 관심 있는 독자는 「호(狐)」 부류에 실려 있는 80여 편의 이야기를 읽으면 된다. 선진(先秦) 시대부터 송대 초까지의 다양한 여우 이야기를 읽다 보면 약 2천 년 동안 변화 발전해온 여우 이야기의 전개과정과 구성 및 묘사 기법 등을 자연스럽게 이해할 수 있다. 즉 '중국 여우 이야기의 작은 역사'인 셈이다. 특히 사회문화론적 시각에서 문학 작품에 나타난 동물 이미지 연구가 활발히 전개되고 있는 요즈음 그 주요 테마 가운데 하나인 여우 이미지의 형성과정을 파악하는 데 더 없이 좋은 자료가 된다.

『태평광기』에 수록되어 있는 모든 이야기는 후대 작품의 창작 소재와 제재로 활용될 수 있다. '신혼(神魂)'의 부류에 실려 있는 「왕주(王宙)」— 일명 「이혼기(離魂記)」— 이야기는 현실에서 이루지 못한 왕주와 천낭(倩娘)의 사랑을 천낭의 혼을 통하여 이룬다는 아름다운 사랑이야기로, 당대 전기소설을 대표하는 작품 가운데 하나이다. 이 작품은 훗날 많은 속작과 개작들을 만들어냈는데, 원·명·청나라와 근대를 거치면서 문언소설, 백화소설, 희곡 등으로 새롭게 지어졌으며, 현대에는 『천녀유혼(倩女遊魂)』이라는 영화로 등장했다. 이처럼 『태평광기』에는 현재까지 우리의 감수성을 자극하는 작품들이 많이 실려 있다. 『태평광기』는 더 이상 옛날에 기록된 박제된 이야기가 아니라 천의 얼굴을 한 이야기꾼으로서 늘 우리 곁에 존재한다.

최근에는 국내에서 『태평광기』 가운데 100편의 이야기가 문화콘텐츠로 개발된 바 있는데, 비교적 완전한 이야기 형식을 갖추고 있는 것 중에서 내용이 환상적이고 낭만적이며 주인공의 성격 특성이 명확히 드러나는 이야기가 선정되었다. 따라서 신선이나 귀신, 환술과 꿈에 관한 판타지 성향의 이야기가 주로 선정되었다. 이러한 이야기들은 모두 인간의 대담하고 자유로운 상상력이 만들어낸 것으로 시공을 초월하여 늘 현재성을 간직하고 있다. 아마 인간이 존재하는 한 이러한 이야기들은 끊임없이 지어지고 새롭게 변주될 것이다. 선정된 각 작품에는 개요, 원문, 번역문, 캐릭터 그림, 내용

그래픽 등이 첨부되어 있으며, 원작을 현대적으로 각색한 시놉시스가 제공된다. 이 사업은 애니메이션을 포함한 문화예술창작자들에게 창작 소재와 제재를 제공하기 위한 것으로, 『태평광기』가 오늘날의 멀티미디어 환경에 수용된 대표적인 사례라고 하겠다.[2)]

더 생각해볼 문제들

1. 『태평광기』의 편찬 목적은 무엇인가?

   현재 『태평광기』의 편찬 목적에 대한 학자들의 견해는 일치되어 있지 않지만 대체로 두 가지 설이 유력하다. 그 하나는 오대(五代)에서 귀항(歸降)한 여러 제왕과 지식인들을 국가 주도의 대형 편찬사업에 참여시켜 새로운 왕조에 대한 그들의 불만을 잠재우려 했다는 설이고, 다른 하나는 무력으로 오대를 정벌하고 새로운 왕조를 개창한 송 태조의 뒤를 이어 즉위한 태종이 정치기반을 공고히 하면서 문교(文敎)와 학술을 장려한다는 정부의 의지를 대내외적으로 선포하기 위하여 편찬했다는 설이다. 아무튼 국가 차원에서 그 동안 축적된 지식정보를 체계적으로 정리하려고 시도했다는 점은 분명한 것으로 보인다.

2. 『태평광기』 부류 배열의 특징은 무엇인가?

   『태평광기』의 부류는 순서대로 도교 관계 이야기, 불교 관계 이야기, 숙명(宿命)에 관한 이야기, 인간사(人間事)에 관한 이야기, 꿈과 환상에 관한 이야기, 귀신과 요괴에 관한 이야기, 죽음과 재생에 관한 이야기, 자연현상에 관한 이야기, 조수초목(鳥獸草木)과 물고기에 관한 이야기, 기타 등으로 배

---

2) 이 사업은 한국문화콘텐츠진흥원의 지원으로 개발되어 그 결과물이 인터넷에 공개되어 있다. 홈페이지 주소는 "http://chinastory.culturecontent.com"이다.

열되어 있다. 이 중에서 도교 관계 이야기에 해당하는 '신선(神仙)', '여선(女仙)', '도술(道術)', '방사(方士)', '이인(異人)'의 부류와 불교 관련 이야기에 해당하는 '이승(異僧)', '석증(釋證)', '보응(報應)'의 부류가 앞에 배열되어 있고 그 분량 또한 134권으로 전체의 27%를 차지하고 있는 것은 수나라와 당나라, 오대를 이어 송나라 시대 초기까지 크게 유행했던 도교와 불교의 영향이 반영된 것으로 볼 수 있다.

3. 『태평광기』가 우리문학에 미친 구체적인 영향은 무엇인가?

『태평광기』는 고려 시대에 우리나라에 전래된 후로 소설문학에 새로운 소재와 기법을 제공함으로써 우리나라 고소설의 생성과 발달을 촉진시켰다. 특히 이인로(李仁老)의 『파한집(破閑集)』, 이규보(李奎報)의 『백운소설(白雲小說)』, 최자(崔滋)의 『보한집(補閑集)』, 이제현(李齊賢)의 『역옹패설(櫟翁稗說)』 등과 같은 잡록식 패관(稗官) 문학과, 임춘(林椿)의 「국순전(麴醇傳)」·「공방전(孔方傳)」, 이규보의 「청강사자현부전(淸江使者玄夫傳)」 등과 같은 가전체(假傳體) 문학에 큰 영향을 미쳤다.

추천할 만한 텍스트

『태평광기』(전21권), 이방 외 지음, 김장환 외 옮김, 도서출판 학고방, 2000~2005.

김장환

연세대학교 중어중문학과 교수.

연세대학교 중어중문학과를 졸업한 뒤, 서울대학교에서 '세설신어 연구'로 석사 학위를 받았고, 연세대학교에서 '위진남북조 지인소설 연구'로 박사 학위를 받았으며, 강원대학교 중문과 교수와 미국 Harvard-Yenching Institute Visiting Scholar를 지냈다. 전공분야는 중국 문언소설과 필기문헌이다.

그동안 쓰고 번역한 책으로는 『중국 문학 입문』, 『중국 문언단편소설선』, 『중국 연극사』, 『중국 유서개설(中國類書槪說)』, 『열선전(列仙傳)』, 『서경잡기(西京雜記)』, 『세설신어』(전3권), 『고사전(高士傳)』, 『태평광기(太平廣記)』(전21권), 『태평광기상절(太平廣記詳節)』(전4권) 등이 있으며, 중국 문언소설과 필기문헌에 관한 다수의 연구논문이 있다.

…슬픔과 기쁨의 자취를 영원히 멀리해도, 이별의 슬픔만은 잊기 어렵네. 머리를 추향정(秋香亭) 위로 돌려보니, 나란히 선 계수나무에 지는 낙엽 흩날리네. 전생에 다 갚지 못한 상사(相思)의 빚 아직 다른 곳으로 돌리지 못해, 가련한 한밤에 애간장을 끊노라. 이리하여 사건의 자초지종을 기록하여 고금의 전기(傳奇)의 뒤에 붙인다. 다정다감한 사람이 읽으면 장대(章臺)의 버들이 꺾이듯 가인(佳人)의 한이 무궁하게 느껴질 것이고, 의로운 사람이 들으면 모산(茅山)에 사는 도사에게서 약을 구해 와 사랑하는 이를 살려낸 협사(俠士)의 마음이 있게 할 것이다. 어찌 그 끝이 이와 같을 뿐이겠는가.

―『전등록』, 「자서(自序)」 중에서

구우 (1347~1433)

자가 종길(宗吉), 호는 존재(存齋)이다. 역대로 많은 문인이 배출되고 풍광이 아름답기로 소문난 절강성(浙江省) 전당(錢塘)―지금의 항저우(杭州)―사람이다. 생졸연대는 1347년에서 1433년까지로 향년 87세가 통설이다. 그가 생존했던 시기는 천재지변과 반란, 도적질이 빈번하여 민심이 흉흉하고, 몽고족인 원나라에서 한족의 명나라로 왕조가 바뀌는 난세였다. 그는 가족과 함께 이리저리 피난을 다녔고 곳곳을 유랑하며 울분을 달랬다.
이렇듯 어릴 적부터 영민했으나 그의 일생은 불운의 연속이었다. 성조(成祖) 때 주왕부(周王府)의 우장사(右長史)를 지냈으나 1408년 시화(詩禍)를 입어 18년간 보안(保安)에서 유배 생활을 했다. 1425년에 이르러 영국공(英國公) 장보(張輔)의 주청으로 귀양에서 풀려나 한때 내각판사(內閣辦事)를 지냈으며 만년에 영국공 집에서 가정교사 노릇을 하였고 1428년 전당으로 귀향하여 불우한 생애를 마친다.
구우의 저술은 풍부하나 애석하게도 현재까지 전해지는 것은 『전등신화』, 『귀전시화』, 『악부유언(樂府遺言)』, 「영물시(詠物詩)」 등 몇 편에 불과하다. 뛰어난 시인답게 작품 속에서 시가 많이 사용되고 시인과 관계있는 고사가 많고 문체도 화려한 사륙변려문(四六騈麗文) 위주이다.

04

운명의 수레바퀴 속에서
구우(瞿佑)의 『전등신화(剪燈新話)』

상기숙 | 한서대학교 중국학과 교수

재미나고 새로운 이야기 『전등신화』

『전등신화(剪燈新話)』의 저자인 구우(瞿佑)는 예로부터 학문을 중시한 집안에 태어나 어릴 때부터 뛰어난 재예(才藝)로 세간에 문명(文名)을 떨쳤다. 그가 쓴 『귀전시화(歸田詩話)』의 '자서(自序)'에는, 14세 때의 어느 날 부친의 친우 장언복(張彦復)이 찾아왔다가 그의 시재(詩才)를 높이 사 계화(桂花) 한 가지를 그린 다음 찬사의 시를 지어 넣어 주었으며, 이에 부친이 매우 기뻐하며 특별히 집안 한 곳을 정해 전계당(傳桂堂)이라 명명하였다고 한다. 또 당대의 유명한 문인 양유정(楊維楨)이 만년에 송강(松江)에 머물러 혹 항주를 지나칠 때 구우의 숙부 구사형(瞿士衡)을 자주 방문하였다. 그들은 전계당에서 연일 술을 마시며 시 짓기를 즐겼는데 양유정이 어린 구우의 시재에 놀라 "이 아이는 그대 가문의 천리마이다!"라며 찬탄했고, 시인 능운한(凌雲翰)도 구우가 하루만에 자신의 2백수 매사(梅詞)·유사(柳詞)를 모두 화답하자 나의 '어린 벗'이라고 부르며 아꼈다고 한다.

『전등신화』는 "등불의 심지를 잘라서 불을 밝혀가며 읽는 재미나고 새로운 이야기"란 뜻이며, 당시 문예가 다시 고문에 복귀코자 하는 시대정신을 따라 명나라 시대에 들어와서부터 유행하던 백화체의 소설을 배척하고 당전기소설(唐傳奇小說)[1]을 모방하여 신괴(神怪)한 내용을 섞어서 문어체로 기술한 단편의 전기소설집이다. 저작 시기는 명나라 초기의 홍무년간(洪武年間)[2]으로 추정한다.

1378년 구우의 자서에 "내가 이미 고금의 괴기한 일을 편집해서 『전등록(剪燈錄)』 40권을 만들었다"고 한 데서 『전등신화』의 전신이 『전등록』일 것이라는 추정이 가능하다. 그가 귀양간 후 『전등신화』 원고는 대부분 흩어져 없어졌는데 사천성 포강(浦江)에서 벼슬

---

1) 육조(六朝) 시대의 지괴소설(志怪小說)을 이은 문언 단편소설로 그 명칭은 당나라 때 배형(裵鉶)의 소설집 『전기(傳奇)』에서 유래한다. '전기'란 기이한 것을 전한다는 의미로 지괴와는 달리 초현실적인 기괴함 위에 현실적인 사회문제도 함께 다룬다. 명나라 때 호응린(胡應麟)은 『소실산방필총(少室山房筆叢)』에서, 당(唐)나라 사람들에 이르러 비로소 의식적인 창작을 하였다고 언급하였다. 당전기소설 구성의 볼만한 성과는 몽환(夢幻) 구조와 전기체 형식이다. '몽환 구조'란 꿈과 현실의 이중 구조로 삶 속에 꿈이 존재하고, 꿈속에 삶이 존재하는 것을 말한다. 대부분 '인생약몽(人生若夢)'의 주제이며, 주인공이 현실에 대해 불만을 품고 있다가 꿈속의 세계로 진입하여 소원을 성취하고, 꿈에서 깨어나 깨달음을 얻는 삼중 구조를 지닌다.

2) 1368년에서 1398년까지의 기간이다.

하던 호자앙(胡子昻)이 남아있는 4권을 구하여 보안의 구우에게 교정을 하도록 요청한다. 1420년 호자앙이 『전등신화권후기(剪燈新話卷後紀)』를 쓰고, 1421년 구우 자신이 발문을 짓는다. 그리하여 구우의 조카 구섬(瞿暹)이 항주에서 간행 유포시켰는데 이것이 바로 현존하는 『전등신화』의 원본이다. 전체 4권이고 매권은 5편으로 되어 있으며 부록 1편까지 포함하여 모두 21편이다.[3]

『전등신화』의 제재는 원(元)나라와 명(明)나라 시대의 기이하고 신비로운 이야기나 일문(逸文)으로 당시 근 백 년 이내의 고사이다. 그는 책의 내용이 괴이하고 음란함을 들어 세간에 전해지는 것을 원치 않았다. 그러나 자서에서 창작의 목적을 "권선징악을 교훈으로 삼고, 원통하고 곤궁한 사람을 연민하고 동정함"을 들어 인도

---

[3] 각권의 구성은 다음의 순서로 되어 있다.

권1 : 「수궁경회록(水宮慶會錄)」, 「삼산복지지(三山福地志)」, 「화정봉고인기(華亭逢故人記)」, 「금봉채기(金鳳釵記)」, 「연방루기(聯芳樓記)」.

권2 : 「영호생명몽록(令狐生冥夢錄)」, 「천태방은록(天台訪隱錄)」, 「등목취유취경원기(滕穆醉遊聚景園記)」, 「목단등기(牧丹燈記)」, 「위당기우기(渭塘奇遇記)」.

권3 : 「부귀발적사지(富貴發跡司志)」, 「영주야묘기(永州野廟記)」, 「신양동기(申陽洞記)」, 「애경전(愛卿傳)」, 「취취전(翠翠傳)」.

권4 : 「용당영회록(龍堂靈會錄)」, 「태허사법전(太虛司法傳)」, 「수문사인전(修文舍人傳)」, 「감호야범기(鑑湖夜泛記)」, 「녹의인전(綠衣人傳)」.

부록 : 「추향정기(秋香亭記)」.

참고로 주이 교주의 『전등신화외이종』(상해고전문학출판사, 1957), 반총랑(飯塚朗) 역의 『전등신화』(동경, 평범사, 1965) 등에서 부록으로 「기매기(寄梅記)」를 넣었는데, 이는 『고금도서집성(古今圖書集成)』에 수록된 구우의 일문(佚文)에 불과할 뿐 『전등신화』의 작품으로 보는 것은 잘못이라는 주장이 제기되었다.

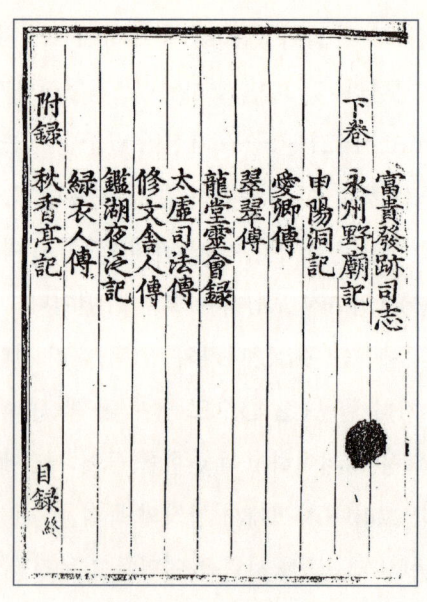

규장각본 『전등신화(剪燈新話)』의 목차

주의를 표방하였다. 출판 이후 사서(邪書)로 규정되어 여러 차례 금서조치를 당했기 때문에 그 판본을 찾아볼 수 없다가 근세에 동강(董康)이 일본의 판본을 입수하여 중국에 다시 유포시켰다.

『전등신화』의 예술적 성취는 당전기의 가작(佳作)에 못 미친다고 평가받지만 선명한 시대적 색채와 특별히 시와 산문을 혼합하여 쓴 형식은 후대 문언소설 창작에 큰 영향을 준다. 1380년 능운한은 『전등신화』「서(序)」에서 "이것을 읽으면 사람들에게 기쁠 때는 손으로 춤추고 발로 뛰게 하기도 하고 슬플 때는 책을 덮어 눈물을 흘리게도 한다"고 했으며, 1389년 목인계형(睦人桂衡)은 『전등신화』

「시병서(詩幷序)」에서 "단지 거기에는 문(文)이 있고 시가 있고 가(歌)가 있고 사(辭)가 있고, 기뻐할 것이 있고 슬퍼할 것이 있고 놀랄 것이 있고 웃을 것이 있다는 것만 보인다"고 밝혔다.

『전등신화』는 이창기(李昌祺)의 『전등여화(剪燈餘話)』(1420), 소경첨(邵景詹)의 『멱등인화(覓燈因話)』(1592)를 비롯하여 『삼언이박(三言二拍)』 등을 낳았다. 이렇듯 제재·줄거리·인물의 전형성·수사 등에 있어 당대와 후대의 전기 소설·백화 소설·희곡 문학에 많은 영향을 끼쳤다. 우리나라에 전래된 시기는 대략 1421년에서 1443년 사이로 추정되며, 1559년 윤춘년(尹春年) 정정(訂正)·임기(林芑) 집석(集釋)의 『전등신화구해(剪燈新話句解)』가 간행된다. 나아가 김시습(金時習)의 『금오신화(金鰲新話)』, 베트남 완서(阮嶼)의 『전기만록(傳奇漫錄)』, 일본 천정료의(淺井了意)의 『어가비자(御伽婢子)』 등에 영향을 끼쳐 비교문학적인 관점에서 다각적인 논의가 활발하다.

죽음과 친숙한 사랑, 귀신의 초현실세계

죽어서도 애절한 사랑

동서고금의 문학을 통해 '사랑'이란 늘 최상의 주제이다. 『전등신화』에서도 총 21편 중 8편이 죽어서도 애절한 지고지순한 사랑이야기로 예외가 아니다.

재자가인의 사랑은 신의를 바탕으로 죽어서도 그 질기고 깊은 인연은 끝날 줄 모른다. 여주인공 모두 죽은 뒤에 이생에 환신(幻

身)하여 남주인공과 1년 혹은 3년 간 미진한 인연을 마치고 명계(冥界)로 돌아간다. 이승에 홀로 남은 남주인공은 떠나간 여인을 그리워하며 세상을 등지고 은둔하기에 이른다. 우리는 중국 고전 전기소설의 애정고사에서 거의 이와 유사한 패턴을 발견할 수 있다. 이렇듯 한결같이 여주인공이 귀신으로 설정되는 것은 고대 봉건 사회에서 여성의 낮은 지위로 인해 야기되는 한(恨)과 여성이 지니고 있는 환상과 신비로움에서 비롯되는 것이 아닐까 여겨진다.

> 최생(崔生)과 흥랑(興娘)은 태어나서 약혼을 맺었으나 오래 왕래가 두절된다. 흥랑은 기다림 끝에 병을 얻어 죽고 만다. 최생은 아우인 경랑(慶娘)의 몸을 빌려 환신한 흥랑과 약혼 예물인 금봉채를 계기로 1년 동안 살며 미진한 인연을 마친다.
> -「금봉채기」

> 등목(滕穆)은 과거 길에 취경원(聚景園)에서 술에 취해 노닐다 송 왕조 때의 궁녀 위방화(衛芳華)를 만난다. 두 사람은 시를 화답하며 사랑을 확인하고 마침내 등목의 귀향길에 동행한다. 방화는 유가적인 부덕(婦德)을 실천하여 집안과 이웃의 칭송을 한 몸에 받는데 결국 3년간 전세의 인연이 다 했다며 명계로 돌아간다. 등목은 끝내 아내를 잊지 못해 산으로 약초를 캐러 들어가 종적을 감춘다.
> -「등목취유취경원기」

> 조원(趙源)은 송나라 간신 가추학(賈秋壑)의 옛 집 앞에서 초록색 옷

을 입은 미색의 여자를 만나 첫눈에 서로 사랑하게 된다. 전생에 여자는 가추학의 기동(棋童)이었고, 조원은 차를 달이는 하인으로 서로 사모했으나 가추학에게 들켜 죽임을 당했다. 마침내 여자는 이생에서 3년간의 미진한 인연을 마치고 명계로 돌아가고 조원은 여자를 잊지 못해 중이 된다. 한편 가추학의 만행을 비판하고 무릇 인간이란 하늘이 정한 운명을 피할 수 없는 존재임을 강조한다.
-「녹의인전」

또 사랑하는 남녀가 장사성(張士誠) 난으로 인해 헤어지고 재회하는 아픔을 비극적으로 그린다. 비록 기녀 출신이나 유가적 부덕을 갖춘 여인 애경(愛卿)은 절의를 지키다 죽으니 사람으로 다시 태어나고, 유취취(劉翠翠)와 김정(金定)은 못 이룬 사랑을 죽음으로 완성하고, 상생(商生)은 채채(采采)의 사랑을 잃어 끝내 상심하여 시에 부치기도 한다.

조생(趙生)은 명기(名妓) 애경을 아내로 맞이하고 벼슬길을 떠난다. 홀로 남은 애경은 시어머니를 지극정성으로 봉양하였으나 임종하자 예를 갖추어 장사지낸다. 장사성의 난으로 인해 애경은 정절을 지키고자 목을 매 자결한다. 난이 끝나고 집으로 돌아온 조생은 아내를 오매불망하다 서로 만나 회포를 풀고 잠자리에 들었는데 그 즐거움이 생시와 같았다. 이튿날 새벽이 되어 애경은 떠나가고 송씨네 아들로 환생하니 그후 조생은 서로 세찬(歲饌)을 주고받으며 왕래한다.
-「애경전」

유취취와 가난한 김정(金定)은 동갑내기로 서당을 함께 다니며 사랑했다. 유씨네는 혼인에 있어 재산의 유무를 논하는 것은 오랑캐나 할 짓이라 밝히고 예를 갖추어 김정을 데릴사위로 맞는다. 1년이 못 되어 장사성의 난으로 두 사람은 헤어지고 김생은 이장군의 첩이 된 취취를 재회한다. 그는 상심 끝에 병들어 죽고 이어 취취도 병들어 김생의 묘 왼쪽에 묻힌다. 마침내 두 사람은 이승에서 못 이룬 사랑을 죽음으로 완성한다.
―「취취전」

상생과 채채는 추향정 아래서 사랑을 나누고 장차 혼인을 약속하였으나 장사성난으로 헤어진다. 명나라가 천하를 통일하자 상생은 채채를 찾았는데 이미 왕씨에게 시집가 아들까지 두었음을 알게 된다. 상생이 채채의 편지를 받고 끝내 옛정을 잊지 못해 상심하자 산양(山陽)의 친우 구우가 이 일을 두고「만정방(滿庭芳)」을 짓는다. 작자인 구우의 등장으로 본 고사 배경의 사실성을 엿볼 수 있다.
―「추향정기」

반면 비극적인 사랑 외에 재자가인의 자유분방하고 꿈을 매개로 한 행복한 결말의 사랑이야기도 있다.

왕생(王生)은 송강에 추수하러 갔다 위당의 한 주막에서 술을 마셨는데 그 집 딸이 그를 보자마자 사모했다. 왕생은 그날 밤 꿈에 그 여자의 방에서 잠자리를 함께 하고 이후 집으로 돌아가서도 매일 밤 꿈속에서 환락을 나눈다. 이듬해 왕생이 주막에 들러 상사병으로 병석에 누웠던 여자를 만나 서로 그동안 꿈속에서 일어난 일을 대조하니 모두 일치하였다. 마침내 두 사람은 꿈을 매개로 기이한 인연을 맺어 해로하게 된다.
−「위당기우기」

설난영(薛蘭英)과 혜영(蕙英) 두 자매는 자색과 시부(詩賦)에 뛰어나 당대에 명성을 날린다. 정생(鄭生)이 장삿길에 설씨네 들려 뱃머리에 나와 목욕하는데 자매가 연방루 창틈으로 밧줄에 대바구니를 매달아 내려 보냈다. 세 사람은 침실로 들어가 정념을 다하고 즉흥시를 지어 화답하며 이후 매일 밤 밀회한다. 설씨가 이 사실을 알고 정생의 인물, 사람 됨됨이, 문벌 등이 훌륭하여 걸맞으므로 사위를 삼는다. 사랑을 표현함에 여성이 남성보다 더욱 적극적이며 일부다처제를 엿본다.
−「연방루기」

비껴갈 수 없는 운명

애정고사 외에 불가의 윤회설, 인과응보 등을 바탕으로 작자의 불우한 삶을 반영하고 당대 사회의 부정부패, 부조리 등을 명계를 빌려 적나라하게 비판한다. 나아가 세상사 한 개인의 행복과 불행, 한 나라의 흥망치란(興亡治亂) 모두 하늘이 정해준 운명의 수레바퀴를 결코 벗어날 수 없다.

원자실(元自實)은 지정 말엽 산동에 난리가 나자 처자를 이끌고 한

때 은혜를 베풀었던 목군(繆君)을 찾아갔으나 번번이 교묘한 말로 따돌림을 당했다. 결국 그는 분을 이기지 못해 팔각정(八角井)에 몸을 던져 삼산복지에서 도사로부터 교리화조(交梨火棗)[4]를 받아먹고 자신을 포함한 관리들의 인과응보에 의한 전생과 후생을 본다. 도사의 예언대로 그는 복녕(福寧)으로 이주하여 평안한 삶을 누리고 3년 만에 장사성난이 일어나 목군은 살해된다.
－「삼산복지지」

영호선(令狐譔)은 신불(神佛), 귀신 등을 믿지 않는 강직한 선비이다. 이웃에 오로(烏老)가 병으로 죽었다 사흘 만에 살아나 집안에서 불공을 잘 드려 명관(冥官)이 다시 이승으로 보냈다고 말했다. 이에 그는 명부의 관리를 고발하는 시를 짓고 개탄하자 꿈에 귀졸(鬼卒)에 의해 저승으로 잡혀간다. 마침내 진술서를 써서 염라대왕을 감복시켜 방면되고 지옥구경까지 한다. 그가 꿈에서 깨어나 아침이 되자 오로가 그날 밤 삼경에 다시 죽었음을 알게 된다.
－「영호생명몽록」

선비 하우인(何友仁)은 성황당 부귀발적사 현판 아래서 부귀를 빌었다. 밤중에 부군(府君)과 여러 판관들이 들어와 각기 처리한 상벌을 말하고 장차 큰 난리가 일어나 어질고 착하거나 충효한 자가 아니면 환난을 면키 어렵다며 흩어졌다. 발적사 판관은 그의 앞날을 예언했

---

[4] 도교에서 말하는 선과(仙果)로 이를 먹으면 하늘로 올라가고 능히 과거와 미래의 일을 알 수 있다고 한다.

는데 과연 장사성난이 일어나고 그는 '전'(電)자를 만나자 죽음을 준
비한다.
－「부귀발적사지」

하안(夏顏)은 평소 학문이 깊고 영민했으나 곤궁하게 살다 객사했
다. 친한 친구가 감로사(甘露寺)에서 하안을 만났는데 명부의 수문
관 사인으로 있다며 저승에서는 이승과 달리 재주에 따라 일을 맡기
고 제대로 대우해준다고 말했다. 그리고 승상, 병권을 쥔 자, 문관,
각 고을의 수령 등의 자질을 비판하고 자신이 저술한 책과 문장을
모아 출판해주길 부탁했다. 이후 그는 자주 왕래하며 길흉화복을 알
려 주기도 했다. 3년 뒤 친구가 병들자 그가 곧 만기될 자신의 관직
을 원한다면 힘쓰겠노라고 제의했다. 친구는 자신의 운명을 받아들
이고 더 이상 치료받지 않고 죽는다.
－「수문사인전」

난세의 은둔세월
도가사상을 바탕에 깔고 역대 명장(名將)의 혼령과 은일자(隱逸
者), 직녀신(織女神)과 더불어 시를 읊으며 역사를 담론하고 어지
러운 세태를 개탄한다. 난세에 처한 지식인의 운명과 심리를 적나
라하게 그린다.

송강에 사는, 전(仝)과 가(賈)의 성을 가진 두 사람은 호걸 협객으로
서 전학고(錢鶴皐)가 기병하여 장사성을 지원하자 그 휘하에 들어가
궤멸하여 물에 빠져 죽는다. 어느 날 화정에서 선비 석약허(石若虛)

가 옛 친구였던 두 혼령을 만나 들판에 앉아 역사고사를 담론한다. 두 사람은 푸른 갖옷을 벗어 하인에게 주며 술을 받아오게 하고 함께 세상사 허망함을 시로 읊는다.
- 「화정봉고인기」

서일(徐逸)은 단오날 천태산(天台山)에 약초를 캐러갔다 빼어난 산수에 매료되어 산 속 깊숙이 들어가다 한 마을을 만난다. 송나라 때 이곳으로 피난 왔다는 도(陶)노인은 그를 극진히 대접하며 송·원·명 삼대 흥망의 내력을 알고자 했다. 그는 하루를 더 머물고 돌아오는 길에 50보마다 대나무가지를 꽂아 표시를 해 두었다. 며칠 지나 다시 마을을 찾고자 했으나 통하는 길이 없었다.
- 「천태방은록」

본편은 마치 「도화원기(桃花源記)」[5]를 연상시킨다.

감호에 처사(處士) 성영언(成令言)은 부귀영달엔 뜻이 없고 회계(會稽)의 산수를 좋아하여 시를 읊으며 항상 배를 타고 노닐었다. 어느

---

[5] 중국 전원시의 개조(開祖)인 동진(東晉) 도연명(陶淵明)의 산문으로 진(晉)나라 태원(太元)년간에 한 어부가 배를 타고 골짜기를 거슬러 올라가다 복숭아 숲을 만난다. 복숭아꽃에 취해 계속 배를 저어가 굴을 만나 배를 버리고 안으로 들어가니 옛날 진(秦)나라의 난리를 피해 와 이룬 마을이 있었는데 평화롭고 아름다웠다. 어부는 그곳 마을사람의 환대를 받으며 며칠 지내다 집으로 돌아오는 길에 표시를 해두었다. 그러나 돌아와서 태수에게 보고하여 사람을 시켜 길을 찾았으나 종내 찾지 못했다. 그 후 '도원경(桃源境)'은 아름답고 평화로운 이상향 '무릉도원(武陵桃源)'을 가리키는 말로 쓰이게 되었다.

날 밤 은하수에 닿아 직녀를 만난다. 선녀는 그에게 삼생(三生)의 인연이 있어 왔다며 하계에 가 잘못 알려진 견우직녀고사와 신선계의 일들을 바로 잡아주길 부탁한다. 작별할 때 서기(瑞氣)어린 비단 두 끝을 받아 후에 페르시아 상인에게 보이니 하늘나라의 보배로 직녀가 짠 것이라고 감정했다. 그 후 영언은 작은 배를 타고 멀리 떠났는데 20년이 지나 그는 신선의 모습으로 나타났다.

-「감호야범기」

귀신, 요괴와의 만남
인간이 원귀(寃鬼)에 씌어서 교합하여 죽음을 맞고 이들 원귀가 사람들에게 재앙을 미치니 도사에 의해 처단된다.

원소절(元宵節) 삼경에 상처한 교생(喬生)이 부여경(符麗卿)을 만나 첫눈에 서로 뜻이 맞아 밤마다 잠자리를 하며 환락을 나눈다. 귀신에 홀린 교생은 위법사(魏法師)로부터 부적을 받아 겨우 재앙을 모면하나 결국 여경의 관속으로 끌려들어가 죽는다. 이후 음침한 날이나 달 없는 밤이면 쌍두(雙頭) 모란등(牡丹燈)을 든 하녀 금련(金蓮)을 앞세우고 교생과 여경이 손을 잡고 다니며 사람들에게 앙화를 입히니 굿이나 푸닥거리로 원귀를 풀어야만 병이 나았다. 결국 철관도인(鐵冠道人)이 이들을 잡아들여 국문하고 진술서를 받아 율령에 따라 처결한다.

-「모란등기」

또 꿈을 빌어 요괴와 지옥의 심판을 그리고, 유명(幽明)간에 반

드시 영(靈)이 있음을 시사한다. 한편 고금동서를 통해 인간의 영
원한 꿈인 불로장생은 염왕(閻王)이 내린 상이 수명연장이라는 데
서도 알 수 있다.

  서생 필응상(畢應祥)이 영주에 토신을 모시는 사당을 지나다 마침
  제물(祭物)이 없어 정성스레 빌기만 하고 지나쳤다. 갑자기 광풍이
  일며 검은 구름과 짙은 안개가 몰아치고 쫓아오는 군사가 천만을 헤
  아렸다. 그는 옥추경(玉樞經)을 외우며 달아나 남악(南嶽)에서 분향
  하며 봉변당한 일을 소상히 고했다. 그날 밤 꿈에 지옥으로 끌려가
  죄인과 대질했는데 이 모두 토신을 대신하여 요괴(구렁이)가 저지른
  소행이었다. 그는 염왕의 명령으로 풀려났으나 다시 무고죄로 지옥
  으로 잡혀간다. 염왕이 진상을 재조사하여 요괴를 풍도(酆都)6)로 보
  내고 그에게는 요괴를 제거한 공로로 목숨을 12년 연장시킨다
  -「영주야묘기」

  풍대이(馮大異)는 평소 안하무인으로 귀신 따위를 믿지 않았는데 어
  느 날 귀곡(鬼谷)에 빠진다. 귀왕(鬼王)은 그에게 일장훈계를 하고
  매질했으며 귀신들은 그를 키다리로 만들었다가 난장이로 만드는
  등 수없이 괴롭혔다. 그는 귀신들로부터 두 개의 뿔, 새 주둥이, 붉
  은 머리털, 파란 눈을 받고 집으로 돌아왔다. 마침내 화병으로 죽었
  는데 며칠 뒤 관 속에서 재판에 이겨 귀신을 모두 처치하고 천부(天

---

6) 북음(北陰)의 끝에 있는 산으로 대제(大帝)가 주관하는 세상인 지옥이 있다.

府)에서 자신을 태허전의 재판관으로 임명했다는 소리가 들렸다.
―「태허사법전」

이덕봉(李德逢)은 계주(桂州) 낡은 사당에서 요괴들을 만나 신양후(申陽侯: 원숭이 왕)를 화살로 쏜다. 이튿날 핏자국을 쫓다 신양지동으로 떨어져 요괴들에게 독약을 선약이라고 처방하여 일망타진한다. 동굴의 원주인인 쥐들이 나타나 자신들은 500살이기에 그간 800살 묵은 원숭이들을 처치할 수 없었다며 치하했다. 그는 신양후를 시중들던 세 미인을 구출하여 모두 아내로 맞고 부귀를 누린다.
―「신양동기」

본편은 물괴고사(物怪故事)[7]이며 봉건사회의 일부다처제를 엿본다.

용궁에 가서 시를 짓다
사해(四海)에는 각기 용왕이 있고, 지상의 재사(才士)가 용왕의 초청을 받아 용궁에 가 시를 짓고 극진한 예우를 받고 돌아온다. 그러나 부귀공명을 초개처럼 여기고 은둔한다.

유생 여선문(余善文)은 남해 광리왕(廣利王)의 초청을 받는다. 영덕전(靈德殿)의 상량문(上梁文)을 지어 올리고 글 값으로 야광주(夜光

---

7) 물체가 오랜 세월을 지나면서 천지의 정령(精靈)을 받아 괴력을 가지게 된 것을 말한다.

珠)와 통천서각(通天犀角)⁸⁾을 받아 집으로 돌아온다. 보물을 페르시아 보석상에게 팔아 큰 재산을 얻었으나 끝내 부귀공명에 뜻을 두지 않고 명산을 두루 돌아다니며 수도하다 종적을 감춘다.
―「수궁경회록」

문인자술(聞人子述)이 용왕당(龍王堂)을 지나다 백룡이 승천하는 것을 보고 시 한 수를 지으니 용왕의 초청을 받는다. 용왕은 그의 시를 칭송하며 오(吳)나라의 삼고(三高)인 범상국(范相國), 장사군(張使君), 육처사(陸處士)를 소개한다. 이어 오군(伍君)이 당도하고 이들 혼령과 더불어 오월(吳越)의 역사를 담론하며 시를 읊고 술잔을 나누었다. 이윽고 아침이 되자 서로 작별하고 용왕은 진주와 통천서각을 자술에게 주었다.
―「용당영회록」

읽고 나서

작품은 내용의 특성에 따라 크게 애정고사와 신선귀괴(神仙鬼怪) 고사로 나뉜다. 작가는 진지하고 순수한 낭만적인 사랑을 통해 당시 봉건 혼인제도의 불합리와 원·명 교체기의 사회동란이 일반 백성에게 가져온 불행을 지적하였다. 한편 귀신세계를 빌려 원말 현실사회의 암흑과 불공평을 풍자하는 한편, 충의절의와 인과응보를

---

8) 아래위로 기운이 통하고 물을 헤치고 나갈 수 있다는 무소의 뿔이다.

강조하였다. 나아가 작품 속에 난세를 사는 인민 군중들이 갖는 희망과 욕구를 형상화시켰다.

시대적 배경은 대부분 원나라 말엽에서 명나라 초기다. 1279년에 수립된 원나라는 포악한 통치로 인민들은 고통받았고 끊이지 않는 병란으로 사회는 혼미를 거듭하였다. 원나라는 몽고인의 귀족정치에 의해 한족(漢族)이 압박당하던 시대로 백성들은 노예와 같이 비참한 생활을 하였다. 1344년에는 가뭄과 충재(蟲災), 전염병 등으로 나라 안에 굶어죽는 자와 병사자가 수를 헤아릴 수 없었다. 지정 말엽 각 지역에서 농민의 폭동과 군사의 난이 끊이지 않자 살육과 혼란으로 천하는 크게 어지러웠다. 원말 장강(長江) 하류와 절강 지역에서 기의한 방국진(方國珍)·유복통(劉福通)에 이어 장사성의 세력이 비교적 컸는데 작품 전편에서 이들 대부분이 시대적 배경으로 설정된다.

1368년 명나라가 건립된 후 사회는 안정된 국면으로 접어들었으며 통치 계급은 농민을 배려하여 생산은 증가되고 경제가 회복되기 시작하였다. 명나라 태조 주원장은 미천한 출신으로 하층민의 고충을 이해했기 때문에 그들이 바라는 바가 무엇인지를 알아내어 국가정책에 반영하였다. 그러나 성군과 폭군의 이중적인 성격을 지녔던 그는 잔학함과 시기심, 의심으로 인해 수많은 공신과 명장을 살육하고 문자옥(文字獄)을 일으켜 지식인을 억압함으로써 시대를 어둡게 하였다. 또한 왕권을 공고히 하고자 재상제도를 폐지하였으나 오히려 환관의 정치를 초래하여 왕조를 약화시켰다.

이민족으로부터 국권을 되찾은 명나라는 사회 전반에 한족의 문화와 전통을 세우려 하는 복고의 물결이 일었다. 문단의 복고주의와 함께 문인들은 시정(時政)을 비판하고자 엄한 형벌과 통제를 피해 미려한 당전기 형식을 빌려 글을 썼다. 이러한 역사적 상황 속에 구우 역시 예외가 아니었다.

평민의 혁명으로 출발한 명나라는 계급을 타파하여 재능 있는 평민도 평등하게 가려 쓴 개방되고 진보된 사회였다. "동일함이 아닌 다름을 추구한다"는 기풍이 성행하여 각종 문학이 발달하였고 개개인의 재예를 중시하였다. 『전등신화』는 이러한 시대적 상황과 난세에 불우한 생애를 보낸 작자의 삶을 적극 반영하고 있다. 따라서 작품 전편에 혼란한 사회 현실에 대한 비판 내지 저항의식과, 이런 암울한 현실로부터 초월하려는 의식이 강하게 표출되어 있다. 공간적 배경은 대부분 강소성과 절강성, 즉 소주(蘇州)·항주의 명승지와 비현실 세계인 용궁·지옥·은하수 등이다. 특히 초현실적인 귀신이나 요괴고사 등을 통해 작자의 이상주의를 강하게 표현하고 있다.

남주인공은 대부분 미혼의 빈곤한 선비로 재자(才子)이며 여주인공은 재색을 겸비한 규수·기녀·궁녀 등으로서 모두 시문에 능하다. 주제는 유가와 불교, 도가 및 신선 사상을 저변에 깔고 있는데 인과응보와 윤회설, 미신, 사회 암흑의 폭로, 역사와 정치에 대한 비판, 인민이 받는 고통에 대한 동정, 자유혼인 찬양, 불합리한 봉건제도에 대한 비판, 전란으로 파경을 맞는 애정, 인민의 이상에 대한 동경, 충효절의, 수신제가 등으로 현대에 시사하는 바가 매우 크다.

당송의 전기체 형식을 답습하였으나 대부분 원나라와 명나라 사이의 고사와 당대의 풍문을 소재로 하였다. 재자가인의 연애전설,

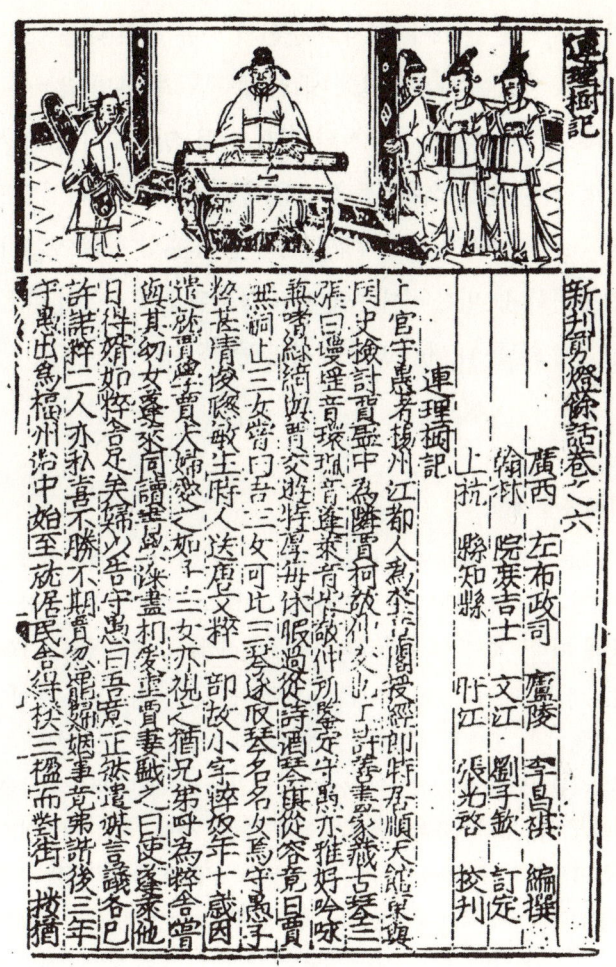

『전등신화(剪燈神話)』의 삽화

신선과 도사의 은둔고사, 학자와 문인의 풍류 등의 내용으로 사륙변려문[9]과 전고를 사용하였고 시·사·문·부·격문·명(銘) 등 각종 문학 장르가 뛰어나다. 신화전설·역사·인물·민간고사, 고전시문·가무곡명·지명·명물(名物) 등을 인용 혹은 윤색, 전고하였다. 대부분 몽환구조를 가지고 있으며 운문과 산문의 혼합 형식으로 씌어졌다. 『전등신화』는 비록 사대부에 의해 창작된 문언소설이지만 인본주의(人本主義)를 내세우고 있어 평민 문학의 관건이 된다.

더 생각해볼 문제들

1. 작품에는 봉건 시대의 미신과 같은 내용이 많이 있으나 작자가 창작 동기를 '권선징악'이라 밝혔듯 대부분 인과응보의 설교를 담고 있으며 몽환구조 및 시문을 매개로 한다. 그 외 애정고사를 통해 시사하는 점은 무엇인가?

    「금봉채기」, 「연방루기」, 「위당기우기」, 「애경전」, 「취취전」, 「녹의인전」, 「추향정기」를 통해 진지한 사랑을 찬양하고 불합리한 봉건 체제의 혼인 제도를 비판하였다. 재자가인의 사랑에서 여자가 남자보다 더욱 적극적이다. 「금봉채기」, 「등목취유취경원기」, 「녹의인전」은 사람과 귀신 사이의 애정을 다룬 고사인데 여주인공이 사람의 몸을 되찾는다. 동란으로 인해 전생에 못다한 인연을 이승에서 한시적으로 맺으며 홀로 남은 남자는 중이 되거나 은둔한다. 「녹의인전」에서는 남송(南宋)의 간신 가사도의 죄상을 전면 폭로하여 봉건주의를 비판하였다.

---

9) 육조시대 발달한 문체로 귀족적이고 유미주의 문학풍조의 산물이다. 한 구절이 4~6자구 위주로 이루어지며, 대구를 많이 쓰고 음조의 해화(諧和)를 중시하는 동시에 전고를 많이 사용하고 미려한 문사를 추구한다. 글 뜻의 표현보다도 아름답고 멋진 글 자체가 더 중시된다.

2. 중국 문학은 전통적으로 『시경』의 풍유(諷諭) 정신을 따라 현실 비판의식이 강하다. 고금동서를 막론하고 인간 세상사 부조리가 만연한데 『전등신화』에서는 어떻게 다루고 있는가?

「화전봉고인기」, 「용당영회록」, 「태허사법전」, 「수문사인전」은 정치의 부조리와 당시 백성들이 받은 압박과 불공평, 난세에 처한 지식인의 심리와 운명을 그렸다. 또한 「삼산복지지」는 충효절의를, 「영호생명몽록」과 「영주야묘기」는 귀괴신이(鬼怪神異)의 세계를 빌려 현실 사회의 부조리를 고발하고 인민의 이상에 대한 동경을 표현하였다. 특히 「부귀발적사지」에서는 불가의 인과응보를 강조한다.

3. 작자의 시대는 난세였다. 중국 도가는 난세의 사상을 대표한다. 이를 표방한 작품은 무엇인가?

「화정봉고인기」와 「천태방은록」 등에서 은둔사상을 추구하며, 「감호야범기」에서는 은하수의 직녀가 자신의 무고함을 밝히고 마침내 영언은 신선이 된다. 그 외 작품 전편 말미에서 심심치 않게 은일의 도가 사상을 만날 수 있다.

추천할 만한 텍스트
『전등신화』, 구우 지음, 이병혁 역주, 태학사, 2002.

상기숙(尚基淑)
한서대학교 중국학과 교수.
경희대학교 국어국문학과를 졸업하고 동 대학원 교육학 석사 및 문학 석사, 국립 타이완 사범대학 국문연구소 박사선독과정 및 국립 타이완 사범대학 국어중심을 수학했으며, 홍콩 원동대학(遠東大學) 문사연구소(文史研究所)에서 문학 박사를 취득했다. 그리고 일본 히로시마 여자대학 국제문화학부 객원연구원을 역임하기도 했다.
논문으로「'剪燈新話'集證」(박사논문)과 「구우(瞿佑)의 '전등신화(剪燈新話)' 연구」 외에 수십 편이 있으며, 저서로는 『한국의 점복(占卜)』, 『형초세시기(荊楚歲時記)』, 『중국 명시감상』 등이 있다.

고독하고 실의에 찬 나는 가을날의 반딧불처럼 희미한 빛이나
내뿜을 따름이니, 어떻게 전대의 현인들에 비길 수가 있겠는가?
스스로의 능력을 헤아리지 않고 하찮은 문장들을 지어 명리를 추구해
보았지만 도리어 귀신들의 비웃음만 살 뿐이었다. … 오호라! 서리에 놀란
겨울 참새는 나뭇가지를 껴안아 보지만 아무런 온기도 느낄 수 없고,
가을밤 풀벌레가 달빛을 받으며 울어대면 고적한 나는 난간에 기대어 감상한다.
진정 나를 알아줄 이는 꿈속에서나 만날 수 있는 귀신들뿐이런가?
─『요재지이』의 「서문」 중에서

포송령 (1640~1715)

명나라 숭정 13년(1640)에 태어났다. 자는 유선(留仙) 혹은 검신(劍臣)이며, 별호는 유천거사(柳泉居士)이고, 요재(聊齋)는 그의 서재명이다. 고향은 산동성 치천현(淄川縣)으로 지금의 치박시(淄博市)에 해당한다. 조상은 대대로 그 지방의 명문거족이었지만 윗대에 이르러 가세가 기울어지자 부친 포반(蒲槃)은 유학을 버리고 상업에 종사하였다. 포송령은 그의 네 아들 중 정실 소생으로 셋째 아들이었다.

포송령은 어려서부터 경사(經史)를 막론해 한번만 가르치면 전혀 막힘이 없는 수재였다. 하지만 거듭되는 향시(鄕試)의 실패로 서른한 살부터는 평생 남의 막료와 훈장 노릇으로 생계를 꾸려나갔다. 일흔 살의 고령이 되어서야 집으로 돌아올 수 있었고, 말년에도 적막하게 지내다 1715년 향년 일흔다섯으로 이 세상을 하직했다.

저작으로는『요재지이』와 이곡(俚曲) 14종,『요재문집(聊齋文集)』,『요재시집(聊齋詩集)』외에도 농업과 의약에 관한『농상경(農桑經)』,『약수서(藥祟書)』등이 전한다.

05

꿈과 진실의 파노라마
포송령(蒲松齡)의 『요재지이(聊齋志異)』

김혜경 | 한밭대학교 외국어학부 중국어전공 교수

『요재지이』는 어떤 책일까?

『요재지이(聊齋志異)』는 읽으면 즐거워지는 책이다. 그래서 대체 누구기에 이토록 아름다운 꿈만 꾸며 살았는지 저자가 먼저 궁금해진다. 모든 고전이 다 그렇듯이 이 책 역시 저자의 삶과 분리하여 생각할 순 없는데, 현실적 고난이 어떻게 위대한 문학으로 승화되는지 추체험할 수 있는 좋은 사례로 거론하게 된다. 인생의 역경은 그 자체로 실패가 아니라 진정한 승리와 성공의 디딤돌임을 일러주는 이가 이 책의 저자이다.

사람들은 누구나 꿈꾸는 바대로 살고자 염원한다. 그러나 삶의 예기치 않은 복병은 도처에 숨어있기 마련이어서 인간의 의지와 노력은 곳곳에서 배반당하게 된다. 시공간의 무자비하고 절대적인 폭력 앞에서 인간이란 그저 무력하고 나약한 존재에 불과하니, 비극이란 원래 인간과는 한 묶음으로 매어져 있는 숙명인 것이다. 인생의 행로는 저마다 제각각이지만 그 무게의 총량은 유사하다고 말할 수 있는 것도 아마도 그 때문일 터이다.

 그러나 비극은 또 그것을 바라보고 수용하는 자세에 따라 달리 규정될 수도 있다. 인간의 의지와 자세가 미래와 여하한 상관도 없는 것이라면 우리는 어떤 희망도 용납되지 않는 세상을 살아야 할 것이다. 그리고 그것은 어떤 성인도 말한 적이 없는, 그런 열패의 삶이야말로 진짜 비극이라는 것을 우리는 잘 알고 있다. 그러나, 그렇더라도 의지와 노력만으로는 도무지 풀어볼 길 없는 막다른 길목에 서게 된다면 우리는 어찌해야 좋은 것일까! 한 인간의 위대함을 결정짓는 관건은 대체로 그 순간의 판단과 행동 여하에 달려있는 듯하다. 자신이 지각하고 수용할 수 있는 한도 내에서 지극한 자세로 살아가는 인간의 모습에서 우리는 숙명을 넘어설 가능성을 확인하게 된다.

 『요재지이』의 저자 포송령(蒲松齡)은 비극으로 보고자 하면 얼마든지 그렇게 볼 수 있을 만한 인생을 살다간 인물이다. 아무리 옛날이라지만 그는 한평생 허리 한번 제대로 펼 겨를도 없이 고단하고 답답한 삶을 영위하다 또 그렇게 스러져갔다. 만주족 치하의 청나라 초기에 그는 아무 비빌 언덕 없는 가난한 한족의 지식인이었다.

 그 같은 환경에서 입신할 수 있는 길은 오직 과거뿐이었지만 운명의 여신은 도무지 그의 편이 되어주지 않았다. 젊어서는 당대의 학사 시윤장(施潤章)으로부터 "붓끝에 신기가 어리고 글에서는 기이한 향내가 난다"는 찬사를 들었던 재주꾼이었지만 거듭되는 낙방으로 나이 서른을 넘기면서부터는 호구지책으로 남의 집 가정교사를 전전하며 평생을 가난 속에서 보내야만 했던 것이다. 시름에 으깨지고 빈곤에 버무려진 나날의 연속이었지만 그는 자기 운명에 굴복하여 눈앞의 작은 이익이나 탐내며 살지는 않았다. 입신양명을 포기한 그가 택한 것은 바로 문사의 삶이었고, 『요재지이』는 사십여 년의 세월 동안 꾸준히 붓을 놀린 결과 세상에 나온 저작물이었다. 남의 집 고용살이를 전전하는 고달픈 현실이었지만 그러한 역경이 오히려 창작에 관심을 쏟게 해 결국 불세출의 문학이 탄생된 것이다. 그러나 저자의 재주와 포부에 비춰본다면 사는 동안 어찌 한숨과 눈물이 없었을까! 그는 책의 서문에서 다음과 같이 자신의 심경을 토로한다.

> 깊은 밤 혼자 앉았노라면 등잔불은 꺼질락말락 희미하게 깜빡거리고 서재는 쓸쓸하며 책상은 얼음처럼 차갑기만 하다. 나는 다만 여우의 겨드랑이 가죽을 모아 갖옷을 짓듯 한 글자 한 구절씩 모아 감히 『유명록(幽明錄)』[1)]의 속편을 짓겠다고 덤벼들었던 것이다. 혼자 술잔을 기울여가며 붓끝을 놀리다 보니 어느덧 이 한 권의 '고분지서(孤憤之書)'[2)]가 완성되었다. 유생(儒生)이 되어서 평생의 심사를 이런 글에 기탁하고 말았으니, 말하는 것조차 슬프고 애달프기만 하구나!

고독하면서도 서글펐던 그의 한평생이 눈앞에 선연히 그려지는 듯하다. 그는 가르치는 틈틈이 민간에 떠도는 신기한 이야기를 수집했고 그것을 아름다운 문장으로 정리했다. 때로는 그 자신의 창작도 곁들여가며 근 500편에 달하는 단편소설로 엮어 후세에 남겼는데, 이 책이 바로 『요재지이』이다.

『요재지이』라는 책이름은 '요재가 기록한 기이한 이야기'라는 뜻을 담고 있다. 요재는 저자인 포송령의 서재 명칭으로 그 자신을 지칭하는 아호이기도 하다. 이 책은 장르상 지괴(志怪)로 분류된다. 말뜻 그대로 괴이한 일을 기록한다는 뜻의 지괴는 예로부터 지식인의 호사 취미로 여겨진 문학이었다. 하지만 지금에 이르러선 고대인의 꿈이 현실의 경계에서 미지의 세계와 조우하여 형성된 판타지 문학으로 정의된다. 공자가 배척했던 괴이하고 힘세고 어지럽고 신령한[괴력난신(怪力亂神)] 것들을 주 내용으로 삼는데, 이는 유가의 현실주의적 전통 아래 묵살되고 억압되던 꿈과 환상의 세계가 중국의 지식인들에게 여전히 살아 있었다는 반증이기도 하다. 지괴는 포송령에 이르러 절정에 올랐다는 평가를 받았고, 그의 문

---

1) 지괴(志怪)란 중국 육조(六朝) 시대에 유행했던 설화의 명칭으로 귀신, 인물 야담, 전설, 불교와 도교의 종교 설화 등을 담은 이야기이다. 『유명록』은 이러한 육조시대 지괴문학의 으뜸으로 꼽히는 작품인데 총 30권에 달하며 저자는 유의경(劉義慶)이다. 그 내용을 단순히 전설이나 귀신세계에 한정하지 않고 현실세계의 다양한 단면까지 포괄하고 있으며 시대적으로는 한위(漢魏)에서 진(晉), 송대(宋代)의 이야기를 담고 있다.
2) 고분(孤憤)은 원래 한비자(韓非子)가 자신의 저작에서 편명으로 사용한 명칭인데, 성품이 고고해 세속과 타협하지 않는 바람에 생겨난 분노와 개탄을 뜻한다. 고분지서(孤憤之書)는 이러한 감정이나 정서를 바탕에 깔고 지은 글이나 책을 말한다 하겠다.

채 찬란한 단편소설들은 중국인의 상상이 일궈낸 독특한 미학의 세계로 찬사를 받는다. 물경 500편이나 되는 이야기의 집합인지라 다루지 않은 소재가 없을 정도이지만, 『요재지이』의 내용은 크게 세 갈래의 주제로 나누어 설명할 수 있다.

환상(幻), 현실을 이겨내는 상상의 힘

포송령의 고향인 치천(淄川)은 지금의 산동성 치박시(淄博市)에 해당한다. 인천에서 청도(靑島)까지 한 시간 남짓 비행기를 타고 가서 내린 뒤 세 시간 정도 자동차를 타고 달리면 도착할 수 있는 곳이다. 우리나라에서 가까운 탓인지 사람도 풍광도 그다지 낯설진 않은데 가도 가도 끝없이 펼쳐지는 밀밭만은 그런 대로 이국적인 정취를 자아낸다. 이곳은 사통팔달로 뻗어나간 도로망으로 인해 사방과 교역할 수 있다는 지리적 장점 외에는 별다른 특산이 없어 일찍부터 상업이 발달한 지역이었다.

중원의 화려한 문명은 다만 거쳐 갈 뿐 이곳에 오래 머무르진 않았는지 아직도 평원만이 드넓은데 그 너머로 지금은 산업 시설들이 차곡차곡 들어 차 경관을 바꿔가는 중이다. 포송령 당대에는 아마도 한층 더 쓸쓸한 풍경이었을 것이다. 그의 적막한 삶과 척박한 주변 환경을 생각하면 그처럼 다채롭고 풍부한 상상력이 어디서 기인했는지 신기하기도 한데, 그러나 뒤집어 생각하면 어쩌면 그런 환경 탓에 상상은 더 멀리 뻗어나갈 수 있었을 것이고 그래서 더욱 거침없는 묘사가 가능하지 않았겠나 싶기도 하다. 모든 것이 완벽한 현실 아래 상상이 들어설 여지는 존재하지 않는다. 고독과 빈곤의 땅에서 우리는 더욱 아름답게 피어난 인간의 꿈을 보게 된다.

『요재지이』에서는 가능하지 않은 것이 아무것도 없다. 포송령은 상상으로 호흡하며 꿈꾸는 일 자체를 자신의 삶의 고유한 방식으로 받아들인 인물이었다. 그의 현실은 꿈과 분리되지 않은 채 이 세계의 양 극단을 문학 안에서 조화롭게 수용한다. 그의 세계에서는 모든 주변부, 언저리의 것들이 홀시되지 않고 주인공으로 등장하며, 반면에 중심에 놓였던 가치들은 역치되어 기존의 무게를 잃어버린 채 부유한다. 상상은 현실이라는 꽉막한 시공간을 환상의 꿈이 아름답게 수놓아지는 무대로 뒤바꿔버린 것이다. 예컨대 우리는 홍콩 배우 장국영과 왕조현이 분한 영화 '천녀유혼'을 보게 되면 귀신과 인간의 교류도 저처럼 아름답게 묘사될 수 있다는 사실에 이질감과 황홀경을 동시에 경험하게 된다. 사람과 똑같은 희노애락의 감정을 느끼고 인간의 세계를 그리워하는 미녀 귀신 앞에서 이성이나 관념들은 저절로 퇴색해서 빛이 바래고 출렁거리는 감성의 물결들이 대신 그 자리를 채운다. 그리고 우리 인간은 그 덕분에 강퍅한 현실에서 한발 물러나 환상의 세계에 몰입하고 그로써 자신의 고독과 욕망을 긍정할 줄 아는 힘을 습득하게 되는 것이다.

『요재지이』에서는 열심히 공부하여 공명을 성취하는 수재가 한낱 책벌레에 불과함을 입증하기도 하고(책벌레), 저승의 현실이 이승의 복사판임을 풍자하기도 하며(저승도 유전무죄?), 바다 속의 고래도 한식에는 성묘를 가고(고래의 성묘), 미추의 기준이 완전히 뒤바뀐 역설과 풍자의 세계가 끝도 없이 펼쳐진다(나찰해시). 이렇듯 인간의 온갖 염원과 비애를 환상적으로 묘사함으로써 이 세계의 불가해한 부분에 대한 성찰의 여유를 우리에게 안겨주는데, 그것은 삶의 막막함을 보상하고 고통을 견디게 해주는 힘이 되며 세상의 모든 소외된 것들을 포용하는 인문적인 역량으로 전환되기도 한다. 보이지 않는 환(幻)의 실재가 『요재지이』에서는 오히려 현실을 지탱시키는 꿈과 힘으로 표현되고 있는 것이다. 그러다 꿈은 어느덧 현실로 이어져 그 꿈을 현실화시키고, 대상화된 사물은 우리 안에 내재하는 본질적인 존재로 들어앉게 된다.

『요재지이』는 의미의 구획을 넘어선 자리에서 이 세계를 성찰함으로써 우리의 내면을 아프지 않은 방법으로 각성시키는 즐거운 책이다. 그것은 인간의 무대에서 표연되는 사물과 모든 초월적인 존재들의 노래이기도 하다.

사랑(愛), 포기할 수 없는 인간의 꿈

『요재지이』를 읽어본 이들의 평가는 다양하다. 천편일률적인 귀신 이야기의 집합이라는 혹평에서부터 한여름의 소나기처럼 시원하게 가슴을 적셔주는 깊이 있는 책이라는 호평에 이르기까지, 저마다 관점과 취향에 따라 다르게 책을 논한다. 사실 이야기가 너무 많아 매 편의 수준이 똑같이 고르지 못하고 정통문학의 견지에서 보면 말석에나 겨우 낄까말까 한 패관문학이다[3] 보니 책이 씌어진 청나라 초

---

3) 패관(稗官)은 고대의 관직명인데, 길거리를 돌아다니며 여론을 수집한 뒤 보고하는 직분이었다. 『한서·예문지』에서는 소설가(小說家)가 패관에서 비롯되었다고 말해 통속문학의 원류로 패관을 지목한다. 일반적으로 야사(野史)나 야담, 소설 등을 패관문학이라 부른다.

기부터 지금에 이르기까지 『요재지이』는 그 뛰어난 예술적 가치와 문학성에도 불구하고 읽는 이의 입장에 따라 사뭇 평가가 달랐다.

내게 사서(四書)를 가르쳐주셨던 한 연로한 서당 훈장님은 이 책을 읽는다는 제자의 말에 시절이 20세기 끝 무렵이었음에도 불구하고 그 패덕함을 운위하시며 다른 유가의 경전을 공부하라 질책하신 적도 있다. 최고의 수준에 오른 문사들만이 해독할 수 있는 고난도의 문언(文言)[4] 문체에도 불구하고 이 책은 식자들에게서 그렇게 구박을 받았다. 그리고 그 이유는 아마도 150편에 달한다는 연애 고사, 즉 사랑의 이야기에 많은 책임을 돌릴 수 있을 듯하다.

이 책에 담긴 수많은 러브 스토리에서 포송령은 거침없는 성(性)과 자유로운 연애를 묘사한다. 이념화의 절정에 섰던 명·청나라 시대의 주자학은 일반인에게도 성인(聖人)의 윤리적 수준에 도달하길 요구했는데, 그런 입장에서 보면 『요재지이』는 패덕에 다름 아닌, 인륜을 망치고 패악을 조장하는 음서(淫書)에 불과하였다. 그런 만큼 이 책은 흥미롭게 읽힌다. 인간에게 내재한 본능적 욕망을 있는 그대로 인정할 뿐 아니라 겸하여 화려한 수사로 갖가지 형태의 사랑을 다채롭게 묘사해 독자들에게 사랑의 기쁨과 환희, 비애와 고독을 감당 못할 만큼 풍성하게 떠안겨준다. 상식적으로는 타

---

[4] 문언(文言)은 흔히 고문(古文)이라 부르며 구어인 백화(白話)와 구별된다. 5·4신문화운동이 일어나기 전까지 공식적인 서면어였고 대부분의 문학작품을 기록하는 수단이었다. 때문에 권력과 지식독점의 상징처럼 여겨져 오사운동 이후 대대적인 비판을 받은 뒤 공용어로서의 기능이 상실되었다. 하지만 중국문학과 문화의 원형질로서 그 가치는 여전히 유효하다 하겠다.

기되어야 마땅한 사랑도 포송령의 붓끝에서는 고귀하고 아름다운 가치로 변모한다. 그리고 그 안에서 우리는 삶의 진실을 읽고, 아름다움과 진정은 또 본래 분리될 수 없는 한 몸임을 느끼게 된다.

사람은 누군가 혹은 무언가에 열중하고 귀 기울일 때 비로소 생의 의미를 느낀다. 사랑은 그 가장 일반적인 양식이고 때로는 삶 전체를 통할하는 지상의 이유가 되기도 한다.『요재지이』에는 그러한 각종 사랑이 만발한다. 에로틱하거나 헌신적으로 묘사되는 남녀간의 고전적 사랑뿐만 아니라, 꽃의 정령·요괴·여우·귀신, 즉 화요호매(花妖狐魅) 같은 이물과의 사랑들이 종횡무진 난무한다. 이 책에는 상상할 수 있는 모든 형태의 사랑이 등장하는데 우애나 우정, 효친 같이 전통적으로 강조되는 윤리적 사랑까지 포괄한다면 그야말로 사랑의 박람회장이라 말해도 지나친 표현은 아닐 것이다. 포송령은 사랑을 통해 인간세의 삼라만상을 표현하고 해석한다.

『요재지이』에는 인간 남자의 상대역으로 특히 귀신과 여우가 많이 등장한다. 이를 두고 혹자는 봉건 시대를 살았던 저자가 보다 자유로운 묘사를 위해 차용한 대상이라고 상투적으로 분석하기도 하지만 그것만으로는 설명이 불충분해 보인다. 인간뿐만 아니라 사물까지도 두루 사랑해서 만물의 고유한 가치를 일깨우고 싶었던 한 사람의 열린 시각과 마음이 일궈낸 결과가 아닐까 추측한다. 사랑으로 보여지는 현상과 그 진정한 의미가 보이는 세계에만 국한되진 않는다고 말하려 했던 것이 아닐까 해석하고 싶은 것이다.

이 세계의 표면은 육안으로 관찰되는 것이지만 사랑을 위시한 마음의 영역은 또 다른 눈이라야 파악이 가능하다. 포송령의 심안(心

『요재지이(聊齋志異)』의 호선고사(狐仙故事)

眼)이 포착해서 길어 올린 언어는 사랑의 환상에 관한 것이다. 그러나 사랑이 환상임을 깨닫는 순간 사랑은 더 이상 환상이 아닌 것으로 우리에게 다가온다. 그는 어쩌면 그 자체로 사랑의 변주일 수밖에 없는 세상의 모든 꿈과 환상들을 언어 안으로 끌어들이려 한 것은 아니었을까? 그가 사용한 수법은 진실과 환상이 한 이야기에 녹아들어 서로 하나가 되게 함으로써 겉면으로 드러나지 않은 삶의 배면을 끝까지 응시하게 만드는 것이었다. 『요재지이』는 현실에 대한 사실적인 묘사나 상상적 아름다움에 대한 무분별한 추구에 매달리지 않는다. 다만 이들을 하나로 융합시킴으로써 두 세계를 넘나드는 열린 공간이 책 속에 펼쳐지게 만들 뿐이다.

진실(眞), 삶을 이끄는 중심축

글을 쓰는 문사에게 가장 큰 바람이라면 아름다움에 종사하고 그것에 순교하는 일이 될 것이다. 아름다움을 창조하거나 삶의 진실을 밝혀 현실이 좀더 나은 방향으로 개선되도록 하는 데 일조하는 것이야말로 유가의 훈도 아래 성장한 중국의 지식인들에게는 지상의 과제에 다름 아니었다. 그들에게 아름다움이란 진실의 다른 이름이기도 하였다.

뛰어난 발자취를 남긴 문인들이 보통 그렇듯 포송령을 둘러싼 현실은 아름답지 않았고 희망찬 미래가 열린 것도 아니었다. 그가 당면했던 현실은 엄혹하고도 고단한 것이었다. 출세의 길을 포기한 그가 가족의 생계를 위해 선택할 수 있는 일은 지극히 제한적이었다. 기껏해야 남의 밑에서 막료 생활을 하거나 가정교사가 고작이어서 입에 풀칠하기도 어려운 지경이었던 것이다. 주변을 둘러봐도 사정은 크게 다르지 않았다. 명말청초의 혼란기를 거치면서 민생은 많이 피폐한 상황이었다. 명나라 말기는 농민 반란과 만주족 군대의 거듭된 침입과 노략질로 백성들의 삶이 황폐하기 이를 데 없었고, 청나라가 들어선 다음에도 안정을 꾀한다는 명분 아래 탄압과 착취는 계속되었다.

포송령은 문학을 통해 이런 현실에서 도피하지만, 그렇다고 해서 그가 현실을 영 벗어날 수 있는 것도 아니었다. 이럴 바에야 차라리 작품 안에서 자신이 보고들은 것과 거기서 파생된 생각들을 적극적으로 표현하는 편이 나았다. 이리하여 『요재지이』에는 당대의 현실이 엄정하고도 순도 높은 묘사로 들어앉게 된다.

허나 당시 시대상에 비춰볼 때 문자로 역사의 진상을 증언한다는 것은 지난하고도 위험한 노릇이었다. 툭하면 벌어지는 문자옥(文字獄) 때문에라도 사람들은 거짓에 길들여지길 자원했고 현실에 안주하려 들었다. 눈앞에 펼쳐진 역사를 관찰해 후인에게 진실을 남긴다는 것은 예리한 지성과 남다른 용기가 아니면 감당 못할 일인 까닭이었다. 위험에 대한 부담을 줄이고 또 사실을 문학의 영역으로 이전시키기 위해 포송령은 많은 상징과 은유를 차용했다. 하지만 때로는 과감한 묘사로 당대의 부조리와 모순을 고발하는 것도 주저하진 않았다. 현실의 깨진 조각들 가운데서 문학적인 것의 잔해를 발견하고 조립하는 작업은 응당 자신 같은 문사가 감당해야 할 몫이라고 여긴 것이다.

포송령의 현실에서 문학으로 전환될 수 있는 부조리한 일은 너무나 많았다. 우선 불합리한 제도나 부패하고 타락한 정치가 그랬다. 그는 부정이 난무하는 과거 제도를 공격했고(은혜 갚은 서생, 문장의 향기), 어리석은 관료들에게 핍박당하는 백성들의 고통을 통렬하게 고발했다(귀뚜라미 싸움, 나비 날리는 원님, 아버지의 꿈). 이미 지배층으로 군림하게 된 만주족의 만행을 거침없이 묘사했고(의좋은 형제, 전쟁 통의 호신술), 금전에 의해 모든 가치가 좌지우지되는 염량세태를 풍자했다(귀신의 복수, 구박데기 사위).

그러나 한편으로 이 세상은 그런 악덕을 정화하려는 노력이 지속적으로 이뤄지는 곳이기도 하였다. 억울한 백성의 원한을 풀어주는 현명한 관리가 있고(연지, 부채의 비밀, 지혜로운 관리), 봉건의 굴레 아래서도 꿋꿋이 자신의 삶을 개척하는 여걸들이 있으며(여장부

대낭, 여자도 출세할 수 있다!, 여류사업가), 세속적 가치에 연연하지 않고 신의 같은 덕목에 목숨 바치는 기인들이 존재한다(사나이 의리, 정의의 사람들). 포송령의 붓끝에서 인간세상은 영웅의 드라마틱한 무대가 되기도 하고 소극적인 은자의 은둔처가 되기도 하며 기발한 발상이 난무하는 실험장이 되기도 한다. 그는 자신의 저작 안에서만 꿈을 펼칠 수 있었지만 그것은 현실의 어떤 보상보다도 강력한 위안이자 성취로 매겨졌다. 그에게 있어 문학은 현실에서 이루지 못한 꿈과 이상의 대안이었던 것이다.

『요재지이』를 읽게 되면

고전은 읽었을 때 그 당장 영향이 오는 책은 아니다. 그것은 향기나 습윤한 공기와도 비슷해서 서서히 아주 서서히 우리의 삶과 생각에 침투해 들어온다. 하지만 『요재지이』는 딱딱한 다른 고전들과는 달리 매우 재미있게 읽혀서 우러나는 반응이 즉발적이다. 그리고 그렇게 일깨워진 사유가 두고두고 반추된다는 점에서 여타의 판타지나 통속문학과도 성격이 사뭇 다르다. 하여 살아간다는 것이 여의치 않아 괴로울 때는 이 책을 펼쳐들고 아무 곳이나 읽어내려가도 좋을 것이다. 거기서 우리는 평생 초라하고 왜소했지만 마지막은 그렇지 않았던 한 인간의 위대한 궤적을 만나게 된다. 그리하여 실패한 삶이란 세속적 가치에 집착하다 후인에게 아무 계시도 남겨주지 못한 자의 것일 뿐, 현실적인 고난에도 불구하고 뜻을 두고 매진한 사람의 것은 아님을 확인하게 된다.

포송령은 다만 즐기는 일에 최선을 다했을 뿐이었다. 자신의 고

난과 비애를 정련된 언어로 표현하고 해학과 사랑으로 승화시켰을 뿐이었다. 그런데도 그가 남긴 영향은 지대하고도 유원하다. 단조로운 삶을 풍부한 상상의 원동력으로 활용했고, 그렇게 해서 엮어낸 인간세의 파노라마가 오늘날의 우리들까지 열광시킬 정도로 보편성을 획득한 소치이다. 그는 삶의 의미와 가치가 어디에 있어야 하는 줄 진작에 체득한 인간이었다.

더 생각해볼 문제들

1. 환상 혹은 상상이 인간의 삶에 기여할 수 있을까?

    현실의 고통을 견딜 수 있는 힘, 이 세계의 불가해한 부분을 이해할 수 있는 능력, 세상의 모든 소외된 것들을 포용할 수 있는 인문적 역량은 환상과 상상에서 비롯된다.

2. 사람이 사랑 없이 살아갈 수 없는 이유는?

    사람이 자신의 존재를 확인하는 가장 일반적인 양식이 바로 사랑이다. 누군가 혹은 무언가에 열중하고 귀 기울일 때 사람은 비로소 생의 의미를 느끼게 되는 것이다.

3. 역사적 진실과 문학적 진실은 어떻게 다른 것일까?

    시대적 상황이나 제약으로 인해 정사에 기록되지 못한 사실들이 때로는 문학의 이름을 빌어 후세에 전해지기도 한다. 디테일은 차이가 날 수 있겠지만 뭔가를 기록해 남긴다는 정신만큼은 차이가 있을 수 없을 것이다.

추천할 만한 텍스트
『요재지이』 전 6권, 포송령 지음, 김혜경 옮김, 민음사, 2002.

김혜경(金惠經)
한밭대학교 외국어학부 중국어전공 교수.
이화여자대학교 중어중문학과와 국립 타이완 사범대학교 국문연구소에서 석사 및 박사를 받았다.
다수의 논문과 『요재지이』(전 6권), 이지(李贄)의 『분서(焚書)』(전 2권) 등의 역서가 있다.

이 '소자(少子)' ―『경화연』을 말함― 는 비록 유희를 사건으로 하였으나
오히려 권선(勸善)의 뜻을 은밀히 담았으니 '사람을 풍자하는 취지'에서
벗어난 게 아니다. 거기에는 제자백가, 인물화조(人物花鳥), 서화, 거문고,
바둑, 의술, 천문, 점복, 음운(音韻), 산법(算法) 등을 서술하고 있는데
어느 것 하나 빠져 있는 것이 없다. 또한 각종 수수께끼 놀이,
각종 벌주놀이 및 골패·마조·활쏘기·축구·투초·투호 등 각종 유희류가 있어서
하나하나 모두 다 잠을 쫓을 수 있고 사람으로 하여금 밥알을 토하게 한다.
―『경화연』의 「자서(自序)」에서

이여진 (1763~1830)

자가 송석(松石)이며 하북성(河北省) 대흥(大興)―현재의 베이징시―출신이다. 열 살 되던 해에 박식했던 부친을 잃고 15세에 모친 및 동생들과 이별한 채 형 이여황을 따라 해주(현 강소성 렌윈강시)로 이사하여 20여 년을 함께 살았다. 향시에 응시하여 합격하지 못했으나, 당시는 황하의 둑이 터져 물을 다스릴 인재가 급히 필요한 때여서 처숙부 허계정의 추천으로 하남의 현승에 임명되어 2년 동안 역임하였다. 그러나 과거 출신이 아닌데다가 연납금을 내지 않아 더 이상 임명되지 못했다. 연납금이란, 과거 시험을 통하지 않고 돈으로 관직을 사기 위해 내는 돈을 말한다. 박학다식했던 그는 중국의 10대 고전 소설의 하나로 평가받는『경화연』이외에도 음운서인『이씨음감(李氏音鑒)』과 바둑에 관한『수자보(受子譜)』란 책을 남겼다.

06

거울 속의 꽃, 물 속의 달
이여진(李汝珍)의 『경화연(鏡花緣)』

정영호 | 서남대학교 중국어학과 교수

현실에 대한 울분을 품고서

나의 고교시절은 광주민주화운동의 한 가운데 있었고, 대학시절 역시 그 연속이었다. 그 영향에서인지 현실을 비판하는 서적을 즐겨 읽었는데, 오늘날 중국 문학을 가르치면서도 자연스럽게 현실주의적이고 사실주의적인 문학 작품에 더욱 관심을 가지게 되었고, 『경화연(鏡花緣)』도 그 중의 한 작품이다.

이여진(李汝珍)은 사회의 어두운 면과 정치 부패, 그리고 백성들이 겪는 고통을 목도하고, 현실에 대한 자신의 울분을 표출하고자 하는 강렬한 의식을 품고서, 1817년 전후 100회본 장편소설을 세상에 내놓았다. 그는 당오 및 임지양, 다구공이 군자국·대인국·양면국·여아국 등 40여 개 해외 이국을 지나며 기이한 풍속과 사건에 접하고 갖가지 모습의 사람과 괴상한 동식물을 보며 겪은 내용 그리고 당오의 딸 소산이 여성 고시에 합격한 후, 100명의 재녀(才女)와 함께 경축연에 참가하여 거문고를 타고, 시를 짓고, 학예를 논설하는 등 그 재능을 과시하는 내용으로 엮었다.

이러한 내용은 '재학소설'[1]이라는 평가를 받기도 했지만, 해외 국가를 통해 통치 계급 및 현실사회에 대한 풍자는 물론 이상사회에 대한 동경을 표현함으로써, 유희를 도구로 하여 현실을 풍자하고 그의 이상 세계가 실현되기를 바랐던 풍자소설이다. 기이한 해외세계를 환상적으로 묘사한 것은 당시 현실사회의 변형된 모습의 축소판이자 이상사회를 나타낸 것으로, 스위프트가 『걸리버 여행기』에서 당시 영국 사회 현실에 대해 비판하고 이상 사회를 꿈꾸었던 것과 유사하다. 또 조선 시대 홍희복(洪羲福)에 의해 『제일기언(第一奇諺)』으로 번역되어 그 일부가 전해지고 있는데, 이는 당시 국어사의 연구에 중요한 자료가 되고 있다. 다만 우리나라에는 아직 현대어로 된 완역본이 없어 아쉬울 따름이다.

썩은 사회에 채찍을 가하다

『경화연』은 이민족인 만주족 정권이 한족을 지배하는 과정에서 나타나는 탄압적 정치를 당(唐)나라 시대의 무측천 정권에 빗대어 풍

---

[1] 중국 소설사에서만 등장하는 특수한 경우로 청나라 시대에 소설을 통하여 자신의 재학을 드러내려고 하는 의도가 있는 소설을 말하며, 중국 현대 문학의 거장인 루쉰(魯迅)이 최초로 사용한 용어다.

자하였다. 또한 과거와는 인연이 없었던 이여진은 과거제도에 대한 직접적인 비판과 아울러 과거 시험장에서 빚어지는 부정행위와 뇌물 횡행 등의 현상, 그리고 청대 지식인이 당하는 정신적 고통 등을 묘사하고 있다.

그러나 당시는 청 왕조가 대학살과 문자옥(文字獄)[2] 등을 통하여 잔혹하게 한족을 압박하고 과거라는 인재 등용 제도로 한족을 하수인으로 전락케 하는 상황이어서, 이 제도에서 드러난 폐해를 공개적으로 비판할 수가 없었다. 때문에 작가는 소설의 배경을 해외 이국으로 옮겨 상상적 여행을 빌어서 청대 사회를 간접적으로 비판하였던 것이다.

그는 불합리한 착취와 억압 현상에 대해서도 애통해 한다. 무장국 사람을 통해 재물을 탐하는 인색한 부유층에 비판을 가하고 조롱하였으며, 백성을 착취하는 탐욕스럽고 인색한 지주계급을 통렬하게 풍자하였다. 시훼국과 양면국 등에서 '아첨하는 자', '비양심적인 인간', '무위도식하는 자', '거짓말쟁이', '겉과 속이 다른 자' 등에 대해 풍자하고 있다. 또 봉건사회의 우매하고 잔혹한 각종 사회 질서의 모순 즉, 풍수지리의 폐해, 사치낭비 풍조, 무절제한 음욕추구, 과거제도의 폐단, 위선적인 학풍, 사원의 폐해, 소송사건의 폐해, 불합리한 음식문화, 삼고육파(三姑六婆)[3]의 폐해, 전족의 폐

---

[2] 청대에 만주족 정권에 반항하는 한족 지식인들을 견제하기 위해 일부러 작품 가운데의 글귀를 문제 삼아 금서로 몰아 태워 없애고, 이를 어기면 죄명을 씌우고 옥살이를 하게 하는 등의 탄압을 저지른 사건을 말한다.

음식찌꺼기를 먹는 돼지 형상의 시훼국인

해, 궁합·사주의 불합리성 등등의 사회 풍속에 대해 군자국을 통해 비판하고 그 나름의 개선 대안을 제시하고 있다. 그러나 고위관직에 진출한 정치가가 아닌 소지식인에 불과한 그로서는 적극적이고 직접적으로 의견을 개진할 수 없었고 단지 문학가의 입장으로 자신의 생각을 소설화 한 것이다.

오늘날에도 정치가의 뇌물수수, 경제인의 비자금 조성, 법조계

---

3) 중국 고대에 여승, 여자도사, 점쟁이를 '삼고'라 했으며 '육파'는 인신매매를 하는 여인, 매파, 여자 무당, 기생의 어미, 병을 치료하는 여인, 산파를 지칭한 것이었다.

의 비리, 교육계의 교비횡령, 성적 조작, 부정시험, 부동산 투기, 성폭력, 따돌리기 등등 많은 문제들이 상존하고 있지만, 이런 행위들이 없는 사회를 만드는 것은 법과 제도만으로는 한계가 있다. 해결책은 우리 인간들이 해서는 안 될 일을 하지 않는 심성을 가져야 한다는 것이다. 이러한 문제들은 동서고금을 막론하고 근본적인 해결책이 존재할 수 없다는 점이 아쉬울 뿐이다.

새로운 이상을 꿈꾸며

누구나 이상향을 꿈꾸며 즐거운 상상에 빠진다. 상상의 세계가 현실로 다가오기도 하지만 꿈을 꿀 당시에는 대부분 실현 불가능한 것을 꿈꾼다. 『경화연』에도 당시에는 실현 불가능했던 이상세계가 그려져 있다. 그러나 과거(科擧)에서 빛을 보지 못한 현실 속에서 과거 제도가 빚어낸 부패상과 지식인의 허위의식에 염증을 느끼고, 사회의 개선을 염원하는 것은 당연한 일이었고, 이상세계를 설정하여 힘없는 대중들의 애환을 달래고 희망을 심어주는 역할을 했다.

　이러한 점은 군자국, 대인국, 흑치국 등에서 그가 지향하는 이상세계를 집중적으로 묘사하고 있다. 군자국에서는 경작자는 논두렁을 서로 양보하고 행인은 서로 길을 비켜 주며, 빈부귀천을 막론하고 말과 행동이 공경스럽고 예의가 있다. 시장에서 사는 사람은 높은 가격을 주고 사고자하며 순서대로 차례를 기다리고, 파는 사람은 싼값을 받고자 힘쓰며 손님을 기다린다. 작가는 이런 매매 장면을 통해 순박하고 평화로운 군자국의 풍속을 보여주고 있다. 여기서는 누구나 재물을 사양하고 다투지 않는데, 현실 사회에서는 도

여아국의 전족 장면

저히 찾아볼 수 없는 이상적인 모습이다. 물건을 파는 상인이나 사는 사람의 입장은 모두 자신에게 유리하게 팔고 사는 것이 인간의 속성이지만, 여기에서는 오히려 정반대로 서로가 사양하는 입장을 취하고 있는 것이다. 즉, 현실 사회와는 대조적인 이상 국가를 묘사함으로써 모리(謀利)에 급급해하는 세속(世俗)의 교역을 은연중에 비판하고 있다.

또 당오 일행이 재상 오지화 형제 집을 방문하는데, 군자국의 재상 오씨 형제는 외출할 때 앞뒤에 따르는 노복도 없이 겸허한 태도로 예의를 다하며, 가까이 쉽게 접할 수 있었으며 관리의 위세를 전혀 부리지 않았다. 그들이 보인 태도는 이상적인 관리상으로, 오늘날의 정치 제도 아래에서 권위의식을 내세우지 않는 백성들의 공복과 다를 바가 없다.

공평한 사회를 건설할 수 있는 길이 인간의 심성 즉, 선에 있음을 강조하고 인성(人性)에 호소하고 있다. 그가 제시한 사회에 대한 이상은 실현가능성이 희박해 보이지만 당시 역사 상황에서는 상당히 진보적인 성격을 띠고 있으며 사회를 개혁하고 현실을 변혁시키려는 역사의 흐름에 도움이 된 것은 분명하다. 그러나 오늘날과 같이 시민단체나 학계가 나서서 여론을 형성하는 것처럼 적극적인 행동으로 보여줄 수는 없었다. 만주족 정권을 비판하는 것은 목숨을 담보로 해야 하는 일이었기 때문이다. 자그마한 권익을 위해서도 단체행동으로 의사를 표시하는 지금의 사회와는 아직 멀리 있었던 것이다.

여권신장을 위해 힘쓴 페미니스트

『경화연』은 도입부에서 결말에 이르기까지 여성 황제가 등장하여 세상을 다스리고, 재능이 뛰어난 100명의 여인들이 각종 재능을 펼쳐 보이는가 하면, 당시에는 도저히 상상도 할 수 없는 여성 관리가 등장하고 여성에 대한 복지정책을 구체적으로 예시하고 있는 소설이다. 따라서 작품 전체를 관류하여 여성이 소설의 중심선상에 서 있는 여권주의 소설이라 할 수 있다.

실제로 작품 가운데는 여성에 관한 내용과 여성들의 활동 모습이 가장 많이 차지하고 있다. 『경화연』 중에는 봉건 사회에서 억압받고 유린당하는 여성들의 실상을 폭로한 내용이 다양하게 나타나는데, 특히 전족과 귀뚫기, 축첩의 반대 등을 집중적으로 묘사하고 있다. 남녀의 입장이 바뀐 여아국에서는 전통의 낡은 습속에서 벗어나 대담하게 여성중심의 사회를 묘사하고 있다. 이 나라에서는 남자가 치마를 입고 부인이 되어 가사를 처리하며, 여자는 반대로 장화를 신고 모자를 쓰고 밖의 일을 처리한다. 게다가 남자는 화장을 하고 치장을 하며 전족(纏足)과 귀뚫기를 해야 한다. 특히 임지양이 여아국 국왕에 의해 왕의 아내로 선발되는 일은 강렬한 희극성을 보여준다. 이는 외양은 여성 중심의 여아국을 묘사하고 있으나 이면은 전족과 귀뚫기 등 고질적인 습속이 수천 년 간 지속되어 온 남성 중심의 중국 봉건 사회인 것이다. 그런데 당시의 지식인들이 여성에게 가해진 고질적인 습속을 타파하고자 노력한 것과는 달리 현대사회에서는 오히려 더욱 광범위하게 유행되고 개성을 발휘하는 도구로 활용되고 있으니 우습지 않은가?

어쨌든 남성 중심의 봉건 사회를 개선하고픈 열망은 여성 권익을 옹호하기 위해 제시한 구체적 실천 방안을 보면 더욱 명확히 나타난다. 즉, 여성에게 교육의 기회를 부여할 것과 능력 있는 여성을 선발하여 관직을 주고 능력을 발휘할 기회를 부여할 것, 그리고 여성에게 가해진 각종 불합리한 사회적 제약을 극복하고 처우를 개선하기 위한 노력이다. 이러한 관점은 당시 사회 여건상 매우 진보적인 성향을 나타낸 것이며, 여성에게 주어져야 하는 기본적인 인권으로 오늘날에도 유효한 견해이다.

빛 바랜 꿈

사회가 부패하면 할수록 국민은 이상사회를 꿈꾸게 마련이다. 이여진은 부정부패에 빠진 청 정권과 사회의 현실에 대해 강하게 풍자함과 동시에 사회를 개선하고자 하는 이상 중에서도 특히 여권신장에 대해 큰 관심을 나타냈다. 이러한 관심이 오늘날까지 이어져 우리 사회보다 더욱 진전된 남녀평등의 중국 사회를 이룩하지 않았을까? 봉건사회에서 여권신장을 위해 적극적인 견해를 묘사하였다는 점에서 그는 당시 사회에서는 드문 여권주의자라 할 수 있으며, 이러한 소설이 탄생하였다는 것은 상당히 흥미로운 점이다.

이러한 현실주의적 작풍은 젊은이들을 이 소설에 심취하게 하는 원인일 것이다. 그러나 비판은 비판으로, 이상은 이상으로 끝나버릴 수밖에 없었던 당시 현실에서 빛바랜 한 편의 소설이자 공허한 메아리일 수밖에 없었다.

더 생각해볼 문제들

1. '경화수월(鏡花水月)'에서 따온 『경화연』이란 결국 어떤 상징적 의미를 담고 있을까?

   현실에서는 실현될 수 없지만 작자가 꿈꾸는 이상 세계를 상징하고 있는 것이다.

2. 작가 이여진은 만주족 청나라 전제 정권의 부패와 이민족 차별화 정책으로 인해 압박 당하는 한족들의 고통을 표현하고 강압적 통치행위를 풍자하기 왜 위해 당(唐)나라의 무측천 황권을 끌어들였을까?

   이민족으로 중국을 지배하게 된 만주족 청나라 정권은 한족의 반청사상을 말살시키기 위하여 회유 정책을 써서 학술을 장려하고 문인을 우대하는 한편, '문자옥(文字獄)'을 통해 민족 반항 및 혁명 사상을 지닌 서적은 물론 음란한 시가와 만주족에게 불리한 야사·시문 등에 이르기까지 모조리 금서로 몰아 태워 없앴다. 그래서 작가는 청나라 조정을 직접 겨냥하지 못하고 만주족의 한족 지배를 황권을 찬탈한 무측천 정권에 비유하여 간접적으로 꾸짖고 있다.

3. 소설에서 과거 제도의 폐해에 대해 비판을 하였는데, 왜 청나라 시대 지식인들은 과거 합격에 몰두하였을까?

   중국 역사 제도상 장기간 존재해왔던 과거 제도는 과거를 응시하는 본인은 물론 가족에게까지 권력과 부를 획득하는 지름길이었으므로, 거의 모든 지식인들은 오로지 이를 위해 평생을 보내는 게 보편적 현상이었다. 이와 같은 이유로 명·청 시대의 지식인들은 대다수가 과거문화 속에서 생활하였고, 문인 지식인에 속하는 많은 소설 작가와 독자 역시 같은 상황이었다.

4. 전족, 귀뚫기 등 당시 여성 억압적 차원의 행위들을 현재적 의미로는 어떻게 이해해야 할 것인가?

전족은 여성의 도망 방지와 남성의 성적 욕망을 충족시키기 위해 행해졌던 악습의 하나였다. 오늘날 우리 사회에서 신장된 여권을 느낄 수 있지만 가정과 직장, 사회에서 여전히 존재하는 여성에 대한 성적 추구 현상 등 남녀차별의 문제와 연관시켜 생각해 볼 일이다. 또한 당시에는 여성 억압의 한 행위였던 귀뚫기가 귀 이외의 곳은 물론 일부 젊은 남성에게까지 행해지고 있는 것을 어떻게 볼 것인가?

정영호(鄭榮豪)
서남대학교 인문학부 중국어학과 교수.
전남대학교 중어중문학과를 졸업하고 경희대학교 대학원 중국어학과에서 석사 학위, 전남대학교 대학원에서 박사 학위를 취득했다. 『이여진의 경화연 연구』등 다수의 논저가 있다.

관리의 지위는 높다! 관리라는 이름은 고귀하다! 관리의 권한은 크다! 관리의 위세는 무겁다!… 관리는 사농공상(士農工商)의 이익을 누리지만, 그들처럼 수고하지는 않는다. … 관리는 전송하고 영접하는 것 외에는 치적이 없으며, 연회하는 것 외에는 재능이 없다. … 관리는 천자를 보필함에는 모자라지만, 백성을 핍박함에는 넘친다. … 다른 사람은 차마 못하는 사납고 탐욕스러운 재간을 관리는 부리며, 다른 사람은 손대지 않는 파렴치하고 구차한 짓을 관리는 한다. … 세상에 도적보다 미운 존재는 없는데, 도적은 잠깐 나타나지만, 관리는 늘 곁에 있다.

— 『관장현형기』의 「서문」에서

이보가 (1867~1906)

이보가(李寶嘉)는 강소성(江蘇省) 태생이며, 원래는 이름이 보개(寶凱)였는데 보가(寶嘉)로 바꿨다. 자는 백원(伯元), 별호는 남정정장(南亭亭長)이다.

3살 때에 아버지가 세상을 떴기 때문에 아버지의 사촌형인 이익청(李翼淸)에 의해 양육되었으며, 유소년 시절을 이익청이 지부(知府) 벼슬을 하던 산동성(山東省)에서 지냈다. 과거에 응시하여 수재(秀才)에 합격하였지만, 2차 시험인 향시(鄕試)에는 급제하지 못했다. 이익청이 현승(縣丞)의 벼슬을 연관(捐官)하여 주었지만 현직에 임명되지는 못하였으며, 더 이상 관직에 마음을 두지 않았다.

1896년에 이보가는 가족을 동반하여 상해(上海)로 갔는데, 조계(租界)인 상해는 청(淸)나라 조정의 압력으로부터 자유로운 곳이어서, 진보적 성향의 작품이 자유롭게 발표될 수 있는 공간이었다. 그곳에서 『지남보(指南報)』, 『유희보(遊戱報)』, 『세계번화보(世界繁華報)』 등의 잡지를 발행하였으며, 1903년에는 상무인서관(商務印書館)의 초빙으로 『수상소설(繡像小說)』의 편집을 담당하였다. 『관장현형기』 외에도 『문명소사(文明小史)』 등 여러 편의 작품을 발표하였는데, 관료 사회의 추악한 단면과 반식민지(半植民地) 상태에 놓여 있던 암울한 현실의 고발을 주된 내용으로 하였다.

07

세기말 관료의 천태만상
이보가(李寶嘉)의
『관장현형기(官場現形記)』

위행복 | 한양대학교 중국학부 교수

시대를 거울처럼 비추어 변혁에 기여하고자 했던 청말기의 사회소설 『관장현형기』는 청나라 말기의 사회소설(社會小說) 가운데 초기작에 속하는 작품인데 1901년부터 발표되기 시작하였다. 작가 이보가(李寶嘉)는 1906년까지에 걸쳐 제48회까지를 쓴 다음 병사했는데, 그의 친구인 구양거원(歐陽巨源)이 60회까지를 이어 씀으로써 총 60회 분량의 작품이 만들어졌다. 루쉰(魯迅)이 이 소설을 청나라 말기 '견책소설(譴責小說)'의 4대작 중 하나로 꼽은 사실에서도 알 수 있듯이 당시의 소설계를 대표하는 작품이라 하겠다.

『관장현형기』를 비롯한 청나라 말기의 사회소설은 의분(義憤)과 애국심의 발로였다. 1840년에 일어난 아편전쟁(鴉片戰爭)으로 서구 열강은 중국을 강제로 개방시켰는데, 19세기 말에 이르자 독일은 산동(山東) 일대를, 프랑스는 운남(雲南)과 광동(廣東)·광서(廣西) 등의 남부를, 러시아는 신강(新疆)에서 외몽고(外蒙古)를 거쳐 만주에 이르는 북부를, 영국은 사천(四川)으로부터 강소(江蘇)와 절강(浙江)에 이르기까지의 장강(長江) 유역을, 일본은 복건(福建)과 대만(臺灣)을 세력 범위로 하는 판도를 형성하였다. 중국을 수박 쪼개듯 분할하였으며, 중국을 거의 식민지 상태에 빠뜨렸다.

이런 상황에 처하여, 스스로 '종이 호랑이'에 지나지 않음을 절감한 중국에서는 '중화(中華)'라는 우월감이 깨지기 시작하였고, 서구를 배워야 한다는 각성이 일었다. 그리하여 1860년대부터는 서구의 학문을 가르치는 교육기관을 설립하고 유학생도 파견하였는데, 이렇게 하여 새로 배출된 지식인들이 서구 문화의 보급에 앞장섬으로써 서구 소설의 소개도 점차 많아지게 되었다. 그런데 청·일전쟁(淸日戰爭)에 패배하게 되자, 보다 폭넓게 서구 문화를 받아들여야 한다는 주장이 호응을 얻게 되었는데, 이러한 분위기에서 입헌군주제를 주장하는 양계초(梁啓超) 등이 대중이 좋아하는 소설과 희곡을 민중 계몽의 도구로 선택함으로써 소설 발전의 기폭제가 제공되었다.

그들은 소설을 문학의 최고봉이라고까지 추켜세웠고 이러한 주장이 광범한 호응을 얻음으로써 소설을 경시하던 기존의 관념이 극복될 수 있었다. 그리고 이러한 의식의 변화가 인쇄술의 발달과 결합됨으로써, 소설 발전의 중요한 토대가 만들어졌으니, 십여 종의 소설 전문 잡지가 출간되면서 대량으로 공급되기 시작한 소설이, 도시의 발달과 교육의 보급으로 인하여 대폭 확대된 독자층과 만남으로써, 청나라 시대 최후의 10여 년 동안 소설은 공전의 성황을 누리게 되었다.

그런데 이처럼 소설이 번성하게 된 상황에서, 독자들은 이전과는 다른 성향을 보여주었으니, 비현실적인 귀신이야기나 영웅담보다는 시대의 문제점을 폭로하는 사실적 작품을 환영했다. 나라가 누란의 위기에 처하였음에도 불구하고 조정과 관료가 부패와 무능을 더해만 가자, 입헌군주제(立憲君主制)나 공화제(共和制)로의 개혁을 도모하는 등 급격한 정치적, 문화적 변화가 일기 시작하였고, 문단 역시 당대의 어두움을 드러냄으로써 개혁에 일조하겠다는 사명을 자임했는데, 이러한 시대 분위기가 반영된 작품들이 독자 대중의 환영을 받은 것이다. 이를 루쉰(魯迅)은 『중국소설사략(中國小說史略)』에서 다음과 같이 설명하였다.

> 사람들은 정부가 더불어 나랏일을 도모하기에 부족함을 알게 되어 돌연 배척하는 뜻을 가지게 되었다. 소설에 있어서는 숨겨져 있는 것을 들추고 폐단을 드러내며 당시의 정치를 엄하게 규탄하였는데, 간혹 더 확대되어 풍속에까지 미치기도 했다.

그리하여 1900년대 초반의 사회소설은 시대를 비추는 거울이고자 하였으며, 당시의 중국에서 벌어지는 모든 현상을 내용으로 삼았다. 통치층이나 관료층의 흑막은 물론이요, 아편전쟁, 갑오전쟁(甲午戰爭), 경자사변(庚子事變) 등의 굵직한 정치적 사건, 그리고 입헌운동(立憲運動), 여성해방운동, 혁명운동 등등을 비롯하여, 중국인 노동자들이 미국에서 겪는 고통이나, 외국자본의 횡포와 매판(買辦)의 실상까지도 소설에 담겨졌다.

『관장현형기』를 읽은 자희태후(慈禧太后) — 서태후(西太后) — 는 부패 관리의 조사에 착수하여 처벌을 가했으며, 중화민국 초기의 사학자인 소일산(蕭一山)은 『관장현형기』와 『이십년목도지괴현상』를 사료로 채택했다고 한다. 따라서 청나라 말엽의 사회소설은 풍부한 사실성을 확보했던 것이고 소설은 이제 '하찮은 소일거리'로서의 위치를 벗어났을 뿐 아니라 작가와 독자는 시대를 고민하고 변혁에 동참하는 주체가 되었다고 할 수 있다.

타락한 시대와 인간 군상에 대한 분노

독자로 하여금 역사나 사회를 직시하도록 깨우치는 문학과, 잠시 현실을 잊거나 외면하도록 하는 문학, 이 두 가지는 늘 공존한다. 청나라 말기의 사회소설은 전자의 길을 택했으니, 중대한 정치적 사건이나 새로운 사회현상을 신속하게 반영하는 가운데 부패한 관료층을 꾸짖고, 도탄에 빠진 백성들을 동정하였던 것이다.

창작의 목적성이 분명하고 정치성이 강하며, 강한 비판적 성향을 보여준 이러한 작품들을 호적(胡適)은 '사회 문제 소설'이라고 불렀다. 언어는 매우 공격적이고 노골적이며, 온화한 유머나 함축적인 풍자보다는 거칠고 강렬한 표현을 즐겨 사용하였다. 때로는 화자가 작중인물들을 직접 공격하거나 작가의 견해를 피력하는 장편의 설교가 펼쳐지기도 한다.

이와 같이 혼탁한 시대상에 대한 불만을 여과 없이 쏟아낸 것은 당시의 독자 대중의 취향에 맞춘 것으로 보인다. 루쉰(魯迅)은 이러한 경향의 작품을 지칭하는 말로서 '세상을 꾸짖는다'는 의미의 '견책소설(譴責小說)'이라는 용어를 창안하였다. 어조가 유달리 직설적이고 신랄하기 때문에, 『유림외사(儒林外史)』와 같은 '풍자소설'로 간주할 수 없다는 것이 그의 설명이었다.

『관장현형기』 역시 예외는 아니어서, 사실성이 훼손될 정도로 과장된 묘사도 발견되며, 극도의 타락에 분노하는 심정을 감안하더라도, 지나치다고 생각되는 표현 역시 없지 않다. 이점이 인물묘사에 있어서는 '희화화(戱畵化)' 혹은 '만화화(漫畵化)'의 경향으로 드러난다. 인물의 결점을 과장하여 매우 우스꽝스러운 형상을 제시하고 독자로 하여금 비판 대상을 마음껏 비웃을 수 있도록 해주지만, 왕왕 정도가 지나쳐서 리얼리티를 손상시키는 역작용이 있기도 하다.

동자량(童子良)이라는 작중인물의 경우, 그는 서양 물건을 쓰지 않는 것을 자랑으로 삼는데, 기차나 배는 절대 타지 않고, 전등조차 사용하기를 거부하기 때문에 주변의 인물들은 그가 피우는 아편은 중국산이라고 거짓말을 해준다. 그 밖에도, 자식이 태어나기 전에 벌써 관직을 사두는 자, 태어나자마자 그 아버지가 벼슬을 사주었기 때문에 '낙지도대(落地道臺)'[1]라는 별명을 가지고 있는 아이, 아홉 살 밖에 되지 않은 아들에게 정식 관복을 입히는 자 등등 과장

---

1) 도대(道臺)란 청나라의 관직명으로서 성(省) 이하 부(府) 이상의 일급 관원을 뜻한다.

을 통해 희화화된 인물과, 그들이 벌이는 웃지 못할 사건은 작품의 도처에서 접할 수 있다. 급기야 작품의 마지막 회에 이르면, 관리들을 쥐, 개, 고양이, 원숭이, 족제비, 여우 등등의 갖가지 짐승들에 빗대면서, "온 산이 다 이런 짐승들의 세상이라 피할 수가 없다"고 한탄한다.

『관장현형기』는 동음이의어(同音異義語)를 즐겨 사용함으로써 작중인물의 본질을 적나라하게 보여주기도 한다. 발음이 유사한 '청관(淸官)'과 '청관(淸倌)'은 '깨끗한 관리'와 '기녀의 한 부류'를 지칭하는 전혀 다른 의미의 말인데 이것을 이용해 청렴한 척 위장하는 자들을 조롱하는 것이 그 한 예다. 그리고 이러한 기법은 주로 작중인물의 이름에 적용되고 있다.

또한 『관장현형기』에 등장하는 인물들은 성과 관직명만으로 불려지는 경우가 많고, 성조차 생략된 경우도 있는데, 성명을 온전히 제시하는 경우에는 동음이의어를 이용한 풍자가 많다. 몇 개를 소개해보면 다음과 같다. 괄호 안은 암시하는 내용이다.

신수요(申手要) : 신수요(伸手要) 즉, 손 내밀어 달라고 하기.
가소지(賈篠芷) : 가효자(假孝子) 즉, 가짜 효자.
유후수(劉厚守) : 유후수(留後手) 즉, 여지를 남겨 두기.
구태인(區奉仁) : 추봉인(趨奉人) 즉, 뛰어가서 모시기.
매양인(梅颺仁) : 미양인(媚洋人) 즉, 서양인에게 아부하기.
사요천(史耀泉) : 사요전(死要錢) 즉, 죽도록 돈을 밝히기.
위점선(衛占先) : 위점선(爲占先) 즉, 선수를 치기 위함.

가세문(賈世文) : 가사문(假斯文) 즉, 가짜 지성인.

모득관(冒得官) : 모득관(冒得官) 즉, 죽어라 벼슬 구하기.

부패와 무능의 천태만상

'관장현형기'라는 제목에서의 '관장(官場)'은 관계(官界)를 말하며, '현형(現形)'은 '정체를 드러낸다' 또는 '본질을 들춘다'는 뜻이니, '관료사회의 본질을 폭로하는 기록'이라는 의미이다. 즉,『관장현형기』는 비판적 사실주의에 기반을 두고 관리들의 부패와 혼란을 들추기 위한 작품이다.

숱한 에피소드를 열거하는 구성을 취함으로써 다분히 독립적인 단편들이 모여 한 편의 장편소설을 이룬 듯한 형태를 취하고 있는데, 이는『수호전(水滸傳)』,『서유기(西遊記)』,『유림외사(儒林外史)』등의 중국 고전 소설에서 흔히 쓰였던 수법이다. 이러한 방법은 파란만장하고 기이한 사건들을 나열하여 독자의 흥미를 유발하는 면이 있다. 전통 시대에 소설이나 희곡을 오락물로 대한 태도가 빚은 결과라고 볼 수 있는데,『관장현형기』의 경우 매관매직, 뇌물수수, 공금착복 등등 관리들의 갖가지 부정한 수법과 그 전형적 사건들을 나열함으로써, 부패상을 한층 구체적이고 실감나게 보여주는 효과를 발휘하고 있다.

작품은 서문에서부터 탐관오리들의 모리배적 본질을 신랄하게 공격하는데, 곧이어 제1, 2회에서는 조상들의 혼령까지 나서서 후손의 합격에 안달하는 양상을 보여줌으로써, 과거 시험에 대한 집착을 폭로한다. 작품 전체를 통해 바람직한 관리는 거의 등장하지

않으며, "전송하고 맞이하는 것 이외에는 치적이 없고, 뇌물을 바치
거나 아부하는 것 외에는 할 줄 아는 게 없지만", 가렴주구에는 명
수인 것이 『관장현형기』에 등장하는 관리들의 모습이다. 그들에게
있어 국가나 백성의 안위는 관심 밖이다. 누가 중국을 통치하더라
도 관리는 필요할 것이고, 그렇다면 어떤 경우에도 자신들의 자리
는 유지될 것이며 부귀영화를 계속 누릴 수 있을 터이니, 열강에 의
한 나라의 분할과 같은 중대사조차 자신들과는 상관없는 일로 치부
해버리는 것이 그들인지라, 황제조차도 정직한 관리를 기용하겠다
는 희망을 버린다.

이 작품에는, 남편의 출세를 위해 총독의 애첩이 된 수양딸을
수양어머니로 모시는 여자, 벼슬자리를 파는 젊은 첩 등 '탐관오
리' 주변의 부패한 군상들도 많이 등장한다. 그러나 역시 주된 인
물은 관료들이며, 이들은 고전 소설의 인물묘사에서 보이는 '유
형화(類型化)'의 전통을 따르고 있는데, 다음의 몇 가지로 분류해
볼 수 있다.

첫 번째 유형은 탐욕스럽고 부패한 관리형이다. 그들이 '천리라
도 가서 관리 노릇을 하는 것은 오로지 돈을 위해서'인데, '아무리
나쁜 벼슬자리라고 해도 장사보다는 이익이 많다'고 생각한다. 돈을
모으는 데는 수단을 가리지 않으니, 매관매직 뇌물수수 가렴주구는
기본이고, 그밖에도 갖가지 기묘한 수법들이 동원된다. 회시(會
試)[2]에 응하려고 서울로 가는 조온(趙溫)이라는 자에게, 그와 동행
한 전전사(錢典史)가 가렴주구의 비법을 가르치는 대목을 보겠다.

무릇 우리같이 전사(典史)³⁾를 지내는 사람들은 모두가 생일 잔치를 하거나 경사를 치름으로써 약간의 돈을 마련한다. 한 번의 일에 한 번의 경조금(慶弔金)을 거두므로 일년에 대여섯 번의 일을 치면 대여섯 번 돈을 걷는다. 한번에 몇 백 원씩의 돈을 거두므로 모두 합하면 몇 천이 생긴다. 정말 큰 건을 무시해서는 안 된다. 나는 자식이 없는 것은 말할 것도 없고, 돌아가신 부모까지도 내가 벼슬을 할 때는 이미 세상을 뜬 지가 몇 해가 되었다. 하지만 남의 이름을 빌려 고향에 있고 임지에 오시지 않았다고 하면서 술수를 부리기만 하면 된다. … 임지에 가게 되면 아무리 나쁜 자리를 맡더라도 능력만 있으면 틀림없이 돈을 벌 수 있는 거다.

자리에 따라 공시 가격을 매겨 관직을 팔고, 현금이 없는 사람에게는 어음을 받는 자가 있는가 하면, 더 많은 돈을 거두어들이기 위해 아버지의 죽음을 숨기는 자도 있다. 이렇게 하여 그들은 순식간에 거액의 재산을 모으는데, 작품은 빠른 치부의 속도를 보여줌으로써 부패의 심각함을 실감시킨다. 앞서 말한 전전사(錢典史)의 경우, 부임할 때는 그의 아내조차 도금한 장신구를 쓰고 있었는데, 일 년 뒤 떠날 때는 유모조차도 순금귀걸이를 달고 있다.

두 번째 유형은 위선자들이다. 이런 부류에게는, 짐짓 뇌물을 사

---

2) 각 성(省)의 향시(鄕試)에 합격한 거인(擧人)들을 모아 3년마다 서울에서 치르는 시험이다. 회시에 합격하면 진사(進士)가 된다.
3) 범인 체포와 감옥 관리를 담당하는 관리를 가리킨다.

절하는 척하는 것조차도, 고가의 골동품을 요구함으로써 실은 더 많은 이득을 챙기려는 수법에 지나지 않는다. 허름한 옷과 신발을 걸치고 다니거나, 손님이 오면 초라한 밥상을 내놓음으로써 청렴함을 강조하지만, 남들이 보지 않을 때의 생활은 호사스럽기 짝이 없다. 앞서 언급한 동자량(童子良)의 경우, 그는 흠차대신(欽差大臣)으로서 지방을 순시하면서 뇌물을 받지 않겠다는 포고문까지 하달하지만, 실제로는 아들까지 대동해서는 다른 흠차대신들보다 더 많은 비용을 쓴다. 게다가 자기가 쓴 비용들을 갚겠다는 증서를 발행하지만, 그 약속이 지켜지는 일은 없다.

세 번째 유형은 무능하고 천박한 관리들이다. 청말에 이르자 연납(捐納)[4]이 과도하게 시행되어, 시정잡배들까지도 이 제도를 이용하여 관계에 들어설 수 있게 되었으며, 과거시험에 합격한 선비라도 따로 돈을 내지 않으면 임관되기 어려운 지경이 되어, 관료사회에는 자격 없는 자들이 넘쳤다. 창기, 배우, 노예, 하인 출신은 관리를 하지 못하도록 법이 금지하고 있었음에도 불구하고, 누구를 막론하고 돈만 있으면 관직을 살 수 있었던 것이다. 또한 관직을 사는 부류는 대개 상인이나 하류 독서인이었기 때문에 천박하고 무능할 수밖에 없었다. 심지어 자신의 이름조차 못쓰는 경우도 있었으니, 소금 장사를 해서 번 돈으로 벼슬을 사들인 황삼류자(黃三溜子)

---

4) 연납(捐納)은 국가에 과중한 재정적 수요가 발생하였을 때, 돈을 헌납한 자에게 일정한 자격을 부여하는 제도이다. 이것은 한(漢)나라 시대부터 시행되었는데, 청나라 말기에 이르자 관리 채용 질서를 붕괴시킬 정도로 남용되었다.

가 그랬다. 그런데, 이런 부류일수록 가렴주구에는 전문가들이어서 백성들을 이중의 도탄에 빠뜨리며, 그들 사이에서는 착취의 명수가 유능한 자로 추앙받고 본인 또한 이를 자랑으로 삼는다.

네 번째 유형은 포악한 관리들이다. 이들은 난폭함으로써 백성들을 공포에 빠뜨려, 자신들의 부패와 무능에 대한 반항이나 비난을 잠재우는데, 백성들은 겁에 질릴수록 다루기가 편해지고, 뻔한 감언이설이나 속임수인 줄 알면서도 저항하지 못하며, 그럴수록 치부는 용이해진다. 또한 포악함의 이면에는 교활함과 비굴함이 도사리고 있으니, 상관에 대해서는 비굴하고 동료에 대해서는 신의없고 야비하다.

통령(統領)[5]인 호화약(胡華若)이라는 자는 도적떼가 나타났다는 보고를 받았으면서도 겁이나 출병을 기피하는데, 마지못해 출병하게 되자 호화로운 놀잇배에 기생을 태우고 간다. 그런데 현지에 도착하고 보니 도적이 나타났다는 보고는 잘못된 것이었었다. 이에 갑자기 용맹해져서는 도적을 소탕하겠다고 나서는데, 그가 행한 작전이란 것은 민간인을 대상으로 한 약탈 방화 살인 강간이었다. 유린당한 백성들이 현령에게 억울함을 호소하지만, 호통령과 한통속인 현령은 범인을 잡아오지 못하면 무고죄(誣告罪)로 다스리겠다고 협박하고, 사태가 이렇게 되자 백성들이 오히려 용서를 빌어야 했으며, 벼슬아치의 공덕을 기리는 만민산(萬民傘)을 호통령에게

---

5) 청나라 때의 무관으로서, 지금의 중상급 지휘관에 해당함.

바쳐야 했다.

다섯 번째 유형은 비루하기 짝이 없는 후보(候補)들이다. 공공연한 매관매직의 결과 대규모로 생겨난 이 계층은, 직급은 사들였지만 현직에 부임하지 못했기 때문에, 호구지책이 없고, 그 결과 대단히 가난할 수밖에 없는데, 벼슬을 얻기 위해서는 아무리 비굴한 짓이라도 마다하지 않는다. 추태야(鄒太爺)라는 후보의 경우, 부부가 다 아편에 중독된 채 살아가는데, 그는 도대(道臺)에게 연줄을 대기 위해, 아내의 마지막 남은 옷을 저당해서 도대의 하인에게 줄 뇌물을 장만한다.

부패는 우리의 핏줄을 타고 흐르는 있는 것인가?
중국의 관료사회는 20세기 초에 와서야 부패하게 된 것이 아니다. 중국의 통치층 사이에서는 먼 옛날부터 이미 재물을 주고받는 관행이 있었다. 역사 기록을 보면, 고대의 제후국(諸侯國) 사이에는 재보(財寶)를 앞세운 외교가 성행하였으며, 인재를 초빙할 때도 재물을 먼저 보내는 것이 상례였다. 그랬었기 때문에, 어떤 난제가 발생했을 때 그것을 해결하기 위해 뇌물이 오가는 것은 너무나 당연한 일이었다.

문왕(文王)은 은(殷)나라 말기 사람으로서, 아들인 무왕(武王)이 은나라의 폭군인 주(紂)를 제거하고 주(周)나라를 세울 수 있는 기틀을 세운 사람이다. 주(紂)의 폭정이 한창일 때인지라, 다수의 제후들이 후덕한 그를 추종했고, 위협을 느낀 주(紂)는 문왕을 유리(羑里)라는 곳에 가두었다. 사태가 이에 이르자, 그를 구하려는

청나라 말기 관리들의 모습

제후들이 택한 수단은 주(紂)에게 미인과 명마 및 보화 따위를 바치는 것이었다. 그리고 미인에게 혹한 주(紂)는 다른 것들은 가져오지 않아도 괜찮았다는 반응을 보였으며, 문왕은 당연히 풀려날 수 있었다.

도덕적 기풍이 스러진 시대를 살아가는 사람들은 스스로의 부도덕에 대한 자각이 없거나 도덕적이기를 포기하기가 쉽다. 뇌물수수가 다반사였던 중국의 관료 사회에서는 자신의 안위를 보장받기 위해 때마다 뇌물을 보내야 했는데, 이를 '효경(孝敬)'이라고 했다. 여름에 보내는 뇌물은 '빙경(氷敬)', 겨울의 뇌물은 '탄경(炭敬)'이라고도 불렸는데, '효경'이란 본디 부모나 어른이나 드리는 정성의 표시였으니, 뇌물에다 '효경'의 허울을 씌워 도덕적 비난과 양심의 가책을 회피한 것이다.

　오랜 부패의 역사를 가지고 있어서인지 오늘날의 중국에도 관행적인 부패행위가 사라지지 않고 있다고 한다. 사사로운 '꽌시(關係)'를 중시하는지라, 권력자나 정책 결정자와의 시는 문제해결의 중요한 열쇠가 되는 모양이다. 세계 질서에 편입할 수 있는 제도들을 꾸준히 정비하고 있지만, 아직은 법치보다는 '인치(人治)'가 힘을 발휘하고 있다. 그래서 『관장현형기』는 지금의 중국인이 읽어도 공감할 수 있는 작품일 것이다 다른 나라나 다른 시대의 이야기를 대하면서는 먼발치의 우스개로 넘길 수도 있겠지만, 그것이 우리의 것일 수도 있다면, 문제는 심각해진다. 전통의 상당 부분을 중국과 공유하고 있는 우리 또한, 그들과 크게 다르지 않다는 점을 부인하기 어렵다는 것이다. '공공연한 비밀'이라는 우리말보다 모순된 표현이 있을까? '공공연'하면 '비밀'이 아니요, '비밀'이면 '공공연'할 수 없을 것이니, '공공연한 비밀'이라는 표현이 존재할 수 있음은 부패에 대한 비판의식이 마비되었거나 눈감아준다는 것을 말한다.

　"털어서 먼지 안 나는 사람 없다", "맑은 물에는 고기가 모이지 않는다"는 말은, 알고 보면 남에 대한 관용이 아니라, 자신의 부패에 대한 연막이다. '멸사봉공(滅私奉公)'을 앞세우는 공무원이, 자신에게 지워진 책임을 '권력'으로 둔갑시키고, 그것을 이용하여 사사로운 이득을 도모한 뉴스가 빠지는 날이 없다. 심지어는 부정부

청나라 시대 관리의 행차도

패를 감시하고 단속하기 위한 직책에 있는 관료들이 먼저 부패에 연루되는 사례도 없지 않은 것이 현실이다. 관료의 부패는 우리 사회가 풀어야 할 중요한 숙제이기도 한 것이다.

관료층의 부정부패는 나라의 기강이 흔들리는 왕조 말기에 더 심각해지기 마련이고, 청나라 말엽이 특히 그러했기에 『관장현형기』와 같은 작품이 대량으로 발표되었을 것이다. 그러나 이것을 다른 시대 다른 나라의 이야기로 치부할 수만은 없는 것이 현실이며, 『관장현형기』를 읽으면서, 우리도 20세기 초의 중국인처럼 분노할 수 있다. 1980년대 초의 광주사태 당시, 계엄군에 의한 민간인 살상이 문제시되자 폭력으로 정권을 탈취한 군부는, 군인이 민간인을 살상한 일은 벌어지지 않았다고 강변하면서, 민간인 살상을 자행한 군인들의 계급과 이름을 증명해보라는 억지를 부렸다. 앞서 이야기한 호통령(胡統領)의 수법과 한 치도 다르지 않은데, 설마 그들이 『관장현형기』를 읽었다는 말인가? 혹은 작가의 상상력이 풍부했던 것인가? 아니면 우리가 사는 이곳이 20세기 초의 중국을 많이 닮은 것인가?

더 생각해볼 문제들

고전 소설과 근대 소설의 차이에 대해 알아보자.

중국의 고전 소설은 근대 소설(Novel)과는 상당한 차이점을 보인다. 우선 말할 수 있는 것은 오락적 기능이 강하다는 점이다. '중국 고전 소설'이라는 용어는 일반적으로 백화소설(白話小說)[6]을 지칭하는 개념인데, 중국의 고전백화소설은 저자거리의 오락물로부터 출발하였다. 그 결과 고전 소설에서는 사실성이나 교훈성보다는 오락성이 앞서게 되었으며, 근대 소설에서 중시되는 '인물'의 창조보다는 자극적인 '사건'을 지어내는 데 주력하게 되었다. 우리가 『삼국연의(三國演義)』나 『서유기(西遊記)』를 읽고 나면, '도원결의(桃園結義)'나 '적벽대전(赤壁大戰)' 혹은 손오공이 여러 요괴들과 싸우는 장면이 뇌리에 남는 이유가 그것이다. 그야말로 파란과 곡절이 넘치는 이야기를 전개함으로써, '읽는 재미'를 최대한 추구한 것이다. 그래서 『서유기』를 읽는 독자들은 수십 번의 가슴 졸이는 긴장과 다시 가슴을 쓸어내리는 해소를 만끽하게 된다.

고전 소설은 초현실적인 성분을 풍부하게 갖추고 있다. 엽기적인 호기심 충족에는 초현실적인 이야기가 더 적합했기 때문이었을 것이다. 백화소설보다 출현시기가 이른 문언소설에 주로 초현실 세계의 이야기가 담겨 있음은 물론이요, 백화소설에서도 『서유기』나 『봉신연의(封神演義)』 등 다수의 작품이 초현실 세계를 무대로 하고 있다. 심지어는 역사를 바탕으로 한 『삼국연의』에서도 초현실적인 성분을 찾아보기는 어렵지 않으니, 작품 초반 황건적

---

6) 백화소설(白話小說)은 구두어로 쓰여진 소설이며, 백화(白話)는 말을 할 때 사용하는 구두어이다. 중국에서는 일찍부터 말과 글이 분리되었는데, 우리가 한문(漢文)이라고 부르는 것은 글을 쓸 때 사용하는 서면어(書面語)이며, 한문으로 쓰여진 소설은 문언소설(文言小說)이라고 부른다. 백화소설은 송(宋)나라 때 저자거리의 공연물로부터 시작되었는데, 시장 안의 특정한 장소에서 이야기꾼들이 공연을 하고 있으면, 장을 보러 간 사람들이 입장료를 내고 들어가 즐기는 오락물에서 비롯되었다.

과의 싸움에서 도술을 부린다든지, 제갈량(諸葛亮)이 칠성단(七星壇)에서 제사를 지내 동남풍을 부른다든가 하는 부분 등등이 그것이다. 중국 고전 소설에 등장하는 인물이나 사건은 대부분 초현실적인 요소를 가지고 있는 것이 상례인 것이다.

중국의 고전 소설은 불특정한 다수의 대중에 의하여 창작되었다는 특징도 가지고 있어서, 개인이 밀실에서 창작하는 근대 소설과 다르다. 대중이 먼저 자신들이 좋아하는 소재를 가지고 이야기들을 만들어 유통시켰고, 이것들을 집대성하여 정리한 것이 지금 우리가 보는 『삼국연의』나 『수호전』과 같은 작품이다. 즉, 대중이 먼저 거친 형태의 이야기를 만들어 즐기고 있는 상태에서, 소설에 대한 취미와 문학적 소양을 갖춘 지식인이 나서 기존의 이야기들을 모아 다듬거나 혹은 그것들을 하나의 이야기로 재편성하는 것이, 한 편의 고전 소설로 정착되는 일반적 과정이었다. 나관중(羅貫中)은 『삼국연의』를 지은 것이 아니라, 민간에 돌아다니는 삼국시대 영웅들의 이야기를 집대성하여 정리한 것이며, 시내암(施耐庵)은 양산박 영웅들에 관한 여러 이야기들을 모아 하나의 장편 작품으로 재편성한 것이다.

이처럼 대중들에 의하여 만들어졌음에도 불구하고, 고전 소설에서 전개되는 이야기의 중심은 역사적 영웅이나 귀족이 대부분이었다. 단편 백화소설의 일부는 도시 서민들의 살아가는 모습을 담고 있기도 하지만, 대부분의 중국 고전 소설은 영웅이나 귀족에 관한 이야기이다. 전제 사회에 사는 서민들이 아직 자신들의 존재 가치를 깨닫지 못한 결과일 것이다. 인간이 스스로의 자존을 각성해감에 따라, 그들이 만들어내는 이야기의 주인공이 신(神)에서부터 시작되어 평민으로까지 하향되어 왔는데, 중국의 고전 소설은 영웅과 귀족이 중심이 되는 단계에 머문 것이다. 현실세계를 기반으로 하여, 평민들의 삶을 반영하고 그 문제점을 들추는 근대소설(Novel)보다는, 서양의 기사담과 같은 로망(Roman) 단계에 가깝다고 할 수 있다.

그런데 20세기 초에 접어들면서 중국의 소설은 크게 변화했다. 소설의 사회적 효용이 거론되기 시작하였으며, 현실세계를 무대로 하여 서민들의 삶을 담게 되었다. 『관장현형기』의 경우에는 관료들이 이야기의 중심이 되고 있지만, 청나라 말기의 사회소설은 주로 서민들의 고통스러운 삶을 담았으며, 특정한 작가에 의하여 이야기가 '창작'되었다는 특징을 보이기 시작하였다. 즉, 1920년대에 근대 소설이 출현할 수 있는 기반을 다진 것이다.

추천할 만한 텍스트
『난세』, 이보가 지음, 강성위·김중걸 옮김, 일송-북, 1998.

위행복
한양대학교 국제문화대학 중국학부 교수.
서울대학교 중어중문학과를 졸업하고 동 대학원에서 석사 및 박사 학위를 취득했다. 전북대학교 인문대학 중어중문학과 교수, 대만 국립중흥대학교 교환교수를 역임했으며 UC Berkeley 방문학자로 활동했다.

II 시대를 넘어 다시 보아야 할 책들

01 유향, 『열녀전(列女傳)』
02 종영, 『시품(詩品)』
03 유협, 『문심조룡(文心雕龍)』
04 한유, 『창려선생집(昌黎先生集)』
05 왕실보, 『서상기(西廂記)』
06 요시다 겐코, 『도연초(徒然草)』

조(趙)나라 필힐(佛肸)이 모반을 일으켰다. 조나라 법에 모반한 자는 본인은 물론 그 가족도 사형에 처한다고 하였다. 필힐의 어머니가 이에 불복하며 왕과 대면하기를 요청했다. 어머니가 말했다. "내가 죽어야 할 이유가 무엇입니까?" 왕이 말했다. "어미가 제대로 가르치지 못해서 자식이 반란을 일으킨 거 아닙니까? 어미된 자로써 마땅히 연대책임을 져야지요!" 어머니가 말했다. "잘못 가르친 죄를 묻는 것이라면 그 책임은 주군에게 있습니다. 자식의 어릴 적 책임은 어미에게 있고, 성장한 후는 아비에게 있다고 합니다. 하지만 내 아들은 자식으로서는 훌륭했습니다. 이번 반역은 내 아들이 저지른 것이기보다 주군의 신하가 저지른 일입니다. 주군께서 난폭한 신하를 둔 것이지 제가 난폭한 아들을 둔 건 아니지 않습니까?" 필힐의 어머니는 석방되었다.
— 『열녀전』의 「변통전」 중에서

유향 (B.C. 77~6)

중국 전한(前漢)의 경학가이며 본명은 갱생(更生), 자(字)는 자정(子政)이다. 고조(高祖) 유방(劉邦)의 이복동생 유교(劉交)의 4세손으로 강소성(江蘇省) 패(沛) 출신이며, 『칠략(七略)』의 저자 유흠(劉歆)이 그의 아들이다. 선제(宣帝)때 명유(名儒)로 선발되어 궁중 내에 설치된 학술토론장이자 궁중도서관인 석거각(石渠閣)에서 오경(五經)을 강의하였다. 원제(元帝)·성제(成帝) 때는 종실 자격으로 환관과 외척의 전횡을 막으려 노력하였다.
흩어져 있던 선진(先秦)의 고적(古籍)들을 수집하여 자신이 직접 교감(校勘)하였고, 책이 완성될 때마다 분류하고 그 대의(大意)를 기록하여 『별록(別錄)』을 만들었는데, 이것으로 그는 중국 목록학의 비조(鼻祖)가 되었다. 관직은 간대부(諫大夫)·종정(宗正)·광록대부(光祿大夫) 등을 역임하였으며, 지은 책은 『열녀전』 외에 『열선전(列仙傳)』, 『홍범오행전론(洪範五行傳論)』(11편), 『설원(說苑)』, 『신서(新序)』, 『전국책(戰國策)』, 『별록(別錄)』 등이 있다. 『한서(漢書)』에 그의 전기가 수록되어 있다.

01

우리 여성의 기원
유향(劉向)의 『열녀전(列女傳)』

이숙인 | 한국학중앙연구원 고전학연구소 연구교수

동양 고전과 여성

고전의 시대는 남성들의 무대였다. 고전의 세계는 남성들의 언어로 지배되었다. 이 세계에서 여성들은 남성에 의해 설명되는 주변적인 존재였다. 여기서 여성은 대개 선(善) 혹은 악(惡)의 이원적 구도에서 평가되는데, 그것은 남성을 도왔는가 그렇지 않은가에 따른 것이다. 이런 가운데 1백 명이 넘는 여성들을 주인공으로 하여 그들의 다양한 면모를 이야기한 책이 있다면 좀 의아스러울 법도 하겠다. 기원전 1세기, 한(漢)나라의 유향(劉向)이 쓴 『열녀전(列女傳)』이 바로 그것이다.

동아시아 2천년의 역사에서 『열녀전』의 권위는 가히 절대적이었다. 『열녀전』이 세상에 나오자 유사 『열녀전』이 줄을 이었고, 동아시아 여러 나라의 언어로 번역되었다. 또한 『열녀전』은 역사의식을 만들고, 문학 작품에 반영되는 등 간접적으로 영향을 주기도 했다. 동아시아 유교 문화권의 여성 문화는 이 『열녀전』에 기반을 두었던 것이다. 즉 『열녀전』은 여성들의 삶을 형상화하는 기본 텍스트로 활용되었는데, 그것은 자신의 행위 근거를 찾으려는 여성들이나 여성들의 바람직한 행위를 요구하는 남성들 모두에게 의미를 가졌다. 『열녀전』은 과거 여성들의 전기(傳記)이지만 "그 옛날 이런 여성이 있었다"는 역사적 사례 자체만으로도 유교적 맥락에서는 진리가 되었다. 다시 말해 『열녀전』은 성립 후 그 해석의 역사에서 더 큰 의미 체계를 생산해 온 것이다.

고전은 그것이 만들어진 시대의 현실과 이상이 반영된 역사적 산물이다. 그러면서도 그 속에 담겨있는 사색의 흔적과 삶의 지혜가 우리의 경험이나 이상과 크게 다르지 않다는데 의미가 있다. 따라서 멀게는 수천 년의 시간적 거리마저도 넘어설 수 있는 것이다. 예로부터 동아시아에서는 현실의 문제를 인식하고 그 출로를 모색하는 방법으로 고전 새로 읽기가 채택되곤 했다.

그러면 이미 완성된 형태로 존재하는 고전 문헌들이 어떻게 새로울 수 있다는 것일까? 씌어진 것이 과거의 역사라면 읽는 행위는 현재의 역사이다. 고전 속의 내용은 시대적 차이나 개인적 차이에 따라 다를 수 있다. 따라서 우리가 읽는 『열녀전』은 조선시대 사람들이 읽었던 것과는 분명 다를 것이다. 우리가 『열녀전』을 다시 읽는 것은 여성에 관한 상식의 기원을 확인하면서 동시에 여성에 관한 상식의 편견을 넘어서자는 데 있다.

『열녀전』은 어떤 책인가?

『열녀전』은 여성을 정면으로 다룬 유교 문화권 최초의 저작으로서, 전한(前漢) 시대의 사상가 유향(劉向)이 기존의 경전이나 역사 서적에 등장했던 여러 인물을 재구성한 전기집이다. 모두 7권 104편으로 구성되어 있는데, 편당 한 인물씩 다루고 있으며 두 세편의 예외도 있어서 등장하는 인물의 숫자는 보기에 따라 최소 104명에서 최대 108명까지이다.

각 권의 주제는 '훌륭한 어머니', '현명한 아내', '지혜로운 여성', '예와 신의를 지킨 여성', '도리를 실천한 여성', '지식과 논리를 갖춘 여성', '나라와 가문을 망친 여성' 이다. 각 편의 구성은 역사 인물의 전기를 산문 형식으로 서술한 본문과 그 주인공의 핵심적인 행위를 짤막하게 요약한 운문 형식의 송(頌)이 말미를 장식하고 있다.

제1권 「모의전(母儀傳)」은 어머니로서 모범이 되었던 14 사례를 소개하고 있는데, 그 어머니들의 사회적 지위나 역할은 다양하다. 즉 임금의 딸이나 시조의 어머니에서 평민에 이르기까지, 백성의 어머니에서 시어머니, 보모, 계모에 이르기까지 넓게 분포되어 있다. 이 가운데는 유교문화권의 전형적인 어머니상으로 알려진 맹자의 어머니가 하나의 사례로 들어 있다.

제2권 「현명전(賢明傳)」은 아내로서 모범을 보인 15인을 소개하고 있다. 그들은 춘추전국기 패자(覇者)들의 정치적 파트너였는가 하면, 남편을 사회적 성공의 길로 적극 유도하였고 안빈낙도(安貧樂道)의 자기 충족적 삶으로 이끌었던, 실로 다양한 유형을 보여주고 있다.

제3권 「인지전(仁智傳)」은 지혜로서 사건이나 상황을 해결한 15인의 사례들을 보여주고 있다. 이들의 지혜는 나라의 정치와 관련된 것이며, 대부분 어머니나 아내의 역할을 수행하면서 사용된 것이다.

제4권 「정순전(貞順傳)」은 예(禮) 또는 정절을 지킨 15인을 소개하고 있다. 그들은 남녀관계에서 요구된 예를 목숨보다 귀하게 여겼고, 한 남자에 대한 신의를 지키기 위해 자신의 신체를 훼손하거나 죽음도 마다하지 않았다. 정순전의 인물들은 나중에 나온 '열녀(烈女)'에 해당된다.

제5권 「절의전(節義傳)」은 인간의 도리를 다양한 관계 속에서 실행한 15인의 명부이다. 보모, 첩, 숙모, 계모, 시녀, 유모, 고모, 여동생 등으로서 각각 자신의 역할과 도리를 어떻게 실천했는가를 보인 것이다.

제6권 「변통전(辯通傳)」에 소개된 15인은 지식과 논리를 통해 사건을 해석하고 위기를 해결한 인물들이다. 이들의 뛰어난 변론은 군주의 정치에서 소홀히 취급된 부분을 일깨워 주었는가하면 위기에 처한 아버지나 남편을 구출하는데 사용되었다. 또한 자신을 지키기 위해 외부의 다양한 폭력을 물리친 사례들을 만날 수 있다.

제7권 「얼폐전(孼嬖傳)」은 나라와 가문을 망친 여성 15인을 소개하고 있다. 이들은 주로 왕이나 제후의 부인들인데, 한결같이 강한 성욕의 소유자들로 서술되고 있다. 하지만 이 여성들은 정치적 권력투쟁의 희생자였다는 점에서 재조명될 필요가 있다.

저자 유향은 목록학 분야의 대가로 수많은 저술을 낸 바 있다. 황실 도서관에서 수많은 서적들을 정리·분류한 그의 경험은 『열녀전』 저술로 이어졌는데, 여기에는 분류를 통해 하나의 일관된 의미체계를 갖추려고 한 저자의 의도와 목적의식이 강하게 드러나 있는 것이다. 이는 유향 나름대로 여성을 좀더 철저히, 정확하게 파악해 보려고 했던 하나의 방편이었을 것이다.

유씨 왕실의 측근이었던 유향은 성제(成帝) 때 황후 왕씨 및 후궁의 외척 세력을 견제하기 위한 방법으로 『열녀전』를 저술했다고 한다. 이는 후세의 사가들이 "한나라 성제 때 유향이 처음으로 삼대(三代)[1]의 현비와 숙녀, 음란하고 악한 여자들을 흥망성쇠의 원인으로 보아 그 유형을 분류하여 열녀전이라 하였다"고 평하는 데서도 확인된다. 즉 유교적 통치의 맥락에서 여성의 존재론적이고 당위론적인 모델을 제시한 것이라 할 수 있겠다.

『열녀전』은 『후한서』에 수록됨으로써 공식적인 역사서로 인정되었다. 그리고 각 시대의 정사(正史)에서 여성열전의 독립적인 장르를 둠으로써 여성의 역사적 계보를 형성하게 되었는데, 이는 절대적으로 『열녀전』의 공헌이다. 북송(北宋) 때 『열녀전』이 다시 주목을 받으면서 대폭 수정되어 '속열녀전(續列女傳)'이라는 이름으로 간행되자, 유향의 『열녀전』은 '고열녀전(古列女傳)'으로 불리게 되었다. 명(明)나라 성조(成祖) 원년(1403년)에 해진(解縉) 등이 한

---

1) 중국고대의 하(夏)·은(殷)·주(周) 세 왕국의 시대를 말한다.

(漢)나라에서 원명(元明) 시대에 이르는 각 사서의 여성열전을 추가하여 '고금열녀전'이라는 이름으로 편찬하였다.『고금열녀전』은 유향의『열녀전』을 그대로 싣고 있지만 부정적인 여성들로 기록된 「얼폐전(孼嬖傳)」은 삭제하였다.

『열녀전』이 우리나라에 들어온 것은 고려 시대라는 설이 있지만, 그 존재가 공식적으로 거론되기는 조선 태종 4년(1404년)이다. 조선왕조『실록』을 보면 태종 때, 명나라에서 수입한『열녀전』을 나누다 보니 원하는 사람들에게 제대로 돌아가지 않아 500부를 다시 수입하겠다는 내용이 나온다. 그런데 이때 수입된 것은 유향의『열녀전』이 아니라 명나라 성조 때 나온『고금열녀전』일 것이라고 보기도 한다. 그 책은 1403년에 편찬되었는데 바로 그 다음 해에 조선에 수입되어, 이것으로 조선의 지적 열기를 확인할 수 있다. 태종 때 수입된 판본이『고금열녀전』이라 해도 원조『열녀전』이 그 속에 포함되어 있으므로 그 권위는 그대로 지속된 셈이다.

『열녀전』은 여성을 비난하거나 칭찬할 때 중요한 근거가 되었을 뿐 아니라, 역사적인 교훈을 얻으려 할 때도 인용되었다. 추상적이고 관념적인 설교 방식과는 달리 구체적인 모델을 직접 보여주고 있으며, 독자들로 하여금 그 모델과의 일체감을 느끼게 함으로써 사실상 더 큰 교육적 효과를 낼 수 있었던 것이다.

『열녀전』해석의 역사에서는 '다양한 여성'을 의미하는 열녀(列女)가 '정절을 지킨 여성' 열녀(烈女)로 둔갑되기도 했는데, 이것은 분명『열녀전』의 여성 인식보다 후퇴한 것이다. 무엇보다 고전『열녀전』은 정사에서 소홀히 취급된 주제들을 여성의 렌즈로 재조명함으로써 역사의 다른 측면들을 보여주었다는 데 그 의미가 있다.

어머니와 아내의 신화

현모양처(賢母良妻)! 우리 문화의 심층에 이보다 더 위대한 것도 이보다 더 곤혹스러운 것도 없을 것이다. 이 뜻은 누구나 알고 있어 굳이 설명할 필요가 없지만 그 다중적이고 복합적인 의미망을 이해하려면 제대로 된 설명이 필요하다. 현명한 어머니와 좋은 아내란 사람마다, 맥락마다 매우 다른 의미로 구성될 수 있고 자기 삶의 일부로 선택할 수도 있고 하지 않을 수도 있다.

다시 말해 현모양처란 모든 여성이 반드시 추구해야 할 것도 아니고 일정한 공식이 있는 것도 아니다. 그럼에도 불구하고 과거는 물론 현대의 여성들도 이 현모양처의 의미체계로부터 자유롭지는 못하다. 현모양처는 근래에 나온 개념이지만, 그 기원은 『열녀전』까지 거슬러 올라간다.

훌륭한 어머니의 가장 고전적인 용례는 맹모(孟母)의 '삼천지교(三遷之敎)'가 될 것이다. 『열녀전』에서 처음 소개된 맹자 어머니의 교육열은 자식을 위해 묘지 근방에서 시장으로, 다시 서당 근처로 집을 이사했다고 한 고사를 통해 사실화되었다. 하지만 맹자에 관한 정보들을 다 뒤져도 그 이야기를 뒷받침해 줄 만한 것을 찾을 수 없다. 그렇다면 이는 유향이 만들어낸 허구일 가능성이 크다. 이 외에 짜던 베를 잘라 못쓰게 만듦으로써 자식의 교육적 효과를 노린 '단기지교(斷機之敎)'가 있다.

맹자 어머니의 교육 이야기가 사실인가 아닌가를 따지기보다 그

아황(娥皇)과 여영(女英)

것이 오랜 역사를 통해 여성의 삶에 깊이 개입해왔다는 사실에 주목해보자. 근대 이후의 사회 문제와 얽혀 있어 그 원인이 결코 단순하지는 않지만, 현대 한국에서 벌어지고 있는 과잉 교육열은 어머니의 '치맛바람'에 그 책임이 돌아가곤 한다. 맹모의 교육 담론이 여전히 그 의미를 생산하고 있는 것이다.

「모의전」의 14편은 모두 역사를 이끈 중요한 존재로 어머니를 부각시키고 있다. 멀리 신화의 시대에서 각 종족의 국가 창출에 이르기까지, 그 배후의 인물로 어머니를 설정하고 있는 것이다. 주(周)나라 종족의 시조 후직을 낳아 기른 어머니 강원(姜嫄), 은(殷)나라의 시조 설(契)을 가르친 어머니 간적(簡狄), 주나라 황실의 기틀을 마련한 세 어머니 태강(太姜), 태임(太任), 태사(太姒) 등은 역사를 열고 나라를 만든 여성들이다. 남성들의 사업을 도운 이러한 '훌륭한' 어머니는 시대를 이어 계속 재생산되었다.

『열녀전』 104편에서 맨 처음 나오는 인물은 아황(娥皇)과 여영(女英)이다. 자매 사이인 이들은 요(堯) 임금의 딸이자 순(舜) 임금의 두 아내이다. 이들이 사실은 '좋은 부인'에 해당되지만 '훌륭한 어머니' 편에 소개된 것은 천하 인민의 어머니라는 뜻에서인 것 같다. 높은 신분의 두 여성이 미천한 신분의 남자를 남편으로 삼아 천하의 성군이 되게 했다는 것이 이 서사의 요지이다. 순임금을 성공시킨 두 아내의 이야기는 우리의 설화 평강 공주와 바보 온달을 연상시킨다. 신분을 초월한 남녀의 결합이라는 이 매력적인 주제는 시공을 초월하여 줄곧 생산되어 왔는데, 그 원형이 바로 『열녀전』의 아황과 여영의 고사이다.

좋은 아내를 주제로 한 「현명전」에는 제환공(齊桓公), 초장왕(楚莊王), 진문공(晋文公), 주선왕(周宣王) 등 춘추 시대 제후들의 아내가 등장한다. "안에서 돕고 밖에서 일하여 천하의 주인이 되었다"거나 "그가 사업에 성공한 것은 전적으로 그 아내의 덕택이었다"는 서술로 되어 있는 것이다. 그 외에 권력과는 거리가 있는 그저 평범한 남성들에게도 아내의 내조가 무엇보다 중요하다는 것을 강조하고 있다. 빈궁한 형편이지만 아내의 슬기와 기지로 자족적인 삶을 살 수 있었다는 것은 대다수의 남성들에게 어필될 수 있는 주제이다. 모든 남자가 영웅이 되거나 모든 남자가 사회적 성공을 이룰 수는 없기 때문이다. 그런데 모든 여성을 남성과의 관계 속에서 설명하는 이러한 방식은 신분의 고하를 막론하고 여성을 남성의 보조자로 각인시키는 것에 다름 아니다.

『열녀전』에 소개된 아내들의 유형은 좋거나 나쁘거나 두 가지이다. 7권 중에서 부정적인 사례를 모아 놓은 「얼폐전」에서는 하(夏)·은(殷)·주(周)의 고대 국가 및 춘추(春秋)·전국(戰國) 시대의 제후국들은 모두 그 군주의 아내로 인해 멸망하였다는 것이다. 반면에, 좋은 아내는 두 유형으로 나뉘는데, 하나는 남편의 사업을 적극적으로 도와서 성공에 이르도록 한 유형이고, 다른 하나는 남편에 대한 충실성, 즉 남편을 따라 죽었거나 수절을 한 유형이다.

전자가 아내라는 역할을 통해 여성의 에너지를 국가 사회의 건설과 질서 유지에 동원하는 방식이라면, 후자는 여성을 남성 종속적인 존재로 규정하는 방식이다. 특히 남편의 죽음을 슬퍼하는 아내의 눈물이 성(城)을 무너지게 했다는 제나라 대부 기량(杞梁) 처의 고사는 이후 '지성감천(至誠感天)'의 사례로 즐겨 인용되어 왔다. 이것은 살아서는 물론 죽어서도 남성의 권위는 보장되어야 한다는 남성 욕망의 반영이라 할 수 있다.

『열녀전』은 남자가 성공하느냐, 실패하느냐에 대한 열쇠가 여자, 즉 대개의 경우 그 남자의 어머니이거나 아내에게 달려 있다고 보았다. 여러 가지 주제에 따라 그 행적을 조명하고 있지만, 그 행위는 대부분 어머니나 아내의 역할과 연관되어 있기 때문이다. 그런데 수적으로 보면 아내로서의 여성이 훨씬 많다. 그것은 성공 사례에서는 어머니와 아내가 균형적으로 배치되어 있지만, 실패의 사례는 아내만 소개되고 있는 탓이다. 다시 말해『열녀전』은 아내의 의무와 역할을 강조하거나 아내를 규제하는 데 많은 부분을 할애하고 있음을 알 수 있다.

따라서『열녀전』편찬의 의도가 군주의 부인들과 그 외척 세력을 견제하는 데 있었음을 알 수 있다. 이것은 한나라 초기의 문헌인 『중용』이 부부간의 윤리를 특별히 강조하여 '부부조단설(夫婦造端說)'[2]을 제시한 데서도 드러난다. 중국 고대사회는 종족의 대가족이 해체되면서 동시에 가족의 개별적인 발달이 이루어져,『중용』과 『열녀전』의 시대에 이르면 부부중심의 소가족이 가족의 일반적인 형태가 되었다. 가족의 형태란 생산 활동의 구조적인 변화에 적응하는 과정에서 만들어지는 것이며, 그 가족의 안정과 번영은 곧 국가의 이익을 보장해주는 것이 된다. 따라서『열녀전』이 부부관계를 특별히 강조한 것은 그 시대의 경제·정치·윤리의 문제들과 긴밀한 연관을 갖는 것이다.

---

2) 부부조단이란 "부부에서 단서가 열린다"는 뜻으로『중용(中庸)』의 "군자의 도는 부부에서 시작된다"고 한 것에서 유래하였다. 유교 사회가 지향하는 이상적 인물 군자가 되려면 가장 가까운 관계에 있는 사람들에게 정성과 신의를 다하는 것을 출발로 삼아야 한다는 것이다. 『중용』은 가장 가까운 사람을 부부라고 보았다.

'말'의 복원

『열녀전』을 읽는 재미는 무엇보다 여성에 대한 편견과 상식을 넘어서도록 한다는 데 있다. 우리 문화에서 여성에 관한 상식의 많은 부분은 남성중심주의가 만들어낸 역사적 산물이다. 그것은 "여성은 어떠하다"는 일반화의 방식이거나, 여성의 주장과 능력을 인정하지 않는 방식으로 나타나기도 한다. 여성에 관한 지식의 대부분이 당위적인 것과 사실적인 것의 구분 없이 남성에게 유리한 쪽으로 구성되었던 것이다.

이러한 지식 체계는 여성에게 자기주장이나 변론의 능력보다 인내와 순종의 태도를 요구한다. 지식이 많은 똑똑한 여성은 가부장적 질서 체제를 교란시킬 수 있는 껄끄러운 존재이기 때문이다. 그런 가운데 "여성은 자신을 위한 주장이 없어야 한다"는 당위적 요청이 "여성은 자기주장이 없는 존재"로 사실화되었던 것이다.

> 그게 무슨 말이오? 나는 가난하여 갖고 올 양초가 없소. 그 대신 (이 공동의 작업에서) 나는 항상 먼저 시작하였고 쉬는 시간이 되어도 계속 일했다오. 작업장을 쓸고 닦고 치운 뒤에 자릴 펴놓고 당신들을 기다렸고, 해진 자리를 골라가며 낮은 자리에 앉았소. 그건 양초를 대지 못해 당신들한테 미안했기 때문이었소. 방안에 한 사람이 더 있다고 해서 촛불이 더 어두워지는 것도 아니고, 한 사람이 없어진다고 해서 불이 더 밝아지는 것은 아니지 않소? 어째서 별빛 같은 희미한 촛불로 사람을 무시한답니까?

이처럼 자신의 입장과 주장을 설득력 있게 설명하기란 쉽지 않을 것이다. 지배의 한 방식인 말의 통제는 유교경전 속에서 어렵지 않게 찾아 볼 수 있다. 여자를 쫓아낼 수 있는 근거로 드는, 일곱 가지 죄목인 칠거지악(七去之惡) 중에는 말을 통제하는 '다구설(多口舌)'이라는 항목이 들어 있다. 자신의 생각을 밝히기 위한 주장과 억울함을 호소하기 위한 변론이 '말 많음'으로 이해되는 것은 여성에 대한 가부장적 통제의 한 방식이다.

여성들의 말은 오랜 역사를 통해 문화적으로 통제되어 왔는데, 주장이 강한 여성을 기피하는 풍조는 오늘날에도 여전하다. 그런 점에서 『열녀전』은 우리의 편견을 수정할 수 있는 다양한 자료를 보여준다. 논리와 변론에 능한 여성들을 소개하고 있는 「변통전(辯通傳)」을 보자.

조나라 뱃사공의 딸 여연(女娟)은, 여자는 재수 없다는 속설에 기대어 자신이 노를 젓는 것을 반대한 군왕 조간자(趙簡子)에게 이의를 제기한다.

> 옛날 은나라 탕 임금이 하나라를 정벌할 때 … 양 끝의 두 말은 암말이었습니다. 주나라 무왕이 은나라를 정벌할 때 … 좌우 끝의 두 말은 암말이었습니다. 두 왕은 모두 혁명에 성공하였습니다. 지금 왕께서 여자의 배를 탈 수 없다고 하시니 도대체 무슨 까닭입니까?

왕은 여연의 논리에 굴복하였고 결국 그녀와 부부의 연을 맺었다. 다음에 소개하는 것은 당시의 법치 제도에 근본적인 질문을 제기

필힐(佛肹)의 어머니

한 어머니의 이야기이다. 조나라의 읍재(邑宰)였던 필힐(佛肹)이 모반을 일으키자 조나라 법에 따라 당사자는 물론 그 가족도 사형을 받게 되었다. 이에 필힐의 어머니는 왕에게, 아들의 죄를 왜 자신이 받아야 하는지 따졌다. 그러자 조나라의 왕 양자(襄子)가 말했다.

"어미가 제대로 가르치지 못해서 자식이 반란을 일으킨 거 아닙니까? 마땅히 그 어머니도 연대 책임을 져야지요!"

그 어머니가 말했다.

"잘못 가르친 죄를 묻는 것이라면 그 책임은 주군에게 있습니다. 자식의 어릴 적 책임은 어미에게 있고, 성장한 후는 아비에게 있다고 합니다. 내 아들은 자식으로서는 훌륭했습니다. 이번 반역은 내 아들이 저지른 것이기 보다 주군의 신하가 저지른 일입니다. 주군께서 난폭한 신하를 둔 것이지 제가 난폭한 아들을 둔 건 아니지 않습니까?"

논리로 왕을 승복시킨 필힐의 어머니는 연좌제에서 벗어날 수 있었다. 부모와 자식 사이, 특히 어머니와 자식의 관계는 이성보다도 감정과 친밀성으로 설명되곤 한다. 이러한 맥락에서 모성은 시비(是非)나 선악(善惡)의 차원보다 앞서는 여성의 본성이라고 이야기하기도 한다. 모반의 죄를 쓰고 죽임에 처해진 아들 앞에서 어머니가 할 수 있는 말은 무엇일까? 모성에 따른다면, "내 아들을 죽이려면 나부터 죽이라!"는 식으로 어머니는 그 아들과 이해를 함께 하는 존재일 것이다.

『열녀전』에서는 이 외에도 우리에게 익숙한, 그래서 규범화된 모성을 생소하게 만드는 어머니들을 만날 수 있다. 우리의 전통적 어머니는 넓은 마음으로 자식을 용서하고 품어주는 존재, 자식으로 하여금 언제든 돌아가 쉴 수 있도록 하는 대지와 같은 존재이다. 하지만 『열녀전』에는 대장군에 임명된 자신의 아들이 그 직책에 적합하지 않음을 고발한 어머니, 높은 직책에 있으면서 부하를 억압하고 뇌물을 밝히는 아들과 인연을 끊고자 한 어머니 등 다양한 유형이 등장한다. 이러한 어머니는 국가와 사회가 할 역할을 대행하는 감시자이다. '생소한' 어머니들 중에는 아들과 자신은 별개의 개인임을 주장하면서 아들의 죄가 어머니인 자신에게 미치지 않도록 요구하기도 하였다. 이러한 유형은 인민을 파악하기 위해 국가 차원에서 고안된 여성 활용의 프로그램이라고 할 수 있지만, 모성의 이데올로기를 해체하는 데 유용한 자료가 될 수 있다.

하지만 이와 같이 여성들이 펼친 주장과 변론이 과연 그 여성들 스스로의 말이라고 할 수 있는지는 의문으로 남는다. 『열녀전』이 남성 저자에 의해 저술되었기 때문이다. 즉, 유향 자신이 하고 싶은 말을 단지 여성의 입을 빌려서 이야기한 것으로 볼 수 있다는 것이다. 그럼에도 불구하고 여성에 관한 상식과 편견을 재고하는 데 있어서 『열녀전』이 갖는 텍스트로서의 역할은 과소평가될 수 없다.

『열녀전』의 여성주의적 독법

고전은 우리에게 늘 새로운 질문을 던져준다. 새로운 질문이란 고전의 텍스트와 우리의 컨텍스트가 만남으로써 제기되는 것이다. 고전을 읽는 것은 우리의 문화적 기원을 확인하는 데 있는 것만은 아닐 것이다. 이미 합법화되어 자연스러운 고전 속의 이야기를 새로운 지식으로 낯설게 할 필요가 있다. 그것은 고전의 세계가 남성들의 무대였던 만큼 여성의 역사와 여성의 진실은 은폐되거나 왜곡된 경우가 많기 때문이다.

근래에는 여성주의 독법에 의해 고전이 새로워지고 있다. 여성주의로 다시 읽는 고전은 주로 서구의 역사와 문화, 사상에 집중되어 왔는데 동양 고전으로 관심이 옮겨진 것은 극히 최근의 일이다. 여성주의가 주목한 가장 중요한 동양 고전을 들라면 단연 『열녀전』이다.

우리가 읽는 『열녀전』은 저자의 본래 의도나 그 이후에 잇달아 나온 가부장적 해석과 다를 수 있고, 또 달라야 한다. 과거의 독법대로라면 여성들의 지혜와 지식을 인정하되, 그것은 결국 남성을 위한 것으로 활용되어야 했다. 반면에 여성주의적 시각은 저자가 의도하지 않았던 행간의 진실을 볼 수 있도록 한다. 이를 통해 규범화된 여성관을 해체하고, 사실에 입각한 새로운 질서와 새로운 관계를 모색할 수 있다. 예컨대 남성의 성공과 실패가 여성의 손에 달려 있다는 『열녀전』의 기본 관점이 여성을 규제하기 위한 맥락에서 나온 것이라면, 여성주의는 여성의 능력을 확인함으로써 감춰졌던 가능성을 새롭게 발견하는 데 의미를 둔다.

여성주의적 독법은 모성과 같은 여성을 본질화하는 담론을 해체하는 데 『열녀전』을 활용하는 것이다. 이 외에 성적인 이미지로 부각된 '나쁜 여자'들의 전기인 「얼폐전」은 닮지 말아야 할 반면교사(反面敎師)의 목록이지만, 여성주의의 시각에서는 여성의 섹슈얼리티가 유교적 가부장 문화에서는 어떻게 이해되었는지를 분석하는 자료가 된다.

기록의 역사에서는 더 중요하고 더 큰 이야기에 가려져 잘 보이지 않았던 사실들이 다시 읽는 행위를 통해 드러나고 복원될 수 있다. 여기서는 소개하지 않았지만 『열녀전』을 통해 영웅중심의 역사 또한 새로운 각도에서 볼 수 있고, 공자와 같은 유학의 성현들이 엄

숙주의자라기엔 너무나 인간적인 면모를 가진, 삶의 즐거움을 추구한 평범한 남자였음을 확인할 수도 있다. 다양한 여성들의 삶을 보여주는 『열녀전』은 무엇을, 어떻게 보려고 하는가에 따라 풍부하면서 새로운 진실들을 드러낼 것이다.

더 생각해볼 문제들

1. 고전 속의 여성을 우리 시대의 모범으로 삼기에는 한계가 있다. 그럼에도 불구하고 고전이 계속 회자되는 이유는 무엇인가?

   고전을 읽는 것은 현재의 문화적 기원을 확인하고 성찰하는 데 일차적인 의미가 있다. 나아가 고전에는 현대가 잊고 있었거나 미처 도달하지 못한 지혜가 들어 있다는 데 더 큰 의미가 있다. 고전을 통해 새로운 상상력을 얻고, 다시 읽는 행위를 통해 고전은 그 의미가 새로워질 수 있기 때문이다.

2. 여성이 역사 주체로 거듭나기 위해서 우선적으로 요구되는 것이 무엇인가를 『열녀전』의 여성 이야기를 통해 논의해보자.

   내가 그리는 나의 모습과 남이 그려주는 나의 모습은 다를 수 있다. 어떤 것이 나의 참 모습인가? 역사적으로 여성은 남성이 그려주는 모습에 의존하여 여성 자신을 이해해 왔다. 남성에 의해 서술된 여성이라는 점에서 『열녀전』도 예외가 아니다. 나를 제대로 이해하기 위해서는 나의 주관성과 나에 대한 객관성을 균형있게 고려해야 하듯이, 여성 자신의 목소리가 빠져 있는 『열녀전』은 여성에 대한 제대로 된 정보라고 할 수 없다. 여성이 역사 주체로 거듭나기 위해서는 자신을 알아야 하고, 자신을 말할 수 있어야 한다. 여성 스스로 자신을 이야기하기 시작할 때, 남성관계의 지형도가 새롭게 열릴 수 있다.

3. 『열녀전』의 7가지 유형은 기원전의 여성들을 그 시대의 지식으로 남성이 분류하고 주제화한 것이다. 만일 우리시대에 열녀전(列女傳)을 다시 쓰게 된다면 여성을 어떻게 분류하고 주제화할 수 있으며, 열녀전 저술의 21세기의 의미는 어디에 둘 것인지를 논의해보자.

여성에 대한 우리 시대의 지식이란 여성을 남성 보조자가 아닌 남성과 동등한 또하나의 주체로 인식한 여성주의에 의해 주도되고 있다. 그것은 다시 쓰는 열녀전에서는 여성의 경험을 중심으로 삼아 인간관계와 일, 행위 등을 분류하고 주제화할 수 있어야 한다. 즉 직업이나 일을 통한 성취도, 자신에 대한 충실성, 타인을 배려하는 능력, 자기 표현의 능력 등의 주제를 생각해볼 수 있다.

추천할 만한 텍스트
『열녀전』, 유향 지음, 이숙인 옮김, 예문서원, 1996.

이숙인(李淑仁)
한국학중앙연구원 고전학연구소 연구교수.
동양철학 연구에 페미니즘을 도입하여 '유교 페미니즘'의 새로운 학문 영역을 개척하였다. 아직도 여성주의적 분석을 기다리는 수많은 고전 자료와 끊임없이 창출되는 일상 속의 주제들로 인해 즐겁지만 매우 긴장된 나날을 살고 있다.
성균관대학교 동양철학과 및 동 대학원을 졸업하고, 유교경전 오경(五經)의 여성 윤리 사상에 관한 연구로 박사논문을 썼다. 여성문화이론연구소에서 여성주의 학술 활동을 펼치고 있으며, 『여/성이론』, 『오늘의 동양사상』, 『동양철학』 등의 학술지 편집위원으로 활동 중이다.
저서로 『동아시아 고대의 여성사상』(2005)이 있고, 역서로 『열녀전』, 『여사서』가 있다. 논문은 「중국고대의 질서담론:혈통과 젠더의 서사」(『철학연구』), 「조선시대 여성지식의 성격과 그 구성원리」(『동양철학』) 등 다수가 있다.

춘풍에 우는 새, 가을 달의 귀뚜라미, 여름의 구름과 비, 겨울의 달과 매서운 추위들은 모두 사계절의 느낌이 시로 표현된 것이다. 또한 시로써 멋진 연회에서 우정을 표시하거나, 이별의 원망을 내비치기도 한다. 초나라 충신 굴원이 쫓겨나 나라를 떠돌며, 한나라 후궁 왕소군이 억지로 흉노 왕에게 시집갈 때에, 북녘 들판에 병사들의 뼈가 널려있어 혼령이 쑥덤불처럼 나뒹굴고, 창 들어 국경을 지킴에 요새에 살기가 가득할 때에, 변방 나그네가 얇은 옷으로 떠돌고, 규중의 여인이 눈물마저 마를 때에, 혹은 선비가 관복을 벗고 조정을 떠나 다시는 돌아오지 못하거나, 아름다운 여인이 눈썹 드날리며 총애를 받아 나라를 기울게 하는 등 각양각색의 경우마다 심금을 울려 감정이 북받칠 때, 시가 아니고서 어떻게 내심을 마음을 드러내며, 영탄의 노래가 아니고서 어찌 정감을 드러낼 수 있을 건가?

―「시품서(詩品序)」 중에서

종영 (?~518)

종영(鍾嶸)은 중국의 강력한 통일 왕조인 한(漢)나라가 멸망한 이후 370년간의 장기 분열기의 후기에 속한 양(梁)나라 사람이다. 이 시기는 위진(魏晉) 시대가 지나고 남북조(南北朝)로 나뉘어 오랫동안 북방의 이민족과 남방의 한족이 동거한 민족 혼합기이기도 하며, 정치적으로는 불안정하고 사상적으로는 기존의 유교 이데올로기가 해체되는 과도기였다고 할 수 있다.

종영은 지금의 하남성 사람으로서 비교적 유복한 환경에서 성장하였다. 그는 일찍부터 문학적 재주를 드러냈음에도 불구하고 관운은 좋은 편이 아니었는데, 이는 엄격한 법가적 가풍에 기인한 각박한 면모 때문으로 보인다. 그는 국자생을 거쳐 진안왕의 기실(記室)이란 직책까지 지냈는데, 『시품(詩品)』은 이 당시에 지은 것이다. 그는 문단의 영수이자 사성팔병설을 주장한 심약의 인정을 받고자 했으나 거절당하기도 했다. 심약이 죽고 난 후 완성된 시품이 성률론을 반대하고 기세의 자연스러움을 강조한 것은 심약에 대한 개인적 반발이라는 이야기도 있으나, 종영의 관점은 당시의 지나친 수사주의에 대한 경계 정도로 해석된다.

02

세상의 시인을 논하다
종영(鍾嶸)의 『시품(詩品)』

오태석 | 동국대학교 중어중문학과 교수

사회적, 개인적 소통기제로서의 시의 작용
중국의 역사서인 『삼국지위지 동이전』에 조선 민족은 음주와 가무를 즐겼다는 기록이 있다. 한중 수교가 되고서 중국의 동포들이 사는 모습에는 왕왕 고운 한복 차림에 춤추고 노래하는 모습이 방영되곤 했는데, 그걸 보면서 우리는 '아, 상당 기간 교류가 없었어도 역시 민족문화의 기본형은 같구나!' 하는 반가운 동질감이 들곤 했던 생각이 난다. 이같은 가무의 풍속은 모습은 요즘 우리네 생활에서도 깊이 스며들어 있다. 어느 조직에서건 신입자를 위한 서먹한 회식 자리는 의례 노래방으로 이어지곤 하는데, 이는 아마도 쉽게 마음을 열고 일체감을 느끼기에는 음악만큼 효과적인 것이 없기 때문일 것이다.

고대 중국에서 음악과 노래의 중요성을 인식하여 예악(禮樂) 사상에 접목시킨 이는 공자인데, 실상 음악 친화적 습속은 중국의 최대 민족인 한족보다 소위 동이족이라 불렸던 우리 민족에 더욱 강력하게 남아 있다. 공자 역시 지역적으로 우리와 가까운 산동 지역 사람인 것을 고려하면 공자와 우리네 생각의 유사성에 수긍도 된다. 실상 중국에서 노래 가사로서의 시가 우대받을 수 있었던 까닭은 인간 정서에 호소하는 감동 작용으로 개인의 인격 형성과 사회적 기풍 형성에 긍정적 작용을 한다고 본 때문이다. 이를 유교에서는 예와 음악을 결합시켰다는 의미에서 예악사상이라고 한다. 즉 중국에서 시는 순수한 서정적 심미 표현으로써만이 아니라, 사회적 효용을 지닌 정치 도구로서의 의미를 지니고 있었다는 뜻이다.

이렇게 다분히 사회적 효용에 비중을 두고 운용되던 중국의 한시(漢詩)는 춘추 전국시대를 지나 한대와 위진남북조 시대를 거치면서 점차 본래의 개인 서정의 영역으로 들어온다. 이러한 경향은 사회적 구심력이 약화되면서, 또한 민간시에서 문인시로 자리를 잡아가면서 더욱 강화되었다. 육조 시대 후기에 지어진 종영 시품의 역사적 자리는 중국 한시(漢詩)가 사회적 영역에서 개인적 영역으로 중심 이동하던 시기에, 문인들의 감정 표출 욕구가 고조되며 일기 시작한 본격적 시문학 비평의 효시(嚆矢)라는 의미를 지닌다.

육조의 시대와 문학, 그리고 시품

종영의 시대까지만 해도 문학이란 개념의 성립은 유구한 것은 아니었다. 한(漢) 왕실이 끝날 때까지도 중국의 모든 글은 그저 경(經),

사(史), 자(子), 집(集) 정도로 구분되었고, 여기서 문학은 집부(集部)의 일부였을 뿐이다. 그러면 어떻게 하여 문학의 하위 개념인 시, 그리고 시의 성행 이후에 나올 수밖에 없는, 수준 높은 비평 저작이 꽃피울 수 있었던가? 이와 같은 빠른 속도는 조금은 놀라운 일이라고 할 수도 있다. 여기서 잠시 시품 발생의 문화적 맥락을 이해하도록 한다.

  서기 220년에서 589년에 이르는 위진남북조 시대는 남쪽의 한족 왕조와 북쪽의 이민족 왕조가 명멸하던 시대였다. 이중 남쪽에 정권을 잡았던 한족의 여섯 왕조는 모두 건강(建康) — 지금의 남경 — 을 도읍지로 하였으므로 육조라고 칭한다. 『시품(詩品)』의 저자인 종영은 남조 후기에 속하는 양나라 사람이다. 위진남북조 시대는 수많은 국가의 작은 교체, 민족 이동, 사상적 변화 등 사회적 불안정, 그리고 한대 유학의 쇠락으로 인해 사회문화적 중심이 와해되었던 시기였으나, 귀족들은 혐오스런 현실을 외면하고 음주와 문학을 위안 삼아 시부의 창작에 전념하기도 했으므로, 위진남북조 시대는 사회적 혼란의 대가로 유가 이데올로기로부터의 해방과 함께 개인성에 바탕을 둔 순문학의 흥성을 낳았던 것이다. 다시 말하면 위진남북조 시대에 이민족의 휘하에 있던 북조와 달리 한족 중심의 남조 문학이 꽃 피울 수 있었던 것은 사회적 혼란 중에 농노적 상태에 빠진 민중과 다른 경제적 풍요를 누렸던 왕실의 힘에 의해 가능했다.

  그들은 휘하에 여러 문인들을 거느리면서 고급문화를 향유하였다. 대우(對偶)와 성률의 아름다움을 추구한 산문과 운문의 중간 양식인 사륙변려문이 그 대표적 예이다. 변려(騈儷)란 말들이 머리를 가지런히 짝하여 달린다는 뜻이다. 이 시기의 글쓰기를 한마디로 요약하자면 미문화(美文化)였다. 최초의 의식적 문인 집단인 건안칠자(建安七子)의 시문, 소명태자 소통(蕭統)의 『문선』과 서릉(徐陵)의 『옥대신영(玉臺新詠)』 그리고 육기(陸機)의 「문부(文賦)」, 유협(劉勰)의 『문심조룡』, 심약의 사성팔병설(四聲八病說)[1] 등은 모두 아름다운 글쓰기라는 시대의식의 소산이다. 이렇게 육조 문학은 혼란한 사회가 야기한 염세사상과 함께, 그 탈출구로서의 수사적 유미주의라는 두 가지 특징을 지니며 진행되었다.

문예사조 면에서 육조 시대 문인들은 혼란스럽고 무상한 세상에 정면 대응하지 않고 개인성에 집착하며 자연에 심취하기 시작하였다. 그리고 그 토대는 현학(玄學)이었다. 죽림칠현을 필두로 출발한 위진 현학은 불안정한 인간 사회에서 영속하는 자연을 추구하며, 노장을 통해 기성 유가의 한계를 극복하려는 다소 소극적인 문인들의 탈출구였다. 이들은 현실을 떠나 산림에 은거하여 무리를 지어 청담(淸談)과 음주를 일삼았다. 이들 대화 방식 중 특기할 부분은 간략한 언행을 통한 인물 품평 방식이다. 인물에 대한 등급 품평 방식은 위나라의 구품관인법에 근거했는데, 종영의 3등급의 시인 품평론은 그 문학적 응용인 셈이다. '자연에 대한 심취와 내면 들여다보기'로 요약되는 현학적 사유는 육조 문인은 물론이고 청대

---

1) 심약(沈約)에 의해 제시된 시 창작상의 성음 이론으로서, 평측(平仄)의 성음, 한자의 독음 등에 관한 여덟 가지 기피 사항을 제시한 이론이다. 그 후 당나라 시대에 율시의 기준이 되었다.

에 이르기까지 중국인의 사유와 문학예술 심미에 추상 사유의 심화를 가져왔다.

『시품』은 문학사적으로는 동시대의 문심조룡과 함께 중국문학비평사상 최초의 본격적 비평 저작이다. 종영은 시품에서 한대부터 양나라까지의 시인 122인을 원류를 나누어 3등급으로 품평 분류하였다. 본래는 3권의 앞부분마다 서문이 있었으나, 후인이 편집하면서 이를 모아 하나의 서문으로 만들었는데, 중요한 문학비평사적 견해가 포함되어 있다. 시품의 저작 시기는 만년인 50세 무렵으로 추정된다. 시품의 삼품론의 구체는, 상품에 11인, 중품에 39인, 그리고 하품에 72인이 귀속되었으며, 시의 모범으로서는 시경 중의 「국풍(國風)」과 「소아(小雅)」, 그리고 『초사』를 3대 원류로 설정하고 그 유파를 나누었다. 앞서 말했듯이 종영의 삼품론은 멀리는 위나라 구품관인법의 영향이며 가깝게는 죽림칠현 등의 인물 촌평 방식을, 그리고 원류론은 유흠(劉歆)의 『칠략(七略)』의 서술 체계를 본 딴 것이다.

한편, 종영의 시인 품평론은 후인의 관점에서 보면 수긍하기 어려운 부분도 적지 않다. 상품에 속한 육기와 반악은 중품으로, 중품에 넣은 도잠(陶潛), 포조(鮑照), 사조(謝朓)는 상품으로 귀속시켜야 한다는 것이 후인들의 중론이다. 또한 삼대 원류 중 소아에는 완적(阮籍) 한 사람만을 넣은 것은 편향적인 분류라고 할 수 있는데, 종영 시품이 지니는 한계이다.

한시(漢詩)의 창작, 그리고 오언시

종영은 "시는 춘풍에 우는 새, 가을 달의 귀뚜라미, 여름날 비구름, 겨울 달빛과 추위 등 사철의 변화에 따라 감응하여 생겨난다"고 하며 시의 발생론적 환경을 중시했다. 『예기(禮記)』와 『악기(樂記)』나 『시경』의 서문에 해당되는 「모시서(毛詩序)」에서도 보듯이 중국에서 전통적으로 시는 마음속 생각이 언어로 표현된 것으로 보았는데, 종영도 이와 같은 관점을 계승하여 "사시의 기운이 사물을 움직이고 사물은 사람의 마음에 느낌을 주는 까닭에, 감정을 움직여 춤과 노래로 표현된다"고 정의 내렸다.

이번에는 한시(漢詩)의 언어 재료인 한자와 중국시의 상관관계에 대해 잠시 생각해본다. 단음절어인 한자의 특성상 한시는 시각적 청각적으로 일정한 규격과 길이를 지니는데, 이는 각 단어의 길이가 같지 않은 영어나 우리말 같은 표음문자와는 구별되는 특징이다. 때문에 한시는 각 구의 길이가 일정하고 또 시 한편의 크기도 시간적, 공간적으로 일정한 규격화가 가능하다. 중국의 문인들은 이러한 한자만의 특성을 십분 활용하여 문자 유희를 즐기며 시의 형식적 완성도를 높여갔다. 이에 더하여 한시의 청각적, 시각적 효과는 육조시대에 인도어로 된 불경의 번역 과정을 통해 중국어 어음의 효과에 주목하면서 더욱 심화되었다.

형식의 면에서 살펴보면 한시는 최초의 시집인 『시경』에서 보듯이 B.C. 10세기경 4언으로 출발하였으며, 이후 전국 시대에 남방에서는 6언 중심의 『초사』가 생겨났다. 이에 비해 5언시는 더욱 늦은 후한 중엽 이후 자리 잡기 시작하였다. 이후 위진 시기에 건안칠자, 도연명, 혜강(嵇康) 등이 간혹 4언을 짓기는 했으나, 이미 주류는 5언으로 넘어가고 있었으며, 강력한 5언시의 추종자였던 종영은 시품에서 5언시만을 다루며 그 우수성을 역설하여 결국 5언시의 장르사적 승리를 선언한 셈이다. 다음 글은 4언과 5언을 간명하게 비교하고 있다.

> 4언시는 글은 간약하면서 뜻은 넓다. 국풍과 초사를 본받으면 얻는 것이 많을 것이다. 그러나 매양 글이 번다해지고 뜻이 적게 되기 일쑤여서 힘들다. 이에 세상에서 4언시를 배우는 이가 드물게 되었다. 5언시는 시문의 요체이니, 여러 작품 중에서 '우러나는 맛'이 있어 세상의 취향에 잘 부합된다. 이야말로 일을 기록하고, 형상을 만들어내며 정감을 다 드러내고 사물을 묘사하는데 가장 적합하지 않으리요!

4언은 두개의 구로 하나의 사건을 이야기하는데 반해, 5언시는 7언시만큼 장황하지 않으면서 동시에 적절한 다양성을 기할 수 있기 때문에 좋다고 본 것이다. 이후 오언시는 당대 율시와 절구에서 절정에 달한다. 종영의 5언 우열론은 이미 쇠락해가던 4언을 대상으로 전개된 것이며, 이러한 주장은 중국시의 발전 단계에 비추어 합당한 관점이라 할 수 있다.

적절한 함축과 시구의 단련이 가능한 5언이 지니는 우수성을 역설한 이 글에서 종영은 또한 '자미(滋味)', 즉 우러나는 맛이라는 심미적 관점을 제기했는데, 자미란 함축을 생명으로 하는 시에서 '뜻은 다하여도 맛이 남아 있음'을 주장한 것으로서, 음식의 맛을 문학적 함축과 여운으로 연결 설명하였다. 이러한 여백의 미학은 현학의 영향이면서 이후 송대에는 선학(禪學) 및 화론(畵論)과 서로 소통되면서 추상적 형상미(形象美)를 강화하는 방향으로 발전되었다. 종영은 시형식 면에서 여백의 미학인 자미를 담는 그릇으로서는 5언시가 적절하다고 본 것이다. 이러한 심미 태도는 단순히 형식미적 관점에서 그치지 않고, 다음 절에서 언급할 내적 자연 심미를 추구하는 자세와도 관련된다.

인간에서 자연으로: 자연 심미의 다양한 추구

위진 시대와 육조 시대 문예 사조의 핵심은 "인간 세상에서 벗어나 자연으로!"라는 말로 요약할 수 있을 것이다. 그 촉매는 한대의 유가적 중심 사유의 와해와 그 무너진 혼란 공간 중의 실망감과 방황 의식이다. 즉 육조인은 사회적 동란을 겪으며 불변하는 영속성을 자연 자체로부터 위안을 얻고자 하였는데, 자연의 추구라는 지향은 같았으나, 실제 도경은 상당한 차이를 보인다. 이제부터 위진 육조 문인이 자연을 추구했던 다양한 갈래들을 시대 순으로 고찰해보자.

동한(東漢) 이래 사회적 동란 중의 육조 문인들은 인간 존재의 유한함을 비애의 심태로 진솔하게 나타냈는데, 쓸쓸한 비감의 정조를 띠는 고시십구수(古詩十九首)[2)]와 건안시가 대표적 예이다. 이후 철권 통치하의 서진(西晋)의 죽림칠현은 산으로 도피하여 음주와 청담으로 소극적으로 대응하였는데, 이는 가장 전형적인 친자연의 은일 방식이다.

이어 영가(永嘉)년간에는 곽박(郭璞)과 유곤(劉琨)이 현실도피적 노장 사상으로 선계를 추구하거나 또는 추상적 사색으로 점철된, 유선시(遊仙詩)와 현언시(玄言詩)가 유행하였다. 이러한 인간세상으로부터 자연으로 향했던 경향은 다소 극단적 철학적 자연으로의 합일이라고 할 수 있을 것이다. 하지만 운율과 함축을 생명으로 시에서 철학적 사색과 비현실적 상상이 지나치게 부각됨으로써 시적 정감은 훼손되어 유행이 지속되지는 못하였다.

한편 동진(東晉)의 도연명은 은거지로서 깊은 산중을 택하지 않고 오히려 세속의 전원을 택했는데, 이러한 것은 파격적인 은거 방식이었다. 그는 세속과 마음의 고리를 끊고 자연 속의 합일을 추구하는 정신적 개인적 해탈에 치중하였다. 이러한 세속중의 은거는 일견 모순적으로도 보이나, 후에 유도불의 융합 사상인 성리학의 흥성과 함께 송대 사대부에 의해 크게 각광받았다.

남조 가운데 송(宋)나라의 사령운(謝靈運)은 귀양지 산수자연에 심취한 후로 산수문학을 개창했는데, 심미 대상으로서의 산수 자연 자체에 대한 본격적 찬미는 이전에는 없던 현상이다. 사령운은 이러한 실자연에 대한 찬미뿐 아니라 그 이면에 개재된 영속적 이치를 찾고자 노력하였는데, 이는 불교의 영향이다.

이후 귀족 중심의 궁정문학이 주도한 제량(齊梁) 시기에 자연은

---

2) 후한 시대 민간에 떠돌던 5언시들을 불특정한 문인들의 손을 거쳐 문자화된 19수의 시를 일컫는다. 『문선』 및 『옥대신영』 등에 수록되어 있으며, 고대 사화 중의 덧없는 인생에 대한 존재적 불안과 한계에서 우러나는 비애와 이별의 고달픈 삶등이 진술하게 투영되어 있다. 민간시에서 조비(曹丕) 등 건안칠자의 문인시로 넘어가는 과도적 성격을 지닌다.

죽림칠현(竹林七賢) 중 4명의 인물도

이미 실경으로서의 자연이 아니라 궁정과 저택의 정원등 인위적이며 조경적 자연으로 바뀌면서 영물화한다. 이렇게 육조 시대 말기에는 실제 자연으로부터 인위적 소자연으로 영물 대상이 바뀌고, 이에 더하여 육조에 지속적으로 추구된 변려풍과 불경 번역의 영향으로, 이제는 문학 작품인 시 자체를 또 다른 자연체로 인식하고 자연의 조화와 정돈을 구가하려는 움직임이 나타났으며, 심약의 사성 팔병설로 집대성된다. 이로써 한시는 율격적 틀을 갖추게 되고 당시(唐詩)에서 만개하게 된 것이다. 즉 제량 시기의 자연은 인위적 영물 대상이었으며, 이에 그치지 않고 자연의 조화가 문학적 장치 속에서도 드러날 수 있다고 하는 생각으로까지 이어져 육조 성률론을 배태하기에 이르른 것이다.

이상 위진과 육조 시대 문인의 자연 추구의 심미를 다시 요약하면 다음과 같다. 그들은 혐오스런 현실을 뒤로 하고 영속 불변의 자연속에서 진정한 가치를 찾고자 다각도로 모색하였으며, 그 결과 육조인의 자연의 추구는 다섯 가지 양상으로 나타났다. 그것은 죽림칠현과 같은 실재하는 자연으로의 은일, 다소 사변적인 유선(遊仙)과 현언(玄言)의 추상적 해탈, 도연명과 같은 전원 중의 평거(平居) 중의 정신적 해탈, 사령운과 같은 실제 산수 자연에 대한 유람과 감상, 그리고 실자연이 아닌 귀족 저택 중의 작은 사물 등에 대한 영물로 다양하게 전개되었다.

종영 문학의 주안점들

육조 시대 자연 추구 경향의 마지막 단계를 살았던 종영 역시 문학 방면에서 나름의 색깔을 보여준다. 그는 당시 궁정체 문학의 인위적 조탁에 반대하고 시어와 시의의 자연성을 회복하고자 했다는 점에서 의의가 있다. 그의 자연성의 강조는 내용과 수사의 적절한 조화, 시적 정감의 자연스런 표출, 과다하게 인위적인 전고 사용의 반대, 지나친 성률미의 반대 등으로 정리할 수 있을 것이다. 좀더 자세히 들여다보도록 한다.

그는 먼저 시경의 부비흥(賦比興)의 '단채(丹彩)', 즉 작법을 적절히 운용하면서 동시에 작가적 정신과 힘을 근간으로 할 때만이 감동력 있는 시가 된다고 했다. 제량 시기 궁체 시인들의 과도한 수사 경향에 대해 비판한 글을 보자.

> 성정(性情)을 읊는 시가 어찌 전고와 용사를 귀히 여기겠는가? … 고금의 훌륭한 시구는 대부분 깁고 빌려오지 않았으니, 대개 스스로 직접 찾은 말들이다. … 그 후 작가들은 더욱 전고에 젖어들어

하나의 흐름이 되었다. 마침내 매 구마다 빈 말이 없고, 말마다 전고가 없는 글자가 없으니, 억지스럽고 기운 듯하여 문장을 좀 먹는 일이 심해졌다.

사실 전고(典故)와 용사(用事)의 과도한 사용은 시적 정감을 떨어뜨린다. 육조 문인들의 전고 사용은 박학을 자랑했던 한부(漢賦)와 변려문의 영향이다. 종영은 지나친 전고를 반대하고 스스로의 시어를 찾아내야 한다고 했다. 포스트모더니즘 시대의 한 특징으로서 혼성모방이 합리화되기도 하지만, 마치 송대 강서시파와도 같이 남의 시구를 자신의 것으로 기워 만드는 것은 그다지 매력적인 일은 아닐 것이다.

다음으로 그는 지나치게 기교와 율격에 치우친 시 쓰기 방식에 대해서 반대하였다. 다음 글에서 당시 시풍에 대한 종영의 비판적 시각이 보인다.

> 성률론은 왕원장이 제창하고, 사조와 심약이 그 여파를 드날렸다. 여러 문인들이 이들을 따라 정밀함을 추구하고 번잡하고 세미함을 추구하여 서로 빼어나고자 하였다. 이에 문장에서 금기가 많아지고 참된 아름다움은 손상되었다. 시란 음송이 가능해야지 막히면 안 된다고 생각된다. 청탁이 순조롭고 입술이 조화를 이루면 그것으로 충분하다. 평상거입의 경우 나는 아직 이에 능하지 못하다.

종영의 주장은 귀족 시인들의 과도한 수사주의에 대한 경고이자,

사성팔병설을 제기한 심약(沈約) 등에 대한 반론이기도 하지만, 총체적으로는 자연성의 회복이라는 종영의 일관된 문학 주장이다. 물론 기교가 불필요한 것은 아니지만 한시는 종영이 말한 대로 시적 정감으로서의 자미(滋味)가 우러나야 한다는 말에 다름 아니다.

한편 윗 글에서 종영이 비록 시적 음률에 대해 반대하지는 않으면서도 음률적 조탁에 대해 완전히 자기화하지 않은 듯한 태도는 중국시사의 거시 관점에서 볼 때는 미흡한 부분이라고 할 수 있다. 시사적으로 육조시는 이미 시가 발생 초기의 노래로 불려지는 가시적(歌詩的) 단계를 벗어나, 지식인의 개인적 사회적 정서를 드러내는 글쓰기의 한 부분으로 자리잡아 가고 있었다. 이 과정에서 자연에 대한 경도와 함께 이미 음악성을 벗어나 격률을 살리는 음송적(吟誦的) 단계가 진행 중에 있었기 때문이다. 그리고 이는 당대 율시에서 꽃을 피웠던 것이다. 또한 송시에서는 청각적 아름다움에서 더욱 멀어져 한시 발전의 제3단계인 산문화된 설시적(說詩的) 단계로 나아가며 점차 시 장르 쇠락의 길을 걷게 되었던 것이다. 이러한 맥락에서 종영의 시사(詩史) 인식은 과도한 수사주의에 반대한 점은 인정되지만, 음악에서 음률로의 이행 단계에 대한 인식의 불충분도 드러내고 있다.

맺음말

중국 문학의 경우 한대까지는 독자적 문학 관념이 존재하지 않았으며, 주로 집단의 가치가 개인에 우선하였다. 하지만 유학이 구심력을 잃으면서 그 빈 자리에 위진 육조 문인들은 다양한 방식으로 개인적 서정을 표현하기 시작했고, 문학은 독자성을 드러내기 시작하였다.

종영의 『시품』은 한(漢)나라 시대부터 육조 시대까지의 5언시 작가 122인을 3등급으로 나누고 원류를 논한 본격적인 시가비평 전문 저작이다. 문학적 관점을 다룬 서문과 함께 시에 관한 비평가적 관점을 피력하였으므로, 어찌 보면 위진남북조 시기 몇 되지 않는 시가 비평서라는 점에서 의미가 크다. 중국에서 이러한 시가 비평은 후에 '시에 관한 이야기'라는 의미에서 '시화(詩話)'[3]라고 불렸으며, 그 창시자는 『육일시화(六一詩話)』를 지은 송나라 시대 구양수(歐陽修)였는데, 종영의 『시품』은 대표적 시인들의 등급을 매기고 원류를 따지며, 시의 장르적 특징과 비평가적 관점을 심도 있게 논하여 『문심조룡』과 함께 시화 형식을 갖춘 수준 높은 중국 문학 비평 초기의 전문 저작으로 자리매김된다.

종영은 시의 생명인 함축미를 강조하며 오언시의 우수성을 드날리고, 지나친 성률주의, 과도한 기교, 전고의 다용을 반대하여 시대적 폐단을 교정하고자 했으며, 나름의 기준으로 시인의 원류와 등급을 매긴 비평저작으로서의 틀을 갖추었다는 장점을 지닌다. 하지만 한편으로는 수많은 시인을 무리하게 재단하여 원류와 등급을 단

---

[3] 시에 관한 가구(佳句)와 품평 및 시인의 시와 관련된 언급 등, 시와 시인에 관한 다양한 논의를 별 체계 없이 기록한 책으로서, 송나라 시대 구양수의 『육일시화』가 그 효시이다. 초기의 시화는 단편적이고 산만하지만, 수많은 시인들에 의해 지어지며 명청 시대에 이르러 시화는 체계와 전문성을 모두 갖추며 수준 있는 시비평 저작으로 발전한다.

지 셋으로 나누는 도식화를 감행하여 지나친 편향성을 드러냈으며, 품평의 객관성도 유지하지 못했다는 점이 지적된다. 그럼에도 불구하고 『시품』을 통하여 육조 시학은 전문적인 시비평의 세계로 큰 걸음을 내딛었으며, 향후 중국 시화(詩話) 탄생의 효시가 되었다는 점에서 저자 종영은 한시 비평의 아버지라 칭할 만하다.

더 생각해볼 문제들

1. 위진 현학이 육조 시대의 시에 끼친 사상적, 문학적 영향은 무엇일까?

   사상적으로 혐오스런 인간세상을 대신하여 자연을 추구하는 은일자적 정신은 순문예의식을 꽃피웠으며, 문학적으로 구체적 묘사주의가 아닌 내면화된 사변주의 위주의 추상 심미를 강화하여 주었다.

2. 한자와 중국 시는 어떠한 면에서 상호 친연성(親緣性)을 지니는가?

   한자의 표의성은 의미의 다중성과 모호성을, 단음절성은 시형식의 율격화와 유음(類音)간의 연상 효과를, 고립어적 속성은 시구의 은유와 함축성을 강화하여 정감 표현을 중심으로 하는 시 장르의 발전에 큰 영향을 주었다.

3. 한시(漢詩)의 발전을 세 단계로 나눈다면 어떻게 구분 가능한가?

   제1기는 음악과 불가분의 노래하는 가시적(歌詩的) 단계이고 제2기는 격률 중심의 송시적(誦詩的) 단계이며, 제3기는 수필적 산문의 고시가 중심인 설시적(說詩的) 단계이다.

추천할 만한 텍스트

『시품 휘주』, 이휘교 역주, 영남대학교 출판부, 1983.

오태석(吳台錫)

동국대학교 중어중문학과 교수.
서울대학교 중어중문학과를 졸업하고 동 대학원에서 박사 학위를 취득했다.
주요 논저로 『황정견시 연구』(1991)와 『중국문학의 인식과 지평』(2001), 『황정견』(2003), 『송시사』
(공저, 2004)가 있다.

'문심(文心)'이란 문학을 창작할 때의 마음의 작용을 뜻한다. …
'문심' 뒤에 '조룡(雕龍)'이라는 말을 덧붙인 이유는
예로부터 문장이란 아름답게 다듬어 꾸미는 것을 본질로 하고 있기 때문이다.
… 문학 활동을 위한 심정과 미적인 표현형식을 분석하는 데 있어서는
전면적인 고찰을 통해 조리를 갖추었다. 상상력과 작가의 개성을 표현하고
풍격과 기세를 고려하면서 문장의 짜임새와 소통의 문제를 포괄하고
성률과 글자의 배열을 관찰했다.
「시서(時序)」편에서는 문장의 흥망성쇠를 다루었고
「지음(知音)」편에서는 작품 감상의 어려움을 탄식하였으며
「정기(程器)」편에서는 작가의 인품에 대한 견해를 피력했다.
그리고 「서지(序志)」편에서는 이 책의 취지를 깊은 회포를 담아
서술해냄으로써 전편을 매듭지었다.
— 『문심조룡』의 「서지(序志)편」에서

유협 (465?~520?)

몹시 가난한 집에서 태어난 유협은 젊은 시절에 정림사(定林寺)라는 절에서 불경(佛經)을 연구하고 그것의 간행을 도우기도 했다. 그 후 그는 『문심조룡(文心雕龍)』을 지어서 당대의 거물인 심약(沈約)에게 그 원고를 넘겨주었는데 심약은 그 책의 내용이 아주 해박한데 감탄하였다고 한다.
이를 계기로 유협은 임천왕기실(臨川王記室)과 기창조참군(騎倉曹參軍), 현령 등의 벼슬살이를 하게 되었으며, 또 동궁통사사인(東宮通事舍人)이라는 벼슬을 하기도 했는데, 이 동궁은 다름 아닌 『문선(文選)』의 편찬자인 소명태자(昭明太子) 소통(蕭統)이었다.

03

마음과 언어의 예술적 만남
유협(劉勰)의 『문심조룡(文心雕龍)』

김민나 | 서울여자대학교 동양어문학부 교수

언어-마음의 소리, 문자-마음의 그림

언어는 마음의 소리이며 문자는 마음의 그림이다.

『문심조룡(文心雕龍)』의 작가 유협(劉勰)은 『문심조룡』의 「서기」 편에서 양웅(揚雄)이라는 고대 작가의 말을 인용하여 언어문자와 마음의 상관관계를 명확하게 표현하고 있다. 또한 『문심조룡』의 서문에 해당하는 「서지(序志)」편에서는 『문심조룡』이라는 책이름(書名)이 갖는 의미를 풀어서 설명하고 있다.

'문심(文心)'은 문학창작이나 문학 감상 또는 문학비평 등의 활동을 하는 인간마음의 전체적인 움직임, 다시 말해서 언어를 매개체로 하는 예술 활동을 위한 인간의 정신과 감정 및 영감의 작용을 말한다. '조룡(雕龍)'은 문학은 언어예술이고 예술이 추구하는 것은 미적인 가치라는 것에 근거한 상징적인 용어로서 용을 조각하듯 문학을 구상하고 창작하는 전 과정은 세심한 주의력과 기교 등이 요구됨을 말한 것이다. 이러한 내용을 담은 『문심조룡』이라는 책이름을 오늘날의 용어로 재해석해 본다면 '문학 활동에 있어서의 마음의 작용과 언어문자의 예술적인 표현' 정도가 되겠다. 이제 간단한 해제를 통해 이 책의 주제는 다 밝혀진 셈이다.

유협은 이러한 그의 기본 논지를 단지 추상적인 이론으로 펴는 것에 그치지 않고 중국 고대의 문학현상을 시대 순으로 고찰하여, 구체적이고도 풍부한 실례를 바탕으로 객관성 있게 전개해 나갔다. 『문심조룡』은 그 구체적인 실례들을 통해서는 중국 고대문학 현상의 변화와 발전의 과정을 일목요연하게 보여주고 있다. 그리고 문학예술을 가능하게 하는 양대 지주인 '문학 활동에 있어서의 마음의 작용'과 '언어문자의 예술적 표현'에 관한 이론의 전개를 통해서는 시공을 초월하여 이 책의 요지를 파악하고 활용하려는 모든 이들에게 많은 시사점을 던져주고 있다.

예술정신이 충만한 시대를 살았던 작가 유협

『문심조룡』은 중국 진시황의 진나라가 건국되기 이전인 기원전 12~13세기경에서 『삼국지』의 배경이 된 삼국 시대를 조금 지난 서기 6세기 무렵까지의 문학 현상을 시대 순으로 관찰하고 연구하여 이론으로 집대성시킨 중국 고대의 문학이론서이다.

역사적인 저작 연대는 501~502년 사이로 추정되며, 작가는 5세기에서 6세기에 걸쳐 살았던 유협(劉勰)이라는 사람이다. 중국의 미학자인 종백화(宗白華)는 그의 『미학과 의경』이라는 책에서 이 시기의 시대적인 특성을 다음과 같이 설명하고 있다.

한나라 말엽에서 위진·육조 시대 — 중국의 4세기에서 6세기 — 는 정치적으로는 가장 혼란스럽고 사회적으로는 가장 고통스러운 시대였다. 그러나 오히려 정신사(精神史)적으로는 최고의 자유와 해방을 구가하고 지혜와 열정이 가장 풍부하고 농후했던 시기였다. 때문에 예술정신 역시 가장 풍요로웠던 시대였다.

작가 유협은 당시 소외된 지식인의 신분으로 많은 책을 보유하고 있던 정림사(定林寺)라는 절에서 중국의 고적들을 정리하는 일을 하였다. 중국고전에 대한 해박한 지식은 『문심조룡』저작에 커다란 밑거름이 된다. 유협은 가난하여 결혼도 하지 못했으며 일생 고적을 정리하고 문서를 살피는 낮은 관직에 종사하였다. 당시 유협은 문장실력을 인정받아서 유명한 승려들의 비문을 쓰기도 하였다. 『문심조룡』을 제외한 유협의 저작 중 『멸혹론(滅惑論)』과 「양건안왕조염산석성사석상비(梁建安王造剡山石城寺石像碑)」한 편이 오늘날까지 전하고 있다.

유협은 역대의 문학 활동에 대한 반성과 사색을 통하여 기존의 문학이론서들과는 차별화 된 종합적인 문예이론서를 창작해냄으로써 후대의 문학연구에 보탬이 되고자 하였다. 그리고 이를 통해 자신의 이름이 영원히 기억되기를 바랐다. 안타깝게도 유협은 생전에 『문심조룡』으로 인한 명성을 누리지는 못했다. 그러나 중국 고대

문학이론의 집대성이자 동양의 문예학 고전이라고 할 수 있는『문심조룡』을 완성함으로써 비록 사후이기는 하지만 후대의 문학연구에 대대적인 기여를 하였을 뿐만 아니라 이를 통해 불후의 명성도 얻게 된다.

육조(六朝)[1] 시대의 지식인들은 개인보다는 단체가 우선이었던 이전 가치의 속박으로부터 벗어나 개인의 감정과 삶의 가치를 긍정하고 중시하게 되었다.

감상활동의 주체가 되는 '정신', '뜻', '감정' 등 개인의 내면적인 가치를 중시하였을 뿐만 아니라 미감을 불러일으키는 대상의 형식 자체, 외적인 모습, 언어 문자 표현 자체, 언어 문자의 수식적인 아름다움이나 외적으로 드러나는 여러 장식들(采)의 미적인 특질도 중시하였다. 이러한 관점은 인물의 아름다움이나 자연의 아름다움과 예술의 아름다움을 감상할 때 모두 공통적으로 반영되고 있다.

문학 작품을 감상할 때도 작가의 개성이 드러나면서도 언어문자 표현이 아름다운 작품을 선호했다.

이에 문인들은 문예 활동의 매개체인 언어문자에 대한 반성과 고찰을 하였으며 이러한 과정들을 통해 작품의 예술적인 형식미를 다

---

1) 위(魏)나라 촉(蜀)나라 오(吳)나라가 대립했던 삼국시대에서 시작되는 위진남북조(魏晋南北朝) 시기에 중국의 남방을 중심으로 건국되었던 여섯 왕조인 오(吳)나라, 진(晉)나라, 송(宋)나라, 제(齊)나라, 양(梁)나라, 진(陳)나라를 말함. 진나라는 서진과 동진으로 나뉘어 진다. 건강(建康)-현재의 남경-으로 수도를 옮긴 동진 시대부터 건강을 중심으로 건립된 송나라, 제나라, 양나라, 진나라를 남조(南朝)라고 말하기도 한다.

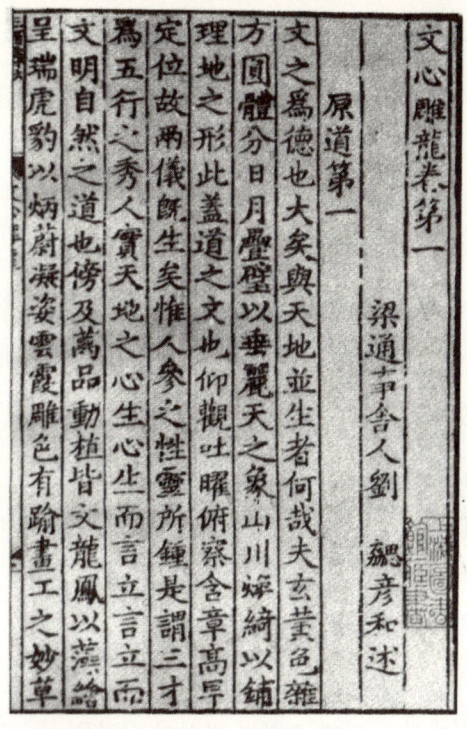

『문심조룡(文心雕龍)』의 본문

각도에서 추구하게 되었다.

개성과 예술의 형식미에 대한 자각으로 인해 문학에 대한 가치가 새롭게 인식되고 문예 관념이 성숙해졌다. 이에 따라 선진 시대 이후로 축적 되어 온 문학유산과 당대의 저작들에 대한 비평과 반성이 이루어졌다.

유협은 이전의 창작 성과와 문학 평론들을 총괄하고, 여기에 나름의 창조적인 견해들을 더하여 이를 체계화함으로써 마침내 비교적 완전한 체계를 갖춘 문예 이론서인 『문심조룡』을 완성한다.

문학 활동을 가능하게 하는 본질적인 요소
―감정과 예술적인 언어표현
유협은 문학 활동에 있어서 감정과 예술적인 언어표현을 중추로 하여 밀접하게 연결되어 있는 작자와 작품과 독자의 관계를 다음과 같이 말하고 있다.

> 작품을 창작하는 사람은 정감이 일어나면 그것을 언어 문자로 표현하며 작품을 보는 이는 언어 문자의 표현 형태를 통해서 작자가 표현하고자 했던 감정의 세계로 들어간다.

작자의 입장에서 본다면 작자는 자신의 감정을 예술적인 언어문자로 표현하는 것이다. 작품을 중심으로 생각해보면 작품은 그 자체가 하나의 예술적인 언어 표현의 형태이며 이러한 예술적인 표현 형태는 내적으로 작자의 감정을 담고 있는 것이다. 그러므로 작품의 형식을 이루는 언어 표현과 작품의 내용을 이루는 감정이 조화를 이룰 때 비로소 이상적인 문예 작품으로서의 특성을 연출하게 된다. 독자의 입장에서 살펴보면 독자는 우선적으로 작품의 언어 표현을 접하게 되고 이를 통해 작자의 감정을 나름대로 이해하게 된다. 이렇게 본다면 예술적인 언어 표현은 문예작품의 미적 특성을 구체적으로 드러내는 영역이고 감정은 문학 활동(창작과 감상)

자체가 가능하도록 하는 본질적인 요소라고 할 수 있다.

『문심조룡』의 문예이론은 감정과 예술적인 언어 표현이라는 양대 요소를 중심으로 작자의 창작 활동과 독자의 감상 활동 및 작품의 이상적인 스타일에 관한 논의를 골자로 하고 있다.

작가의 창작활동
유협은 외부의 현상에 감동을 받고 창작의 충동을 느끼고 상상력을 통해 문예구상을 이루고 이를 언어 문자로 표현해내는 과정을 창작을 하는 작가가 겪게 되는 심리 역정(歷程)이라고 보았다.

> 계절에 따라 각기 다른 풍경이 있고 그 풍경들은 나름대로의 특수한 모습들을 지닌다. 감정은 풍경에 따라 변화하고 언어문자의 표현은 감정의 흐름에 따라 생겨난다.

작자는 외계의 사물에 대한 미적 경험을 통해(感物) 창작 충동을 느끼게 된다(興情).

작자는 외계현상에 대해 미적 경험을 하고 창작충동을 느끼게 되면 상상력을 통한 구상의 단계로 진입하게 된다.

> 문학의 구상에 있어서 상상력의 범위는 참으로 크다. 그러므로 조용히 생각을 모으면 천년의 삶도 접할 수 있고, 천천히 얼굴을 움직이면 만 리도 내다볼 수 있다. 글을 읊조리는 중에 주옥같은 소리가 나오고 눈앞에는 바람과 구름의 변화 많은 모습이 펼쳐진다. 이는 모

두 상상력의 극치를 말하는 것이 아닌가.

창작 구상에 있어서 상상이 필요한 궁극적인 목적은 문학적 이미지를 창조해내는 데 있다.

생각이 진행되는 이치란 오묘한 것이라서 정신과 외계사물이 서로 만나 노닐게 한다. 정신은 마음에 있고 의지와 기질이 그것을 통제하는 관건이 된다. 외적인 사물이 눈과 귀를 통해 정신과 접촉될 때 언어는 그것을 표현하는 수단이 되는 것이다. 표현수단이 잘 소통되면 표현하고자 했던 사물의 모습은 숨김없이 나타날 것이며 관건이 막히면 정신은 가슴속으로 숨게 된다. 상상 사유가 순조롭게 진행되지 않는다.

상상 사유를 통해서 창조되는 문학적 이미지는 작자가 접했던 사물자체가 아니며 작자 감정의 단순한 투영도 아니다. 상상 사유의 이치가 오묘한 것은 실제적인 사물이 작자의 마음속에서 문학적 이미지로 전환되어 작가의 감정과 대상의 특징을 예술적으로 융화시킨다는 데 있다.

그렇다면 상상 사유 활동의 순조로운 진행을 위해서는 어떻게 해야 할까? 유협은 그것이 원활히 진행되도록 하기 위해 작자가 취해야할 마음의 상태와 수양방법을 제시하고 있다.

문예구상력을 훈련하는 데 있어서는 잡념이 없는 고요한 심경이 중요하다. 신체를 깨끗이 하고 정신을 맑게 하여 배움을 쌓아 지식의 보고들을 모으고, 이치를 헤아려 타고난 재능을 풍부히 가꾸고 이전 것들을 연구하여 환히 알도록 하며 생각의 흐름을 질서 있게 배열하도록 훈련한다.

문학은 작자의 구상에 의해 창조되는 것이다. 작자가 현실생활 가운데서 느끼고 생각한 것들을 언어 문자로 형상화하기 위해서는 반드시 마음의 잠재적인 역량이 충분히 발휘되어야한다. 정신이 맑고 기운이 충만하고 심정이 차분하게 안정된 상태가 되어야 작자는 창조적인 상상 활동을 전개시킬 수 있고, 이를 적절한 언어 문자로 표현해냄으로써 문예 작품을 완성하게 되는 것이다. 때문에 작자의 문예수양문제는 작자의 창작 활동을 논의함에 있어 빼놓을 수 없는 부분이라고 유협은 말하고 있다.

작품의 이상적인 스타일
유협은 작자에게 창작 충동을 느끼게 한 감정이 작품의 내용을 이루며 이를 형상화시킨 언어 문자의 표현 자체가 작품의 형식을 이룬다는 것을 명확히 인식하고 미적인 언어 표현이 결여된 작품이나 참다운 내용이 없이 화려한 수식만을 구사한 작품 모두를 비판하고 있다. 유협은 내용과 형식이 조화를 이룬 작품이 지니게 되는 스타일의 특성을 분명하게 인식하고 있었다. 그리고 이러한 인식을 바탕으로 작품의 이상적인 스타일을 제시하고 있다.

유협은 작품이 이상적인 스타일을 이루기 위해 갖추어야할 내용적인 면과 형식적인 면에서의 요건으로 다음의 세 가지를 요구하고 있다. 첫째, '풍(風)'이라는 것으로서 작자 개인의 감정과 생명력이 작품에 녹아들어 정취를 이룰 때 작품이 지니게 되는 감동력, 둘째, '골(骨)'이라는 것으로서 작자의 언어 문자의 활용 능력에서 비롯되는 어휘의 적절한 배치와 작품 구성의 치밀성, 셋째, '채(采)'로서 미적인 언어표현을 가리킨다. 유협은 이 세 가지 요건이 구비된 작품이야말로 이상적인 스타일을 이룰 수 있다고 말하고 있다. 이 중에 어느 하나가 결여되어도 완전한 작품의 스타일을 이루어낼 수 없음을 「풍골(風骨)」편에서 다음과 같이 말하고 있다.

꿩이 비록 찬란한 외양을 갖추고 있어도 백 걸음의 거리밖에 날지 못하는 것은 살이 쪘어도 힘이 부족한 때문이다. 이에 반해서 매는 화려한 외양은 갖추고 있지 못하나 한번 날개 쳐서 높은 하늘을 나는 것은 골격이 굳세고 기운이 세기 때문이다. 작품의 생명력에도 이와 같은 것이 적용된다. 감동시키는 힘과 구성의 치밀함을 갖추고 있어도 미적인 언어표현이 결여되면 그것은 문학의 수풀에 매 떼가 모여드는 것과 같으며, 언어표현은 화려하나 감동시키는 힘과 치밀한 구성이 결여되면 이는 문학의 동산에 꿩이 도망쳐 들어오는 것이나 마찬가지이다. 외양도 아름다우면서 높이 날 수도 있는 작품이라야 문학에 있어서 봉황이 되는 것이다.

작품의 '풍'과 '골'은 높이 나는 새의 날개 짓과 같이 작품에 새로운 활력을 불어넣어 작품으로 하여금 생명력을 지니게 하는 요소이며, 작품의 '채'는 미적인 언어 표현으로 작품의 형식미를 이루는 요소가 되는 것이다.

사실 유협이 논의하고 있는 작품의 '풍', '골', '채'는 예술적인 가치를 지니는 문예 작품이 지니게 되는 독창성과 외재적인 형식미와 미감을 불러일으키는 힘을 의미하고 있다. 그리고 유협은 문예 작품이 지니게 되는 이러한 이상적인 특성들은 결과적으로는 작품의 내용과 형식이 적절하게 조화를 이룬 상태에서 발휘된다는 것이다. 때문에 유협은 곳곳에서 작품의 내용을 이루는 작자의 감정과 작품의 형식을 구성하는 언어표현의 문제를 언급하고 있다.

미적인 언어표현, 감동을 주는 내용, 치밀한 구성이 어우러져 각 작품의 미적인 분위기를 연출해낼 때 각 작품은 나름의 이상적인 스타일을 이루어 낼 수 있다는 것이 작품의 스타일에 대한 유협의 견해이다.

독자의 감상 활동

유협은 작품의 예술적 가치는 객관성이 있으므로 감상 활동을 통해 그것을 파악하고 느낄 수 있다고 하였다. 그리고 작품의 예술적 가치를 정확하게 파악하고 이로부터 감상의 기쁨을 얻는 이상적인 감상 활동을 가능하게 하는 관건은 바로 독자의 감상 능력에 있다고 보았다. 때문에 유협은 광범위한 학식과 풍부한 감상 경험 등 독자의 예술수양을 강조하고 있다.

천 개의 곡조를 다룬 후에야 명곡을 알게 되고 천 개의 칼을 본 후에야 명검을 알게 된다. 때문에 편견 없는 감상법을 위해서는 우선 많은 작품을 보아야한다. 높은 산을 보고 나면 작은 언덕의 형체를 알게 되고 큰 바다를 보고 나면 도랑의 물은 미루어 짐작할 수 있게 된다. 작품을 감상할 때 그 비중을 다루는 면에서 사심을 넣지 말고 애증에 편벽되지 않아야 한다. 그런 후에야 저울처럼 공평하게 이치를 평할 수 있고 거울처럼 맑게 작품의 어휘사용을 살필 수 있는 것이다.

그러면 독자의 감상활동에 있어서 유협이 말하는 "문학작품을 제대로 이해한다는 것", 즉 지음(知音)의 구체적인 내용은 무엇인가? 그것은 작품의 독창적인 면모와 예술적 가치를 발견하고 이해하여 느끼는 것임을 다음과 같이 말하고 있다.

> 옛날 굴원이 말하기를 "문사의 지나친 꾸밈도 없고 내용도 충실한데 사람들은 나의 독창적인 면을 알지 못한다"고 하였다. 독창적인 면을 보아내는 것은 올바른 감상을 하는 것 즉 '지음'뿐이다.

예술 작품은 개인 창작의 산물이다. 따라서 그 가운데는 반드시 나름의 독창적인 특성이 있다. 독창적인 특성이 없는 작품은 예술적인 가치를 지니고 있다고 하기 힘들다. 성공적이지 못한 작품 즉 유협이 「여사(麗辭)」편에서 말했듯이 "작품의 기세에 새로움이 없고 어휘사용에도 독창성이 없이 대구만을 늘어놓은 글"은 읽는 이들의 "졸음만을 부를 뿐인 것이다".

일반적으로 예술 감상이 가능하기 위해서는 그 예술영역에 대한 어느 정도의 조예가 있어야 비로소 감상의 단계로 진입할 수 있다. 더 나아가서 작품의 예술적 성취와 가치를 파악하기 위해서는 더 전문적인 예술 지식이 필요하다. 그러므로 유협이 논한 독자의 감상활동은 독자가 작품에 대해 임의적인 느낌을 갖는 활동만을 가리키는 것이 아니다. 독자가 작품에 대해 깊이 있는 이해를 함으로써 작품의 형식과 내용이 연출해내는 예술 가치를 보아내고 이를 통해 감상의 기쁨을 향유하게 되는, 객관적인 심미적 판단까지를 포함시킨 수준 높은 감상 활동을 가리킨다.

본질적인 차원에서 문학예술을 탐구한 동양의 문예학 고전
중국 근대 문학의 거장인 루쉰(魯迅)은 일찍이 서양의 아리스토텔레스의 『시학』에 필적할 동양 문예학의 고전으로 『문심조룡(文心雕龍)』을 들고 있다. 『문심조룡』에서 논의되고 있는 문예학의 기본 범주는 바로 문학 활동에 있어서의 마음의 작용과 언어 문자의 예술적 표현의 문제인 것이다.

그리고 유협은 작자와 작품과 독자가 어우러져 이루어내는 문예 활동을 문학의 차원에서 논하는데 그치지 않고, 한 차원 더 높여 전 우주자연의 질서와 그 질서 속의 일환으로 형성된 인간의 문화와 관련지어 논했다. 유협은 문학을 언어문자로 이루어진 문화의 한 형태로서 파악했다. 즉 유협은 문학의 제반현상을 논함에 있어 역사와 문화의 전체성을 함께 고려했다. 우주와 사회문화 현상 속에서 우주만물의 현상 ─ 『문심조룡』에서는 이를 '도지문(道之文)'으

로 표현하고 있다 —, 사회문화의 현상 —『문심조룡』에서는 이를 '인문(人文)'으로 표현하고 있다 —, 문예미학의 세계 —『문심조룡』에서는 이를 인간의 정서와 감정에 비중을 두어 '정문(情文)'이라 표현하고 있다 —, 이 삼자가 기본적으로 공통되는 하나의 질서 —『문심조룡』에서는 이를 '도(道)'라 표현하고있다 — 속에 통합되어 서로 간에 긴밀한 연계를 맺으며, 나름의 질서를 유지해간다고 파악하였다.

그러므로 문학의 문제를 중국 고대의 사상과 문화의 발전과 긴밀하게 연계시켜 우주론 본체론의 차원까지 끌어올림으로써 하나의 광대한 사상의 시야로 문학의 본질을 파악해 보려했던 것이다. 유협의 본질적인 차원에서의 문예 탐구는『문심조룡』에 나타난 내용들이 시공을 초월하여 공감을 불러일으킬 수 있도록 하는 원인이 된다. 즉 유협의『문심조룡』은 당시의 문학의 흐름을 가장 잘 반영하면서도 반성적인 고찰을 통해 그 시대의 한계를 넘어선 보다 보편적인 내용의 문학이론을 전개했다는 데 그 탁월성을 나타내고 있다.

『문심조룡』에서 논의되고 있는 문학의 문제들을 한 지면을 통해 상세히 논한다는 것은 사실상 불가능하다. 이는『문심조룡』이라는 서적 자체의 체제가 워낙 방대하고 논의하고 있는 문제들이 너무나 다양하기 때문이다. 이 글은『문심조룡』이라는 책이름에 함축되어 있는 핵심적인 주제에 초점을 맞추어『문심조룡』의 주요내용을 간략하게 개괄한 것에 불과하다.

우리는 서양의 논리와 이론에 너무 길들여져 있어 중국 고대의

조룡지(雕龍池)

'문학 이론' 하면 호랑이 담배 피던 시절의 이야기쯤으로 고리타분하게 여기게 되고, 사용된 언어가 한자(漢字)라는 것 자체로부터 뭔가 개화되지 않은 수구적인 인상을 받게 되는 경우가 많다.

이제 이러한 편견을 벗어버리고 한 걸음 가까이 다가가 『문심조룡』안에서 문학 현상의 제반 문제에 대한 주옥같은 내용들을 많이 섭렵하기를 권하고 싶다. 현대의 문학이론서들에서 논의되고 있는 여러 주제들이 이미 『문심조룡』안에서 언급되고 있음도 알게 될 것이며 방대한 체계로 다양한 주제의 이론을 전개하면서도 확실한 이론의 골격을 구성하고 있다는 것도 발견하게 될 것이다. 중국 문학이론이 논리적일까 하는 의문이 있는 독자는 이 책을 꼭 읽어보기를 바란다. 중국 고대의 문학현상을 일목요연하게 이해하고, 중국 문학은 물론 어느 시대 어느 문학 현상의 연구에나 적용 가능한 보편적인 내용의 문학이론을 섭취하는 데는 더할 수 없는 보고(寶庫)가 될 것이다.

더 생각해볼 문제들

1. 근대화 이전까지 거의 절대적인 중시를 받아왔던 동양 고전의 가치를 오늘날에 부활시키는 일은 가능한가?

    '동양적인 것'은 곧 구태의연하며 전근대적이라는 편견을 버리고 고전 텍스트 자체의 역사적이면서도 보편적인 가치를 객관적으로 보려는 노력이 필요하다.

2. 동양 문예학 고전의 현대적 활용은 가능한가?

    고전이 지니고 있는 가치를 오늘날에 되살려 문학 활동에 풍성한 원료를 공급하기 위해서는, 고전을 현대적으로 재해석하여 소개할 필요가 있다.

3. 『문심조룡』이 오늘날에 와서 동양 문예학의 집대성으로 높이 평가받을 수 있는 본질적인 이유는 무엇인가?

    창작과 감상을 포함한 문학활동 전반에 대한 보편적인 사유를 가능하게 하는 책이기 때문이다. 『문심조룡』은 역사적인 가치와 보편적인 가치를 동시에 갖추고 있으므로 중국 문학의 역사는 물론, 문학의 본질을 이해하는 데도 매우 유용한 책이다.

추천할 만한 텍스트
1. 『문심조룡 · 동양 문예학의 집대성』, 유협 지음, 김민나 옮김, 살림출판사, 2005.
2. 『문심조룡』, 유협 지음, 최신호 역주, 현암사, 1975.

김민나(金民那)
서울여자대학교 동양어문학부 교수.
『문심조룡』을 비롯한 중국의 고전 문학 이론과 미학이 가장 발달했던 육조(六朝)라는 시대 상황에 흥미를 가지고 연구를 진행 중이다.
저서로는 『文心雕龍的美學』, 『이하시선』, 『유신시선』, 『서곤체시선』, 『문심조룡』 등이 있으며, 「중국 고전 문학 이론의 현대적 활용 문제에 관한 고찰」, 「文心雕龍書名所含有的文藝美學意義」, 「세설신어(世說新語)'에 표현된 위진(魏晋) 명사(名士)의 심미관(審美觀)· '상예편'을 중심으로」, 「'문심조룡'의 문예 창작 미학론」 등 국내와 해외에서 발표한 다수의 논문이 있다.

문장이라는 것은 도(道)를 엮어서 담는 그릇이다.
그러므로 이 도에 깊이 나아가지 않고서 훌륭한 글을 쓸 수 있는
경지에 이른 사람은 없다. … (선생께서는) 만고를 깊이 살피고
당세를 안타까이 여겨 드디어 쓰러져 가는 문장의 풍조를 바로잡아 사람들이
스스로 바른 글을 쓰도록 가르치셨다. 당시의 사람들이 처음에는 놀라다가
다음에는 비웃고 배척하였으나 선생이 더욱 굳건하시니
마침내 휩쓸리듯 따르게 되었다. 아! 선생이 무너진 문장의 도를 바로잡은
공을 무예의 일에 비유하자면 웅장하고 위대하며 걸출하다고 할 수 있을 것이다.
―이한(李漢)의 『창려선생집』 「서문」 중에서

한유 (768~724)

중국 당나라의 문인이자 사상가이다. 자는 퇴지(退之)이며 선조가 창려(昌黎) 출신이므로 한창려라고도 했다. 관료 집안에서 태어났으나 3세에 고아가 되어 형수의 손에서 자랐으며 어려운 환경에서 학문에 정진하여 유가를 비롯한 제자백가의 학문을 두루 섭렵했다. 25세에 진사시에 합격하고 경조윤 등 여러 벼슬을 거쳐 이부시랑에 이르렀으며 57세로 생을 마쳤다. 조정에서 예부상서의 관작과 함께 문(文)이라는 시호를 추증하여 한문공(韓文公)으로 불리기도 했다.

사상적으로는 도가와 불가를 배척하고 유가의 정통성을 적극 옹호·선양했다. 그의 시는 300여 수가 남아 있는데 독특한 표현을 추구하여 일가를 이루었으며 문장에 있어서는 유종원(柳宗元)과 함께 고문운동을 주도, 산문의 새로운 경지를 개척하여 당송팔대가(唐宋八大家)의 머리를 차지하였다. 사위이자 문인인 이한이 한유의 사후에 그의 시문을 모아 『창려선생집』을 간행한 것이 전해진다.

04

바르고 참된 산문 정신
한유(韓愈)의 『창려선생집(昌黎先生集)』

이세동 | 경북대학교 중어중문학과 교수

암벽 속에 숨은 동산

어린 시절, '한유'는 몰랐지만 어른들의 어깨 너머로 '한퇴지'는 자주 들었다. 이제, 그 어른들의 담소는 아련한 추억 속의 일이 되어 버렸으나 언제부턴가 어깨 너머 견문 덕에 한퇴지는 '글 잘하는 사람'으로 필자의 기억에 자리 잡았고, 이 땅의 늙은 선비들을 그토록 매료시킨 그의 글이 궁금하기도 하였다. 그럭저럭 세월이 흐른 뒤 '퇴지(退之)'는 한유의 자이고 그의 이름 뒤에 수식처럼 붙어 다니는 '당송팔대가'니 '고문운동'이니 하는 따위의 이야기도 듣게 되었다.

중국 문학의 숲을 탐색하면서, 귀로만 듣다가 눈으로 만난 한퇴지는 산이었다. 암호처럼 놓여있는 난해한 글자들과 그 암호들의 기이한 조합이 빚어낸 문장은 산 가운데에서도 암벽으로 뒤덮인 험준한 고산이었다. 부실한 장비를 믿고 호기롭게 그 암벽을 타다가 발을 헛디디기 일쑤였고, 반복되는 실족은 성급한 좌절과 회의를 안겨주었다. 아! 이것이었던가? '글 잘하는 한퇴지'의 진면목이 이것이었던가? 그래서 사람들은 한유의 문장을 '기이하고 험난하다' 하였고, 눈 밝은 선비들은 이 기험함을 그토록 칭송하였단 말인가?

아닐 것이다. 공자도, "언어는 의사를 전달하기만 하면 된다"면서 언어의 간명함을 강조하였을진대, 천여 년의 긴 세월 동안 한유의 산문이 칭송을 받아온 것이 기험함 때문만은 아닐 것이다. 아마도 그 기험의 이면에는 또 다른 세계가 갈무리되어 있으리라. 숨을 고르고 오독의 실족을 무릅쓰면서 그 기험한 바위산을 다시 올라보리라. 어느 순간, 좌절은 격려가 되어 장비를 다시 점검하게 하였다. 신발 끈을 고쳐 매고 자일을 부여잡으며 조심스레 발을 옮겨갔다. 차츰 실족의 횟수가 줄어들면서 시야가 가늠되기 시작하였고, 암벽 속에 숨어있던 부드러운 토양은 어느덧 정겨운 동산을 만들어 가고 있었다. 바위산이 동산으로 다가오던 그 지점에서, 동산 곳곳에 숨어 있는 싱그러운 풀내음과 맑은 꽃향기가 코끝을 스쳤다. 풀내음처럼 신선한 수사와 꽃향기처럼 저며드는 서정이 한없는 설레임으로 다가왔고, 그 설레임을 좇아 하염없이 걷다보니 굽이굽이 능청대던 동산은 다시 강물이 되어 도도한 논설로 넘실대고 있었다. 그랬다! 이것이었다. '글 잘하는 한퇴지'의 진면목은 이것이었다!

한유의 삶과 문학

한유는 768년, 장안에서 벼슬하고 있던 한중경(韓仲卿)의 막내아들로 태어났다. 부모와 위로 세 명의 형들이 모두 일찍 죽어, 11살부터 형수 정씨만이 한유의 유일한 보호자였으니 고단했던 어린 시절이었다. 그의 가문은 명문은 아니었으나 하양(河陽), 즉 지금의 하남성 맹주시(孟州市)에 뿌리를 둔 관료 집안이었다. 아버지 한중경은 여러 곳의 지방관을 지내며 선정을 펼친 것으로 알려져 있고, 맏형 한회는 재상의 인정을 받아 한 때는 황제의 측근에서 근무하기도 하였던 유능한 인재였다. 고단한 유년이 한유에게 주어진 운명이었다면, 관료로서의 삶을 소망함도 그에게 주어진 환경적 운명이었던 셈이다.

어려서부터 배우기를 좋아하여 일곱 살 때 이미 자연스런 문장을 지을 수 있었던 한유는 19세 되던 786년에 과거에 응시하고자 상경하였다. 당시의 과거는 여러 종류가 있었으나 예부(禮部)에서 주관하는 진사시(進士試)를 거쳐 이부(吏部)에서 주관하는 박학굉사과(博學宏辭科)에 합격하는 것이 엘리트 코스였다. 그러나 한유는 진사시에 세 번이나 낙방하였고, 진사시에 합격한 뒤에도 박학굉사과에 또 세 차례 낙방하였다. 진사시의 답안은 변려문(駢儷文)으로 작성하는 것이 관례였지만 한유는 변려문을 좋아하지 않았고, 박학굉사과를 주관하는 이부는 문벌 귀족들의 아성이어서 배경 없는 신진사류들의 관계 진출을 꺼려하였다. 관료로서의 입신을 소망하던 한유에게 시대 환경은 그리 호락호락하지 않았던 것이다.

25세에 네 번째 치른 진사시에 어렵사리 합격하였으나 이부의 시험에는 번번이 실패하였다. 부득이 절도사의 막료로 5년의 세월을 보낸 한유는 34세에 낙수(洛水)로 낚시 여행을 갔다가 낙양의 혜림사에 묵으며 유명한 기행시「산석(山石)」을 짓게 된다. 황혼부터 이튿날 아침까지 시간의 변화에 따라 바뀌는 산속의 풍광을 생동감 있게 표현한 이 시는 신선한 언어와 고결한 회포가 어우러져 그의 대표작 가운데 하나가 되었다.

많은 평론가들은 한유 시의 특징을 "문장으로 시를 지었다"고들 하였다. 시에서도 산문에서처럼 서술적인 표현을 즐겨 사용하고 언어의 형식 역시 산문과 유사한 작품이 많기 때문일 것이다. 한편에서는 그의 시가 표현이 어렵고 기괴하다고도 한다. 그러나 폄하에 가까운 이러한 평에도 불구하고 그의 시에는 그의 시만이 가지는 매력이 있다. 독특한 구상과 창조적인 언어의 운용, 그리고 이러한 기법들로 빚어낸 웅장한 기세 등은 그의 시의 장점들로 평가되어야 할 것이다. 위에서 이야기한「산석」이나「장적(張籍)에게 장난삼아 드림」·「8월 15일 밤에 공조참군 장서에게 드림」·「좌천되어 가다 남관(藍關)에 이르러 종손자 상(湘)에게 보임」등이 그의 대표작으로 손꼽힌다.

한유는 802년 35세에 드디어 이부의 시험에 합격하여 사문박사(四門博士)가 되었다. 비록 하급관료의 자제들을 교육하는 보잘 것 없는 직책이었지만 19세에 상경한 이래 16년 만에 중앙 관료가 된 것이다. 이후 회서(淮西)로 출정하기까지 15년 동안 한유는 중앙과 지방을 오가며 좌천과 강등으로 얼룩진 장년기를 보냈다. 817년 7월, 이미 노년기에 접어든 50세의 한유는 배도(裴度)의 행군사마

(行軍司馬)가 되어 회서를 평정하고 개선하였다. 오원제(吳元濟)의 반군을 평정하기 위해 편성된 진압군 사령관 배도가 한유를 자신의 참모로 추천하였던 것이다. 한유의 벼슬길에서 가장 화려한 업적이었던 이 회서평정은 그에게 법무부차관격인 형부시랑에 임명되는 영광을 가져다줌과 동시에 중앙 정계에서 그의 지위를 다지는 계기가 되었다.

이 시기에 한유는 헌종(憲宗)의 칙명에 따라 「회서(淮西)를 평정한 기념비문」을 지었다. 『서경』을 모방한 산문 형식의 서(序)와 『시경』을 모방한 운문 형식의 명(銘)으로 이루어진 이 글에서 한유는 그의 학식과 문학 재능을 유감없이 발휘하였다. 대당제국(大唐帝國)의 위대함과 왕조 통치의 정당성을 찬미한 내용이 현대적 감각과 동떨어져 오늘날 별반 주목을 받지 못하는 듯하지만 종래 당문제일(唐文第一), 즉 '당나라 최고의 글'이라는 평을 받아온 글이다. 고전의 문체를 창조적으로 운용하여 고박한 문체로 유장하게 회서평정의 전말을 기록한 이 글에는 한유 산문의 특징적인 면모들이 잘 드러나 있다.

819년 정월에 헌종은 장안 서쪽의 법문사(法門寺)에 봉안되어 있던 부처의 손가락뼈를 궁중으로 맞아들이라는 명령을 내렸다. 불교가 성행하는 것을 못마땅해 하던 한유는 즉각 상소를 올려 이 일의 불가함을 논하였다. 이 「부처의 뼈를 논한 상소문」은 조정을 발칵 뒤집어 놓았고, 특히 동한에서 불교를 받든 이후부터 천자들이 모두 요절하였다는 내용은 황제를 격노케 하였다. 한유의 운명을 바꾸어 놓은 이 글은 불교에 대한 이해 부족과 논리적 하자 등 내용

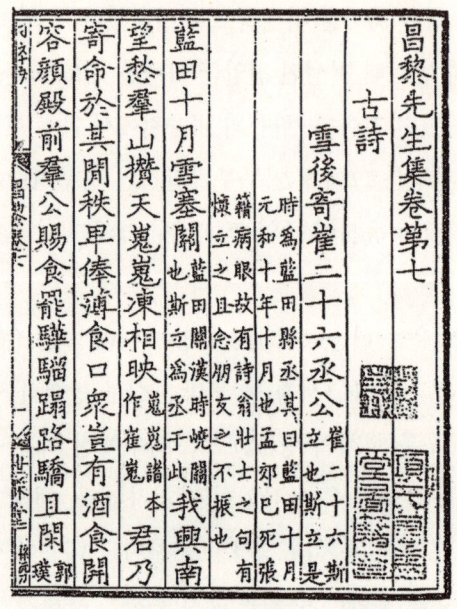

세체당주각본(世綵堂注刻本) 창려선생집(昌黎先生集)

상 문제가 없지 않지만 한유 산문의 흘러넘치는 기세를 엿볼 수 있는 명문이다. 어쨌든 한유는 이 일로 야만의 땅 조주(潮州)의 지방장관으로 좌천되었으며 그 해 10월에 사면되어 원주자사(袁州刺史)로 옮기기까지 반 년 동안 조주를 문명과 학문의 땅으로 바꾸고자 노력하였다.

한유가 원주자사로서 재임하고 있던 820년 10월에 새로 등극한 목종(穆宗)은 그를 국자좨주(國子祭酒)로 임명하여 장안으로 불렀다. 821년에는 병부시랑으로, 822년에는 이부시랑으로 옮겼으며,

823년에는 서울시장격인 경조윤 겸 어사대부가 되었고, 그해 10월 5일에는 다시 병부시랑으로, 6일 뒤에는 다시 이부시랑으로 옮겼다. 만 3년 동안 여섯 번이나 벼슬이 바뀌었으니 중앙의 요직에 있었던 만년기조차도 권력의 암투로부터 자유스럽지 못했던 것이다. 어쨌든 한유는 이부시랑을 마지막으로 벼슬을 접고 이듬해 824년 12월에 장안의 사저에서 57세로 삶을 마감하였다.

한유가 죽은 뒤 그의 사위이자 문인인 이한이 그의 시문 716편을 모아 『창려선생집』 40권을 간행하였다. 이후 몇 차례의 간행이 이루어지면서 송대에 이미 판본마다 약간의 차이가 있게 되었다. 1189년에 방숭경(方崧卿)이 여러 판본을 대조 교정하여 『한집거정(韓集擧正)』을 간행하였고, 10여 년 뒤에 주희(朱熹)는 이 『한집거정』을 기초로 다시 교정한 『한문고이(韓文考異)』를 저술하였다. 그 뒤에 왕백대(王伯大)는 이 『한문고이』를 문집의 본문에 넣어 『주문공교창려선생집(朱文公校昌黎先生集)』을 간행하였는데 이후의 판본은 대체로 여기에 기초한 것이다. 이후의 판본 가운데 가장 널리 통용된 판본은 요영중(廖瑩中)이 송말에 간행한 세채당주각본(世綵堂注刻本)이다. 현대에 활자로 정리된 책으로는 1957년에 간행된 마기창(馬其昶)의 『한창려문집교주(韓昌黎文集校注)』가 유명하다. 우리나라에는 아직 한유 문집의 완역본이 없다.

문장은 도(道)를 담고 있어야

한유의 시대에 유행하던 산문은 위진남북조(魏晉南北朝)를 풍미한 변려문이었다. 변려문은 4자나 6자구를 대귀로 나열하되 다량의 고사를 원용하고 독음의 조화를 강구함으로써 미학적인 측면에서 중국고전산문의 정점에 도달한 문체이다. 그러나 이러한 지나친 형식미의 추구는 점차 내용의 효과적인 전달보다는 언어유희적 경향으로 흐르고 마는 폐단을 초래하게 되었다. 하염없이 아름답되 부질없는 문장들이 범람하고 있었던 것이다.

한유 이전에도 그 부질없는 문장들을 비판하는 사람들이 없지 않았으나 그들 역시 자신의 창작에 있어서는 그 아름다움을 포기하지 못함으로써 제대로 힘이 실린 주장을 펼칠 수가 없었다. 반성은 있었으나 실천이 없었던 것이다. 한유의 미덕은 바로 그 아름다움을 과감히 포기한 실천에 있다. 변려문으로 써야만 했던 과거의 답안조차 낙방을 무릅쓰고 고문으로 썼던 그 과감함과 한유의 문학적 재능이 이후 산문의 흐름을 바꾼 것이다.

고문운동(古文運動)은 바로 한유가 변려문의 폐단을 직시하고 창작실천을 통해 새로운 글쓰기를 주도한 사실을 두고 하는 말이다. 고문은 문자적으로는 시문(時文), 즉 당시에 유행하는 글의 반의어이며, 한유의 시대를 두고 이야기하자면 유형식의 변려문에 대한 반의어로서 무형식의 옛 글을 의미한다. 한유 스스로 "하(夏)·은(殷)·주(周) 삼대와 양한(兩漢)의 글이 아니면 읽지를 않았다"고 하였으니 옛 글은 후한(後漢) 이전, 변려문이 출현하지 않았던 시대의 글이다. 한유는 이 옛 글을 읽고 이 옛 글을 쓰고자 하였던 것이다. 그러므로 한유가 추진하였던 고문운동은 일차적으로 변려문 부정 운동이었으며 동시에 산문의 형식 타파 운동이었다.

그러나 한유는 고문운동을 통하여 단순히 산문의 형식만을 타파하고자 한 것은 아니었다. 변려문의 형식미로 인해 사라져가고 있던 '삶의 바른 길' 즉 '도(道)'를 살려내고 싶었고, 변려문 속에 녹아 있던 부박한 사유들도 모두 쓸어내고 싶었다. 그는 구양첨(歐陽詹)이라는 선비가 젊은 나이에 죽자 애도하는 글을 짓고, 그 글을 짓게 된 경위를 설명한 글인「제애사후(題哀辭後)」에서 분명하게 말한다.

> 내가 고문을 추구하는 것은 문장의 형식만을 변려문과 달리 하자는 것이 아니다. 옛 사람들이 그리워도 만날 수 없으니 옛 사람들의 도(道)를 배우고 아울러 그 문장에도 통달하고자 함이다. 그 문장에 통달하고자 하는 것은 본시 옛 사람의 도에 뜻을 두고 있기 때문인 것이다.

한유는 변려문을 쫓아낸 그 자리에 고문의 둥지를 틀고 그 둥지를 옛 사람의 도로 가득 채우고 싶었다. 당나라는 사상적으로 관대한 왕조였다. 표면적으로는 유학이 관방의 학문이었지만 불교와 도교가 이론적으로 정밀해지면서 민간은 물론 지식인들 사이에서도 세를 넓히고 있었다. 한유의 고문운동은 이 지점에 서 있었다. 그러므로 한유가 옛 사람의 도라고 할 때 그 도는 부처의 가르침도 아니요, 노자의 가르침도 아닌 유학의 가르침이었다. 한유는 요, 순, 우(禹), 탕(湯), 문왕(文王), 무왕(武王), 주공(周公), 공자, 맹자로 이어져 내려온 도통(道統), 즉 '도의 전통'이 맹자 이후 끊어졌음을 안타까워하며 이 유서 깊은 도통을 계승해야 한다고 생각하였다.

「도(道)의 본질을 탐구한 글」과 「부처의 뼈를 논한 상소문」은 이러한 주장을 담고 있는 대표적인 글들인 동시에 유가가 불교와 도교에 의하여 위축되고 있던 현실에 대한 위기의식을 고백하는 글들이다. 그가 "나는 오직 올바름을 스승으로 삼는다"고 천명하였을 때 그 '올바름'은 유가의 가르침이었던 것이다. 그러므로 고문운동의 본질은 유가의 중흥을 도모한 사상운동이다. 한유에게 있어서 글쓰기는 유가가 제시하는 인의(仁義)의 길로 독자를 인도하는 행위인 것이다.

그러므로 그가 육경을 몹시 사랑한 것은 공자의 손에서 이념적 세례를 거치면서 정리된 문헌이기 때문이며, 양한의 문장을 강조한 것은 그 글들이 한무제가 유학을 통치의 전면에 내세운 이래 유가의 이념과 교의가 오롯이 살아 있는 글들이기 때문이었다. 이러한 인식과 지향을 바탕에 두고 왕성하게 이루어진 그의 창작실천은 변려문에 젖어 있던 당시 문인들의 이목을 놀라게 하였으며, 끝내는 그들이 휩쓸리듯이 따라오게 하였던 것이다. 한유의 고문운동은 유종원(柳宗元)이라는 걸출한 동지가 있어 더욱 순조로울 수 있었으며, 송대에 와서 구양수라는 거인과 그가 배출한 탁월한 인재들에 의하여 탄력을 받아 청말까지 중국 산문의 주류가 되었다. 그러므로 모곤(茅坤)은 한유, 유종원과 더불어 구양수(歐陽修), 왕안석(王安石), 증공(曾鞏), 소순(蘇洵), 소식(蘇軾), 소철(蘇轍)의 여덟 사람을 당송팔대가라고 하였고, 우리도 지금까지 그들의 이름을 기억하고 있는 것이다. 당송팔대가는 바로 글쓰기의 제한된 형식을 타파한 고문팔대가이며 한유는 그 기점에서 새로운 글쓰기의 문을 연

개척자였다.

무형식의 형식, 새로움을 찾아서

형식미를 부정한 한유였지만 그의 문장에 예술적 수사미가 없었다면 '글 잘하는 한퇴지'가 될 수 있었을까? 대답은 자명하다. 무형식의 글쓰기라고 하여 한유의 창작 실천이 마음 가는대로 붓 가는 대로 이루어진 것은 아니었던 것이다. 그는 삼대(三代)와 양한의 글을 열심히 읽은 사람이었다. 그러므로 『육경』으로부터 양한(兩漢)의 문장까지가 그의 모범이었을 것이며 그의 글에는 분명 『육경』과 양한의 문장을 닮은 글이 있다.

그러나 이것이 한유 문장의 전부는 아니다. 그가 오로지 육경의 문체에다 유가의 도를 담은 글만을 썼다면 우리는 그를 유학자라고 해야 할 것이다. 그는 사상가이기도 하지만 우리는 그를 문인, 특히 산문작가로 더 많이 기억하고 있다. 그의 글에는 그의 글만이 가지는 미덕, 그것도 산문의 흐름을 바꿀 수 있었던 크나큰 미덕들이 있었다는 말이다.

한유의 주장대로 유가의 가르침만 지루하게 나열해서는 독자를 설득하고 감동시킬 수 없다. 의사를 효과적으로 전달하기 위해서는 적절한 수사와 세련된 언어감각이 필요하다. "언어는 의사를 전달하기만 하면 된다"고 한 공자도 "말이 문채가 없으면 멀리 전해지지 못 한다"고 하여 후세의 연구자들을 당혹스럽게 하고 있거니와 적어도 한유에게는 공자의 이 상반된 말이 모두 유용했던 것처럼 보인다. 한유가 내건 무형식의 깃발 속에는 무형식의 형식이 숨어 있었다.

그 무형식의 핵심은 '새로움'이다. 그는 "언어는 나의 언어라야 한다"거나, "옛 사람들의 묵은 말들을 쓰지 않아야 한다"는 주장을 통해 새로운 글쓰기를 끊임없이 강조한다. 한유의 고문은 이름과 달리 '옛 글'이 아니라 '새 글'이었으며, 그는 이 '새 글'에 유가의 이념을 담아 독자를 감동시키고 싶었던 것이다. 「모영(毛穎)의 전기」에 번득이는 의인(擬人)의 풍자, 「미장이 왕승복전(王承福傳)」의 허구가 개척한 전기(傳記)의 새로운 형식, 「학문의 진보를 위한 해명」이 보여주는 복잡다단한 변화 속의 정연한 논리 등등 셀 수 없이 많은 그의 글들에서 솟아나는 풀내음 같은 싱그러운 감동들이 바로 이 '새로움'의 결과들이다.

새로움은 익숙하지 않은 사람들에겐 충격으로 다가와 어렵고 괴이함으로 읽히기도 한다. 많은 사람들이 한유의 문장을 '기험(奇險)'하다고 하는 까닭이다. 새로워서 신기하다가 어려워서 괴이하기까지 하다는 말이다. 확실히 한유의 문장은 어렵고 괴이한 맛이 있다. 그래서 우뚝한 바위산이다. 「회서를 평정한 기념비문」으로 대표되는 이런 유의 글들은 일견 옛스럽고 난삽하여 기가 질리지만, 꼼꼼히 뜯어읽다 보면 넉넉하고 유려하여 유장한 맛이 있다. 암벽 속에 갈무리된 이 부드러운 육질을 느끼지 못하면 기험할 뿐이지만, 느끼고 나면 유장하여 도도한 것이다. 그래서 청나라 건륭제는 「회서를 평정한 기념비문」을 "당나라 제일의 문장"이라 하였던가!

'기험'이 빚어내는 한유 문장의 도도한 기세가 「부처의 뼈를 논한 상소문」이나 「어사대(御史臺)에서 날이 가물고 백성들이 굶주리는 것을 논하여 올린 상소문」, 「잘못된 정치를 비평해야하는 소임을 맡은 신하에 대한 논의」 등의 논설문에서 두드러지는 것이야 당연하겠지만 서정 산문에서 더욱 빛을 발하는 것이 이채롭다. '지극한 문장'으로 정평이 있는 「열두째 조카를 위한 제문」은 그의 조카 한노성(韓老成)의 요절을 애도한 글이다. 운문으로 짓는 것이 통례였던 제문을 산문으로 쓴 것도 새롭거니와 죽은 자와 대화하는 형식의 진솔함으로 더욱 독자의 심금을 울린다. 고단했던 유년기를 같이 보낸 회상으로부터 시작하여, 함께 겪었던 중년의 시련과 남은 자의 비애까지, 절절한 심회를 세세한 일상에 버무려 도도하게 엮어내는 솜씨! 통절한 아픔을 풀어낸 글을 두고 도도한 기세를 이야기하니 이상하기는 하다. 그러나 독자를 휘어잡는 작가의 감정, 주체할 수 없는 그 감정의 줄기는 도도하다고 하지 않을 수 없다. 그 도도한 감정은 글을 읽고 난 뒤에도 낙화의 향기처럼 저며드는 여운으로 독자의 가슴에 사무친다. 그래서 한유의 글을 장강대하(長江大河) 즉, '길고도 큰 강물'이라고 하였나보다.

아! 장강대하(長江大河)
당나라 말기의 시인 두목(杜牧)은 한유의 글을 두보의 시와 나란히 견주어 '두시한필(杜詩韓筆)'이라 했고, 소동파는 한유를 "여덟 왕조 동안 무너졌던 글을 다시 일으킨" 인물로 평가하였다. 그 소동파의 아버지 소순은 한유 문장의 도도한 기세를 두고 '장강대하'와 같다고 하였으니, 이제 짧지만 도도한 그의 글 한 편을 살펴보는 것으로 이 글을 마무리하기로 한다. 네 편으로 이루어진 「여러 가지 이야기들」 가운데 명마에 대한 감식안이 있었던 백락(伯樂)을 내세워 세태를 풍자한 네 번째 작품이다.

> 세상에는 백락이 있어야 천리마가 있는 법이다. 그러나 천리마는 늘 있지만 백락은 늘 있는 것이 아니다. 그러므로 명마가 있다 하더라도 천한 사람의 손에서 욕을 보다가, 천리를 달린다는 명성도 얻지 못하고 평범한 말들과 함께 마구간에서 죽고 만다. 천리를 달리는 말은 한 끼에 한 섬의 곡식을 먹지만, 말을 먹이는 사람은 천리를 달릴 수 있음을 알지 못하고 말을 먹이니, 이 말이 비록 천리의 재능이 있다하더라도 배불리 먹지 못하여 힘이 부족하게 된다. 재능이 밖으로 드러나지 못하여 평범한 말처럼 달리려 해도 되지 않는데 어찌 천리를 달릴 수 있으리오? 채찍질을 함부로 하고 재능을 다할 수 있도록 먹이지도 않으며, 울부짖어도 그 뜻을 알아차리지 못하면서 채찍을 잡고 다가와서는 "천하에 말이 없다"고 한다. 아! 정말 말이 없는 것인가? 말을 알아보지 못하는 것인가?

원문이 150여 자로 이루어진 짧은 글이지만 한유 문장의 맛과 멋을 함께 느낄 수 있는 글이다. 천리마를 가운데 두고 시대를 만나지 못한 인재의 아픔을 우의적으로 드러내되, 짧은 편폭의 구비마다 물결치는 변화와 기교가 놀랍다. 한유가 어디 기교를 부리고자 하였으랴만 전편을 휘몰아가는 논리가 파란과 곡절을 일으켜 저절로 기교가 되었다. 그리고 그 천의무봉의 기교가 빚어낸 오연(傲然)한 기세! 이런 것들이 아마 한유의 문장에서만 볼 수 있는 '장강대하'일 것이며 '새로움'일 것이다.

위에서 언급한 작품들 이외에도 「스승에게 배워야 하는 이유를 논한 글」이나 「맹교(孟郊)를 보내며 지은 글」, 「기린을 잡은 일에 대한 해명」, 「남전현(藍田縣) 현승(縣丞)의 집무실 벽에 적은 글」, 「백이(伯夷)를 찬양한 글」, 「장적(張籍)에게 보내는 두 번째 답장」, 「악어(鱷魚)를 쫓는 글」 등이 명문으로 손꼽히고 있다.

더 생각해볼 문제들

1. 한유는 글쓰기의 새로운 영역을 개척하였으나 유가의 도를 지나치게 강조하여 글쓰기의 형식은 무시하는 듯한 주장을 하였다. 형식과 내용을 겸비한 이상적인 글쓰기가 아닌 내용에 치중하는 글쓰기를 강조한 이유는 무엇인가?

   글이 아름다워야 하는지, 혹은 내용에 충실하여야 하는지 또는 이 두 가지를 겸비할 수는 없는지 등의 문제는 동서고금을 막론한 글쓰기의 보편적 화두이고, 양자를 겸비한 글쓰기가 이상적인 글쓰기라는 것은 누구나 인정할 것이다. 하지만 한유 당시는 변려문으로 인해 형식미가 강조되는 글쓰기가 지나치게 유행하고 있었다. 그 뿌리 깊은 병을 치유하기 위해서는 이상론을 펼칠 여유가 없었을 것이며, 그러므로 아예 형식을 배제하는 극약처방을 들고 나온 것이다. 함께 고문운동을 추진했던 유종원(柳宗元)과는 바로 이러한 점에서 다르다. 그것은 또한 유종원이 아니라 한유가 고문운동의 영수가 될 수 있었던 한 가지 이유이기도 하다. 유종원은 변려문은 반대했으나 문장의 수식미도 중시하였다.

2. 한유와 함께 고문운동을 함께 추진하였던 유종원도 도(道)를 강조하였으나 인생의 바른 길이라는 의미의 당위(當爲)의 도를 강조하여 유가의 도만을 도라고 여기지 않았다. 한유는 왜 유독 유가의 도를 강조하였는가?

   한유는 유학을 학문의 정통으로 보고 불교나 도교를 이단으로 배격하여 이와 관련된 글들을 남기고 있다. 동시에 맹자 이후로 도의 전통이 끊어졌다고 여기고 자신이 그 끊어진 전통을 되살려 계승해야 한다는 사명감을 가지고 있었던 듯하다. 그러므로 그가 유가의 도만을 강조한 것이 정당한가의 문제는 논의의 여지가 있다 하더라도 글쓰기에서 유가의 교의를 천양할 것을 주장한 것은 당연했다. 이러한 이유로 인해 그는 사상가로 평가되기도 하며, 유학사에서는 그를 당(唐)나라 시대를 대표하는 유학자로 다루기도 한다.

추천할 만한 텍스트

우리나라에는 아직 한유 문집의 완역본이 없고, 한유의 산문을 선별 번역하여 부분적으로 삽입한 책들만이 있다. 『고문진보』에 한유의 대표적인 산문들이 수록되어 있으며 번역본으로는 아래의 책을 추천할 만하다.

『고문진보 · 후집』, 황견 엮음, 이장우 · 우재호 · 박세욱 옮김, 을유문화사, 2003.

이세동(李世東)

경북대학교 중어중문학과 교수.
경북대학교 중어중문학과를 졸업하고 서울대학교 대학원 중어중문학과에서 박사 학위를 취득했으며 포항공대 교양학부 전임강사를 역임했다.
중국 경학이 주 연구 분야이며 산문 및 고전 문학 이론 방면으로 연구의 영역을 넓혀가고 있다. 『주자(朱子) 주역본의(周易本義) 연구』, 「주역의 문학 이론」 등의 논문과 『몽산유고(夢山遺稿)』(역주), 『밀암(密菴) 이재(李栽) 연구』(공저) 등의 연구 업적이 있다.

하늘에는 푸르스름한 구름,

땅에는 누런 국화 꽃잎.

가을바람 몰아치는데,

기러기 남으로 나네.

새벽녘 가을 숲 누가 붉게 물들였는가?

모두 이별하는 이의 피눈물이라네.

―『서상기』 제4본 중에서

왕실보 (1250?~1337?)

본명은 덕신(德信)이고, 지금의 뻬이징(北京)인 대도(大都) 사람으로, 잡극(雜劇) 작가 겸 산곡(散曲) 작가였다는 정도가 알려져 있는 인물이다. 산곡이란, 원나라 때 성행한 운문의 일종이다. 13편의 잡극을 지었다고 하나 현재 전하는 작품은 『서상기』와 『여춘당(麗春堂)』뿐이고, 산곡 역시 극소수가 남았을 따름이다. 『여춘당』은 사건 전개가 엉성하여 『서상기』에 크게 미치지 못한다. 그러므로 한마디로 말해서 왕실보는 『서상기』 작품 하나로 유명해진 작가라 할 수 있다. 후대 사람의 고증에 의하면 그가 활동한 시기는 대략 원나라 성종(成宗)의 원정(元貞)과 대덕(大德) 연간이었던 것으로 추정된다. 원정은 1295년~1296년이며, 대덕은 1297년~1307년이다.

05

살아 한 이불, 죽어 한 무덤
왕실보(王實甫)의 『서상기(西廂記)』

양회석 | 전남대학교 중어중문학과 교수

살아 한 이불, 죽어 한 무덤이기를

> 너랑 나랑, 너무 너무 다정했지. 정이 넘쳐, 불처럼 뜨거웠지.
> 진흙 한 덩이 쥐어다가, 너 하나를 빚고, 나 하나를 빚었기 때문이지.
> 이제 우리 둘을 함께 부숴 물에다 반죽하였다가,
> 다시 너 하나를 빚고, 다시 나 하나를 빚으리.
> 내 안에 네가 있고, 네 안에 내가 있도록.
> 살아서 너와 한 이불, 죽어서는 한 무덤이기를.
> ―관도승(管道昇), 「아농사(我儂詞)」

관도승은 원대 여류 예술가로, 당대 최고의 서예가 겸 화가로 꼽히는 조맹부(趙孟頫)의 부인이다. 예술적 취향이 같기 때문에 그들 부부의 금슬은 남달랐다. 그런데 어느날 남편 조맹부가 한 여인을 첩으로 들이고자 하였다. 아내 관도승이 젊잖게 남편을 꾸짖어 사랑의 의미를 일깨운 것이 바로 이 시다. 조용히 조맹부는 허망한 욕심을 접었다. "내 안에 네가 있고, 네 안에 내가 있으니" 부부이고, 따라서 "살아서 한 이불, 죽어서는 한 무덤"이어야 한다는 사실을 되새기면서.

그런데 바로 이 대목은 『서상기』의 여주인공인 앵앵(鶯鶯)이 연인 장생(張生)에게 들려주었던 유명한 대사이다. 또 "앵앵 안에 장생이 있고, 장생 안에 앵앵이 있는" 사랑 이야기가 바로 『서상기』이다. 따라서 관도승의 노래를 한 마디로 줄인다면, "『서상기』의 사랑을 본받아라"는 것이 된다. 왕실보(王實甫)의 『서상기(西廂記)』는 이처럼 '참사랑'의 본보기로 당시 사람들에게 각인되어 있었다.

암울한 세상에서 태어난 천하 명작

『서상기(西廂記)』가 태어난 원(元)나라 시대는 암울한 시기였다. 중국을 점령한 몽고족은 유목민족으로, 농경을 기반으로 하는 한족(漢族)의 전통문화와 가치관 따위에는 별 관심이 없어서, 심지어 강남의 드넓은 농경지를 방목장으로 바꾸고자 할 정도였다고 한다. 또한 민족을 구분하여 몽고인과 색목인(色目人), 한인(漢人), 남인(南人)의 순으로 차별하였고, 게다가 신분에 차등을 두어 선비, 즉 문인의 사회적 지위를 창기(唱妓) 아래 거지 위로 간주하였다.

『서상기』의 작자 왕실보에 관한 기록이 거의 남아있지 않는 것도 문인을 홀대하였던 당시 사회 풍조와 무관하지 않다. 암울한 시대를 살았던 왕실보의 삶의 편린을 후배 극작가 가중명(賈仲明)의 추도사에서 엿볼 수 있는데, 추도사는 그가 '풍월영(風月營)', '앵화채(鶯花寨)', '취홍향(翠紅鄕)'에서 맹활약하였다고 기록하고 있다. "청풍명월의 본영"이니, "꾀꼬리와 화초의 성채" 또는 "울긋불긋 꽃동네"라는 의미의 이러한 단어들은 기녀들의 거주지를 그럴싸하게 표현한 것이다. 당시 기녀들은 관에 소속된 관기(官妓)이자, 연극을 공연하는 배우였다.

　한편 원나라 때에는 상당 기간 과거 제도가 폐지되는 등 사회가 급변하면서 문인들은 전통적으로 누려오던 우월한 지위를 잃게 되었다. 입신양명의 길이 막힌, 적지 않은 문인들은 '서회(書會)'라 불리는 극작가 협회를 조직하여, 기녀들에게 극본을 제공하면서 공생 관계를 유지하고 있었다. 그의 후배인 가중명의 추도사는 왕실보 역시 그러한 삶을 살았음을 말해준다. 좋은 작품에는 작가 개인의 삶은 물론이고 시대의 숨결이 투영되기 마련이다.

　『서상기』는 불우한 문인과 천시 받는 기녀의 간절한 소망을 여실히 담아내고 있는데, 이는 작가 자신의 실제 체험을 반영한 것이자, 또한 대중의 소망을 반영한 것이다. 다시 말해, 모든 것이 변질되어 버린 암울한 시대에서 왕실보는 남녀 주인공의 '참사랑'을 통하여 전통적인 삶의 방식과 가치를 제시하고 있는 것이다. 이것이 바로 『서상기』가 시공을 뛰어넘어 사랑을 받는 첫 번째 이유이다.

　『서상기』는 젊은 서생인 장생과 명문대가 규수인 앵앵의 사랑 이야기를 섬세한 감각과 유려한 필치로 그려낸 잡극(雜劇)[1] 작품으로서 원나라 시대의 문학을 대표한다. 이후 『서상기』는 연극으로서 무대에서 상연됨과 동시에 문학작품으로서도 꾸준한 사랑을 받는다. 명(明)나라 초기의 극작가 겸 연극평론가인 가중명이, 기존 연극 중에서 "『서상기』가 천하 으뜸이다"고 단정한 것이나, 또 청(淸)나라 초기의 저명한 문학평론가이자 사상가인 김성탄(金聖嘆)이 무수한 역대 전적 중에서 유독 『서상기』를 지목하여 『이소(離騷)』, 『장자(莊子)』, 『사기(史記)』, 『두보 시(杜詩)』, 『수호전(水滸傳)』과 더불어 '육재자서(六才子書)'라 지칭하였던 것은 이러한 맥락을 잘 보여주는 예이다.

비록 일부 보수주의자가 "『서상기』는 음란함을 가르치고, 『수호전』은 도둑질을 가르친다"고 매도하면서 그것의 사회적 유통을 금지시키려 하였지만, 그럴수록 『서상기』의 명성은 오히려 높아만 갔고, 그 문학·예술적 위상은 세월을 훌쩍 뛰어넘어 21세기 오늘날까지 이어지고 있다. 이몽룡과 춘향을 모르는 한국인이 없듯이, 장생과 앵앵을 모르는 중국인은 없다. 뿐만 아니라 일찍이 조선 시대에 김정희(金正喜)가 언해본(諺解本)을 낸 것을 비롯하여, 19세기 이후 유럽의 여러 나라의 언어로 번역·소개되면서 세계적인 명작으로 인정받고 있다.

---

1) 잡극은 12세기 말 중국 북방에서 형성된 연극으로서 원나라 시대 문학을 대표하는 장르이다. 흔히 중국 문학의 흐름을 개괄하여 '당시(唐詩)', '송사(宋詞)', '원곡(元曲)', '명청소설(明淸小說)'이라고 하는데, 이때 원곡은 주로 잡극을 가리킨다.

귀족 남성의 '불장난'에서 선남선녀의 '참사랑'으로

『삼국지』, 『수호전』 등 중국을 대표하는 거작들이 그러하듯이 『서상기』 역시 어느 날 한 사람의 손에 의해 갑자기 완성된 것은 아니다. 장생과 앵앵 이야기는 멀리 당나라 단편소설인 전기(傳奇) 『앵앵전(鶯鶯傳)』에서 비롯된다. 이 소설은 서기 799년에 원진(元稹)이 쓴 것으로, 그 줄거리는 다음과 같다.

장생은 글공부를 하러 보구사라는 절에 기거하게 되는데, 때마침 최 대감의 미망인 정씨 부인이 딸 앵앵과 아들 환랑을 데리고 절에 든다. 이때 인근에 있던 군대가 난을 일으키자, 부인은 집안을 보호하기 위해 먼 친척인 장생에게 도움을 청한다. 장생이 그 지역 사령관을 불러와 부인 일가는 무사히 난을 피하게 되고 이에 대한 보답으로 정씨 부인이 마련한 연회에서 장생은 앵앵을 만나 그녀의 빼어난 미모에 반하고 만다. 연회 뒤 장생은 시녀 홍낭 편에 시를 보내어 앵앵에게 사랑을 고백한다. 우여곡절 끝에 앵앵은 마음을 열고, 두 사람은 장생의 거처인 서상에서 밀회를 나누게 된다. 홍낭이 장생에게 정식 청혼을 하도록 권하고 두 사람의 사실혼 관계를 안 부인 역시 혼인을 시키려고 한다. 그러나 장생은 과거 급제 후 더 좋은 혼처를 기대하며 머뭇댄다. 결국 사랑은 깨지고, 두 사람은 각기 다른 사람과 결혼한다. 이후 장생은 마무리를 잘했다고 친구들에게 자랑한다.

자전적인 이 소설은 당시 젊은 서생들의 연애 행각을 대변하는데, 철저히 남성적이고 귀족적인 입장을 보여준다. 목전의 연애와 장래의 출세 사이에서 갈등하는 서생들의 혼전 연애는 왕왕 비극으로 끝나기 마련이었다. 그들은 과거에 합격하면 통상 고관 명문의 사위로 발탁될 가능성이 높았고 그 때문에 급제 이전의 결혼을 탐탁하게 여기지 않았던 것이다. 그러나 젊은 혈기의 서생들이 이성에 이끌리는 것은 어쩔 수 없는 일이어서 혼전 연애는 왕왕 일어났다. 물론 급제하면 출세에 유리한 규수를 찾아 사랑하던 여인을 떠나기 십상이었다. 그리고 여기에서 비극이 발생하는데, 그 고통은 언제나 여인의 몫이었다.

　장생은 앵앵을 버린 뒤에도 여전히 흥미진진하게 들먹거리며 심지어 "지난 잘못을 잘 고쳤다"고 친구들에게 자랑한다. 반면에 앵앵은 "오열하며 마음을 추스르지 못하지만" 어쩔 수 없는 일로 단념할 따름이었다. 남성의 시각에서 보면 『앵앵전』은 멋진 로맨스일 테지만, 사회적 통념에서 볼 때 장생의 사랑은 무책임한 '불장난'에 다름 아니다. 특히 자신의 배신을 합리화하기 위하여, 사랑하던 여인을 남자의 앞날을 망칠 '요물'이라고 매도하기까지 하는 장생의 태도는, 여성의 입장은 말할 것도 없고 상식적인 독자가 보기에도 반감을 자아낸다.

　민간예인(民間藝人)의 손으로 넘어오면서 『앵앵전』의 이러한 애정관은 변모하게 된다. 중국에는 당나라 말기에서 오대(五代)를 거쳐 송나라 시기에 접어들면서 정치적 안정과 경제적 번영을 바탕으로 전국적으로 많은 대도시가 형성되었다. 여기에 모여든 상공업 종사자들은 자연스레 시민 계층으로 성장하였으며 그에 따라 대중예술도 활발하게 일어났는데, 당시 성행한 여러 대중예술 가운데 『서상기』와 관련하여 특히 주목을 끄는 것은 설창(說唱)[2]이다. 장생과 앵앵의 사랑이야기도 설창으로 등장했던 것이다. 그런데 일방적으로 사랑을 파기하는 남성중심적인 태도 때문에 줄거리에 약간의 변화가 일어났다. 즉, 대중은 사회적 약자에 속하는 앵앵의 불행한 결말을 달갑게 받아들일 수 없었던 것이다. 다시 말해, 대중이 듣고 싶은 것은 귀족 남성의 '불장난'이 아니라, 평생의 부부로 이어지는 선남선녀의 '참사랑'이었다. 이와 같이 대중의 요구에 부응하면서, 장생과 앵앵의 사랑이야기는 새롭고 풍부한 내용이 보태지고, 비극적 결말에서 행복한 대단원으로 환골탈태(換骨奪胎)하게 되었던 것이다.

　이러한 설창 예술의 성취를 집대성하여, 잡극『서상기』의 탄생에 결정적인 디딤돌을 놓은 사람은 금(金)나라의 이야기꾼 동해원(董解元)이었다. 그는 제궁조(諸宮調)라는 설창예술로 대중의 취향에 맞춰 재구성된 이야기를 연창하여 큰 반향을 불러일으켰다. 이를『서상기제궁조』또는『동해원서상기』라 부르며, 줄여서『동서상(董西廂)』이라 칭한다.『동서상』은 사건, 인물 형상, 주제 등에서『서상기』와 기본적으로 동일하다. 다만, 반란군과의 전투 장면이 전체의 1/6에 달할 정도로 번잡하고 장생이 지나치게 경박한 인물로 묘사되고 있으며, 일부 말투가 인물의 신분에 부합되지 않는 등의 한계를 내포하고 있다. 게다가 제궁조는 이야기꾼 혼자서 연창하는 것이기에, 연극에 비해 생동감이 떨어질 수밖에 없었다.

---

2) 설창은 민간예인이 대중을 대상으로 노래와 말을 엇섞어가면서 일정한 고사(故事)를 연창하는 양식으로서 우리의 판소리와 흡사하다.

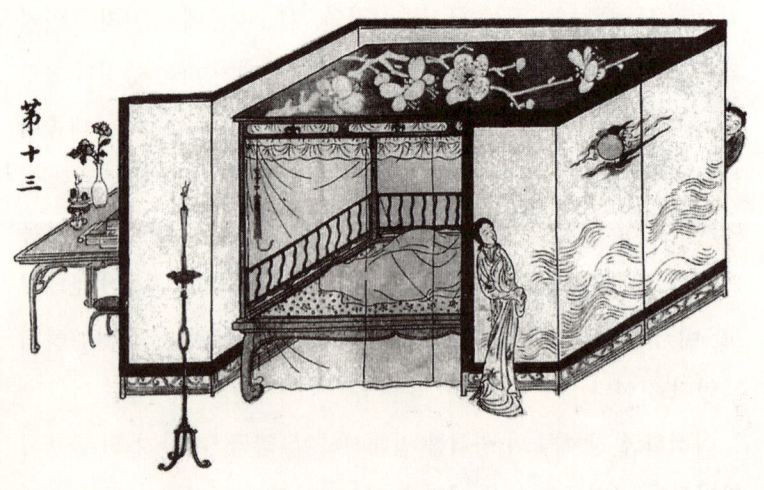

『서상기(西廂記)』의 삽화

　『동서상』의 이러한 문제점과 한계를 일소한 것이 바로 왕실보의 『서상기』이다. 제궁조『동서상』이 잡극『서상기』로 전환되는 과정은, 20세기 초 우리의『춘향전』이 판소리에서 창극으로 바뀌는 과정과 닮은꼴이지만, 그러나 그것은 결코 단순한 번안이 아니었다. 왜냐하면 왕실보는 뛰어난 글재주와 노련한 극작술로 흔한 사랑 이야기를 동서고금에 손꼽히는 명작으로 승화시켰기 때문이다. 그런데 문인인 왕실보가『앵앵전』의 남성중심적인 애정관을 부정하고『동서상』의 대중적 취향을 채택했을까? 이는 앞서 지적하였듯이 입신공명의 길이 막혀 암울한 시대를 사는 문인으로 기녀(배우)들과 공생적인 삶을 영위하였던 그의 인생 경력에서 비롯된 것으로 보인다. 즉, 『앵앵전』에서 앵앵은 남성중심적인 '불장난'의 희생물에 불과하지만, 『서상기』에서 두 사람은 대등한 입장에서 '참사랑'을 하다가 마침내 과거 급제 후 백년가약을 맺게 되는데, 이러한 전환은 문인의 소망(과거 급제)과 기녀의 갈망(백년가약)이 투영된 결과인 것이다. 좀 확대시켜 말하자면, 『서상기』는 원작 『앵앵전』의 귀족적이고 남성적인 애정관을 탈피하여 대중의 보편적인 인생관을 담아냄으로써 명실상부하게 중국 고전극의 대표작으로 자리매김하게 되었다고 하겠다.

시공을 뛰어넘는, 아름다운 인물형상과 강한 울림
원대 잡극은 대부분 1본(本) 4절(折)[3]인데 반하여, 『서상기』는 보통 작품의 다섯 배에 달하는 5본 20절로 파격적인 장편이다. 그러나 줄거리는 의외로 간단하다.

> 보구사에서 마주친 장생과 앵앵은 피차 호감을 갖는다.(제1본)
> 노부인이 반란군을 물리친 자에게 딸을 주겠다고 약속한다. 장생이 위기를 해결하자 정항과의 약혼 사실을 들어 번복한다.(제2본)
> 상사병으로 식음을 전폐하는 장생 때문에 앵앵은 갈등하고, 홍낭은 두 사람을 결합시키기 위해 노력한다.(제3본)
> 마침내 두 사람은 부부관계를 맺는다. 이를 안 노부인은 장생에게 과거 급제를 결혼 조건으로 내건다.(제4본)

---

3) 오늘날의 연극에서 '막(幕)'에 해당한다.

과거 급제 후 장생이 금의환향하는데, 정항이 모함하여 앵앵을 빼앗으려 한다. 결국 정항은 자결하고 두 사람은 백년가약을 맺는다.(제5본)

어느 날 우연히 만나 첫 눈에 반한 선남선녀가 우여곡절 끝에 드디어 행복한 가정을 이룬다는 내용인데, 사실 이러한 식의 이야기는 식상할 정도로 비일비재한 것이다. 그럼에도 불구하고 『서상기』가 명작이 될 수 있는 이유는 무엇일까? 여러 가지가 있겠지만, 일차적으로는 매력적인 극중 인물의 형상화와 보편적인 소망을 담은 강한 메시지를 들어야 할 것 같다.

극본은 '참사랑'을 실천하는 청춘남녀의 모습을 성공적으로 형상화하고 있다. 여주인공 앵앵은 다정다감하면서도 차분한 성격의 소유자다. 그녀는 부모가 큰 그릇이 못되는 외사촌 오빠와 정혼한 데에 불만을 가지고 있지만, 시름에 싸여 말없이 동풍(東風)만을 원망할 따름이다. 그러나 그녀의 속내를 알지 못하는 노부인은 홍낭과 함께 보구사에 가서 바람이나 쐬다 오라고 한다. 외부 세계와 차단된 채 살아온 그녀가 학식과 기상을 겸비한 장생을 만나자 호감을 느끼게 되는 것은 당연한 일이다. 그러나 앵앵은 결코 충동적으로 행동하는 법이 없다. 장생의 글재주와 거문고 솜씨에 감탄하고 또 반란군을 물리치는 능력을 목도하면서 서서히 장생을 향해 자신의 마음을 열어간다. 마침내 장생이 자신 때문에 식음을 전폐하고 사경을 헤맬 때, 그녀는 '참사랑'을 확신하고 스스로 장생의 침소를 찾아든다. 영민하고 기지 넘치는 그녀는 이러한 과정에서 시종일관 주도적인 역할을 한다. 장생과 편지를 주고받는 일련의 장면에서, "그이를 죽이고 살리고 한다"는 홍낭의 말처럼 장생의 마음을 휘어잡는 한편, 홍낭을 구슬려 사랑의 가교를 놓게 한다. 이렇게 그녀는 주동적으로 사랑을 설계하고 굳건하게 다져나간다. 이러한 면은 『앵앵전』 속의 앵앵과는 뚜렷이 구분된다. 그녀는 더 이상 『앵앵전』 속의 피동적인 여인이 아니라 자신의 삶을 스스로 주도하는 주체적인 여성이어서, 오늘날까지도 깊은 인상을 심어주고 있기 때문이다.

장생은 기상과 재능을 겸비한 서생이다. 도도한 황하의 물결을 굽어보며 자신의 큰 포부를 노래하는 데서, 또 반란군으로 인한 위기를 해결하며 자신의 재능을 유감없이 발휘하는 데서 우리는 장생이 듬직한 사내대장부임을 발견하게 된다. 반면 그는 앵앵 앞에 나서기만 하면 안절부절 허둥대는데, 이러한 모습에서 우리는 오히려 인간적인 매력을 느끼게 된다. 앵앵에 대한 그의 마음은 변함없는 것이어서 사랑을 얻지 못한다면 차라리 죽는 게 낫다고 여기지만, 외모 따위에 집착하는 육감적인 사랑이 결코 아니다. 꽃길에 찍힌 앵앵의 발자국을 보고 그녀의 마음을 헤아릴 정도로 섬세하고 예민한 감각을 통하여 그녀의 내적 아름다움을 확인하였기에, 과거 응시도 포기하고 죽음마저 불사하는 것이다. 봉건 사회에서 『앵앵전』의 장생처럼 남자가 재주는 있되 덕이 없다면, 혼전 연애는 비극으로 끝날 수밖에 없다. 『서상기』의 장생은 다르다. 재주와 덕을 겸비한 그의 모습은 예나 오늘이나 '참사랑'의 귀감을 보여주고 있다.

봉건 사회에서 명문대가의 규수는 언제나 삼엄한 감시를 받기 때문에, 자유연애는 꿈도 꾸지 못하는 일이다. 이러한 상황에서 하녀 홍낭의 역할이 크게 빛을 발한다. 처음 홍낭은 노부인의 명령을 받아 앵앵을 철저히 감시한다. 훗날 노부인의 허위와 가식을 알아채고 장생과 앵앵의 '참사랑'을 확인하자 그녀는 적극적으로 두 사람의 사랑을 후원하는데, 이때 그녀의 열정적인 성격이 잘 드러나고 있다. 또 노부인과 정항이 두 사람의 사랑을 가로막을 때면 어김없이 나서서 대항함으로써 용감하고 재치 넘치는 모습을 한껏 보여준다. 특히 상전인 노부인과 귀족 청년 정항의 허점을 꼬집는 장면들은, 우리나라 탈춤의 말뚝이처럼 극적 재미를 배가시켜 준다. 따라서 열정적이고 용감한데다 영민하기까지 한 홍낭은 비록 조연이지만 주연 못지않게 매력적인 인물이라 할 수 있다. 심지어 현대 중국어에서 홍낭은 고유명사가 아니라 "남을 도와주는 사람"이라는 뜻의 일반명사로 쓰일 정도로 오늘날에도 대중의 사랑을 듬뿍 받고 있다.

 이상 세 젊은이는 각각 독특한 성격의 소유자이지만, 노부인과 정항으로 대변되는 기성관념에 대항하여 '참사랑'을 쟁취해 나간다는 점에서 이심전심으로 통하는 동지들이다. 일반적으로 갈등이 없다면 연극도 없다고 말한다. 그들의 사랑 역시 그것을 가로막는 반대 세력에 의해 시련을 겪게 되고, 그렇기 때문에 더욱 단단해진다. 『서상기』의 주요 갈등은 '참사랑'을 추구하는 쪽과 가로막는 쪽 사이에서 전개되는데 가로막는 쪽의 대표는 앵앵의 어머니이다.

 노부인은 봉건 혼인 제도의 수호자로서, 문벌을 고려하여 정항과의 혼인을 고집한다. 애정 없는 결혼을 달가워하지 않는 앵앵의 탈

『서상기(西廂記)』의 삽화

선행위를 막기 위해 노부인은 아예 외부 사람과의 접촉을 막는다. 그러나 앵앵은 장생에게 사랑의 감정을 품게 되자, 주도적으로 사랑을 추구하며 홍낭은 그들의 결합을 적극적으로 돕는다. 여기에서 봉건 시대 예교(禮敎)의 이념과, 사랑의 자유를 갈망하는 젊은 세대의 이상이 정면으로 충돌하는데, 이것이 전체 극을 관통하는 주된 흐름이다.

재상의 미망인인 노부인은 가정 안에서 모든 것을 지배하는 권력자로서, 딸의 순결한 애정과 평생의 행복에 대해서는 아랑곳하지 않은 채 시종일관 봉건적이고 폭압적인 태도를 견지한다. 그녀는 비록 늠름하고 점잖지만 말과 본심이 다르고, 필요하다면 신의를 헌 신짝처럼 여긴다. 앵앵은 점차 이에 반발하다가 마침내 장생 그리고 홍낭과 연합하여 어머니를 배반하고 장생과 부부관계를 맺어 버린다. 당시의 상황에서 보자면 이러한 모녀의 첨예한 갈등은 실로 파격적인 것이다.

작자 왕실보는 작품 말미에서 "온 천하 사랑하는 이들이여 다 가족을 이루소서!"라 외치며 강렬한 메시지를 보내고 있다. 사랑의 궁극은 결혼으로 이어지고, 결혼은 사랑이 전제되어야 한다는 의미이다. 너무나 당연한 말이지만, 당연함과는 거리가 먼 세태는 그저 옛날만이 아니다. 때문에 왕실보의 외침은 오늘날에도 여전히 강한 울림으로 다가온다. 특히 앵앵과 장생은 '참사랑'이 무엇인지를 육감적인 '불장난'에 눈먼 사람들에게 똑똑히 보여주고 있다.

'듣는' 연극과 '읽는' 극본의 정수
중국에서는 전통 연극을 '희곡(戲曲)'이라 하고 서양식 연극을 '화극(話劇)'이라 부른다. '화극'이 사실적인 무대 배경 속에서 극중 인물이 사실적인 말과 동작으로 일정한 이야기를 재현하는 데 반하여, '희곡'은 거의 텅 빈 무대 위에서 주로 노래와 춤으로 일정한 이야기를 '표현'한다. 특히 노래가 절대적인 비중을 차지하기 때문에, 전통 연극의 관람을 '희곡을 본다'고 하지 않고 '희곡을 듣는다'고 한다. 『서상기』는 이러한 '듣는' 중국 연극의 정수를 보여준다. 제4본 제3절, 과거를 보러 떠나는 장생을 전송하면서 부르는 앵앵의 노래 한 토막을 감상해보자.

하늘에는 푸르스름한 구름,
땅에는 누런 국화 꽃잎.
가을바람 몰아치는데,
기러기 남으로 나네.
새벽녘 가을 숲 누가 붉게 물들였는가?
모두 이별하는 이의 피눈물이라네.

만나기는 더디더니,
헤어짐은 이리도 빠른가!
긴 버들도 임의 말 메어둘 수 없네.
앙상한 숲아 지는 해 붙잡아 다오.
임의 말은 터벅터벅,
내 마차는 허겁지겁.
가슴앓이 면하나 했더니,
초장부터 어느새 이별이라.
떠난다는 말을 듣자니,
팔찌가 헐렁해지고,
십리 장정을 바라보니,
온몸이 야위는구나.
이 한을 뉘라서 알아줄꼬?

첫 번째 노래에서 앵앵은 서리 맞아 붉게 물든 단풍잎에 피눈물

흘리는 자신의 심정을 기탁하고 있다. 두 번째 노래에서는, 터벅터벅 앞서 가는 장생의 말과 허겁지겁 따라가는 앵앵의 마차가 극명하게 대조되어 떠나기 싫은 마음과 보내기 싫은 마음을 선명한 이미지로 보여준다. 물론 무대 위에는 가을 경치를 나타내는 세트도 없고, 말과 마차의 실물도 등장하지 않는다. 다만 앵앵의 노래를 들으면서 관객들은 머릿속으로 상상할 뿐이다. 전통 연극의 진정한 매력은 '보는' 데 있지 않고 '듣는' 데 있다는 사실을 배우도 관객도 다 잘 알고 있다. 따라서 극작가는 극중 인물의 정감(情感) 속에 외부 경물을 녹여 넣는 데 심혈을 쏟게 된다. 바꿔 말하자면 주체의 정감과 객체의 경물이 혼연일체를 이루는 제3의 이미지를 '들려'줌으로써, 관객들이 특정한 경관을 연상함과 동시에 극중 인물의 심정에 공감하도록 만드는 것이다. 이러한 표현법은 중국 서정시의 '차경서정(借景抒情)' 기법을 활용한 것으로 중국 고전극의 특징이다.

사실 명·청 시대에 이미 100여 종의 판본이 유통되었을 정도로 『서상기』는 '읽는' 극본으로 더욱 유명하다. 무대 위의 노래는 책상머리에 오면 곧장 시(詩)가 되기 때문이다. 그래서 『서상기』를 서정시극(敍情詩劇)이라 일컫기도 한다. 이번에는 남자 주인공 장생의 노래 한 대목을 읽어보자.

>   꽃신은 겨우 반 뼘,
>   버들허리는 딱 한 줌.
>   부끄러워 머리 들지 못한 채,

『서상기』의 삽화

원앙침으로 막는구나.
쪽에는 금비녀 떨어질 듯,
삐뚜름한 머리 더욱 멋지구나.
단추를 풀고,
허리띠 끌렀더니,
고운 향이 글방에 가득.
얄미운 사람 나를 괴롭히네!
허! 어찌 아니 얼굴을 돌리는가?

부드러운 옥, 따뜻한 향내가 가슴 가득.
아, 무릉도원이 따로 없네!

춘정이 밀려드니 꽃빛이 변하누나!
버들허리 천천히 흔들리더니,
꽃술이 가벼이 터지고,
이슬 방울방울 모란꽃이 피어난다.

『서상기』에서 유일무이하게 남녀의 성행위를 단계별로 묘사하고 있는 대목이다. 일부 보수주의자들이 "『서상기』는 음란함을 가르친다"고 목청을 높일 때 어김없이 지적하는 장면이지만, 노골적이거나 선정적이라는 느낌이 거의 들지 않는다. 가장 음란한(?) 장면마저 이토록 아름다운 시어로 표현되고 있는 것이다. 사실상 『서상기』는 그 자체로 거대한 시집이어서, 극본을 읽다보면 주옥같은 중국 고전 시가의 정수를 만끽하게 된다.

더 생각해볼 문제들

1. 원래 『앵앵전』에서 파경으로 끝났던 결말이 『서상기』에 오면 행복한 대단원으로 바뀌는 이유는 무엇일까?

    『앵앵전』은 귀족적이고 남성중심적인 애정관을 반영하고 있는 반면, 『서상기』는 설창 예술의 전통을 계승하여 대중의 보편적인 애정관을 반영하고 있기 때문이다.

2. 『서상기』의 내용은 "우연히 만나 첫 눈에 반한 선남선녀가 우여곡절 끝에 드디어 행복한 가정을 이룬다"는 것으로, 사실상 평범한 것이다. 그럼에도 불구하고 『서상기』가 오늘날까지 명작으로 꼽히는 이유는 무엇일까?

매력적인 극중 인물과, 보편적인 소망을 담은 강한 메시지를 뛰어난 언어 구사력으로 극화하고 있기 때문이다.

3. 중국에서 고전극을 감상할 때 '본다'고 하지 않고 '듣는다'고 하는 이유는 무엇인가? 다시 말해, 서양식 연극과 중국식 연극의 차이에 대해서 생각해보자.

서양식 연극은 대체로 사실적인 무대 배경 속에서 극중 인물이 사실적인 말과 동작으로 일정한 이야기를 재현하는 데 반하여, 중국식 연극은 빈 무대 위에서 주로 노래와 춤으로 일정한 이야기를 '표현'한다. 특히 중국식 연극은 노래가 절대적인 위치를 차지하기 때문에, 연극 관람을 '희곡을 본다(看戲)'고 하지 않고 '희곡을 듣는다(聽戲)'고 한다.

추천할 만한 텍스트
『서상기』, 왕실보 지음, 양회석 옮김, 도서출판 진원·삼련서점, 1996년.

양회석
전남대학교 중어중문학과 교수.
서울대학교 중어중문학과를 졸업하고 동 대학원에서 석사 및 박사 학위를 취득했다. 현재 한국중국희곡학회 회장, 한국중어중문학회 부회장이며 중국 양주대학과 복단대학 객원교수를 역임했다.
저서와 역서로 『중국희곡』(민음사), 『문학과 철학으로 떠나는 중국 문화 기행』(예문서원), 『서상기』(도서출판 진원·삼련서점), 『소리 없는 시, 소리 있는 그림 - 중국 산수화의 지향과 이론』(전남대학교 출판부) 등이 있고, 논문 40여 편이 있다.

사철의 변화라는 것은, 봄이 가고 여름이 오며,

여름이 끝나고 가을이 오는 것이 아니다.

봄에 벌써 여름 기운이 보이고, 여름에 벌써 가을의 정취가 보이며,

가을은 곧 추워지고, 시월은 따스한 봄날 같아 풀이 파랗고, 매화가 봉오리를

부풀기도 한다. 낙엽이 지는 것도 잎이 지고 나서 싹이 나오는 것이 아니다.

새싹이 밑에서 부풀어 오르면 할 수 없이 잎이 지는 것이다.

그 변화의 생기가 속에 차 있으니, 잎의 변화는 매우 빠르다.

…사철의 변화가 빠르다지만 일정한 순서가 있다.

그러나 죽음은 순서를 기다리지 않고 닥쳐온다.

죽음은 반드시 앞에서만 오지 않는다. 이전부터 사람들 뒤에 닥쳐와 있다.

인간은 누구나 다 죽는다는 것을 알고 있지만, 아직 각오도 되지 않았을 때,

죽음은 갑자기 닥쳐온다. 바닷가 개펄이 멀게 보여도,

어느 사이에 밀물이 닥쳐와 물이 차는 것과 같다.

— 『도연초』 중에서

요시다 겐코 (1283~1353)

요시다 겐코(吉田兼好)의 집안은 신사(神社)의 신관(神官)이었으니, 귀족은 아니었지만 상류층에 속하였고, 귀족사회에서 출세할 수 있는 신분이었다. 그는 출신이 좋아서 일찍 벼슬도 하였고, 당시 귀족들이 즐기던 일본 시가(詩歌)인 와까(和歌)에 조예가 깊어서 궁정을 드나드는 귀하신 몸이 되기도 하였다. 이렇게 잘 나가던 그가 왜 출가하였는지 이유는 분명하지 않으나, 당시 귀족사회에 드리워져있던 패배감이 깊어져서 출가하였을 것이라 생각한다. 그 출가도 머리 깎고 깊은 산속으로 들어가 속세와 인연을 끊는 것이 아니라, 단지 세상의 번잡에서 벗어나 은둔하며, 때로는 귀족들과도 어울리는 자유로운 생활이었다. 당시 그는 와까(和歌)의 달인으로, 천황의 명으로 편찬한 와까(和歌) 시집에 실릴 만큼 명성이 높았다.

06

무상한 세태를 사는 삶의 지혜
요시다 겐코(吉田兼好)의
『도연초(徒然草)』

정장식 | 청주대학교 일어일문학과 교수

『도연초(徒然草)』[1] 서단(序段)은 이렇게 시작된다.

이렇다 할 일도 없이 지루하고 심심하여, 하루 종일 벼루를 붙잡고, 마음속에 오가는 부질없는 생각들을 두서없이 쓰노라니, 이상하게도 기분이 복받쳐 나도 모르게 미칠 것만 같구나.

여기서 "이상하게도 기분이 복받쳐 나도 모르게 미칠 것만 같구나."하는 기분은 도대체 어떤 기분을 말하는 것일까? "미칠 것만 같

---

1) 이 책의 제목 (쓰레즈레구사: 徒然草)는 서단 머리말에서 따온 것이며, 이 서단은 일본 고전문학에서 명문(名文)으로 꼽히고 있다.

『도연초』 영문판 표지

다"는 것은 일종의 흥분 상태를 말하는 것인데, "마음속에 오가는 부질없는 생각들을 두서없이 쓰다가" 흥분할 수 있을까? 그렇다면 '부질없는 생각들'은 어떤 생각을 말하는 것인가?

이렇게 말뜻을 생각하면서 읽는다면, 고전이 어렵고 불가사의한 것 같기는 해도 동시에 상상의 나래를 마음껏 펼칠 수 있는 사색의 하늘이 열리게 될 것이다. 고전을 단지 해석만하는 것은, 오늘을 사는 우리들이 그저 고전을 보고 지나치는 것에 지나지 않는다. 우리는 고전을 읽을 때, 작품 속에 배어있는 작가의 생각을 알아보는 것이 중요하다.

『도연초』는 세상을 멀찍이서 바라본 은둔자의 사색을 수필 형식으로 짤막짤막하게 써 놓은 것으로, 또 우리와 시공(時空)을 달리하는 일본 중세의 작품이다. 여기에는 아름다운 자연이나 사랑을 묘사한 매끄러운 문장은 없으며, 스케일이 큰 역사적인 사건도 없다. 그저 은둔자의 눈으로 바라본 세상의 여러 모습을 적어놓았기 때문에, 그러한 은둔자의 시각을 부정적으로 보는 사람도 있을 것이다. 『도연초』를 확실히 음미하려면, 차분히 묵상해 보는 것이 좋다. 어려운 구절이나 이해하기 어려운 대목을 곰곰이 생각하노라면, 세상을 멀찍이 바라본 은둔자의 시각이 은연중에 나의 시각으로 떠오르게 될 것이다.

고전은 오늘을 살아가는 우리의 생각이나 삶에 깊은 영향을 끼칠 수 있기 때문에, 시대를 초월한 생명력이 있는 것처럼 생각된다. 영국인들은 셰익스피어 작품의 여러 구절을 자주 읊조리지만, 오늘날 우리는 고전 문학의 한 구절보다 광고나 코미디 대사를 일상 대화에 자주 쓰지 않는가? 예로부터 품위 있는 대화에는 고전이나 시가(詩歌)의 한 구절을 적절히 인용하는 것이 하나의 형식이었다. 그러나 현대인의 대화에는 속담 같은 것을 인용하여, 옛 사람의 지혜를 살리려는 영민함이 있을 뿐, 고전이 우리 생활 속에 모습을 나타내는 경우는 극히 드물다.

이렇게 고전이 우리들 생활에서 멀어지게 된 것은 고전을 박제

(剝製) 표본으로 만드는 교육에도 문제가 많았다. 흔히들 고전을 해석함으로서, 또 번역이나 해석된 고전을 읽음으로서 고전을 배웠다고 생각하였다. 이렇게 옛날 말을 현대어로 바꾸어 읽는 것은 고전 해석의 시작에 지나지 않는 것이다.

불행한 시대
요시다 겐코(吉田兼好)가 살았던 시대는 귀족 사회가 몰락하고 무사(武士)들이 득세하던 '야만의 시대'였지만, 오늘날도 미디어와 국제질서의 변화에 따라 어렵고 힘든 시대로 바뀌어가고 있다. 이렇게 어지러운 변화를 접하며 세상을 조용히 바라보고 있노라면, "이상하게도 기분이 복받쳐 나도 모르게 미칠 것만 같구나"라고 소리친 요시다 겐코의 기분을 이해할 수 있을 것이다.

우리에게도 불행한 한 시대가 얼마 전에 있었다. 어떤 학자는 그 시대를 '야만의 시대'라고 하였듯이, 상식에서 벗어난 야만적인 사건들이 많아서, 오늘날 드라마로 만들어져 방영되기도 한다. 요시다 겐코가 살았던 시대도 이와 다르지 않았으며, 작가가 느끼는 감정도 이러한 드라마를 직접 눈앞에 보는 것 같았을 것이다.

작가가 살았던 시대는 무사들이 득세한 시대였다. 무사들은 귀족을 호위하거나 싸움이나 하는 '보디가드' 정도에 지나지 않았는데 몇 번의 전란을 거치며 지위가 올라가더니, 드디어 중앙 정치에 진출하여 귀족계급을 밀어내고 정권을 차지한 것이 불행의 시작이었다. 이렇게 무사들이 차지한 정권을 막부(幕府)라 불렀고, 이 시대는 정치적으로나 경제. 사회. 문화적으로 혼란할 수밖에 없었으며,

무사들에게 밀려난 귀족계급의 불만도 적지 않았다.

문화적으로는 귀족문화와 무사문화가 뒤섞여 있어서, 혼란과 변화의 시대였다. 이러한 혼란의 시대는 전란과 죽음이 상존하였으니, 사람들은 현세가 불안하였고 세상살이에 허무를 느낄 수밖에 없었다.

요시다 겐꼬는 와까(和歌)[2]에 조예가 깊어서 한때 궁정을 드나드는 귀하신 몸이었다. 그런데 와까(和歌)는 5-7-5-7-7조의 31자에 시상(詩想)을 압축하여 담는 정형시라서 깊은 감정이나 사상을 충분히 담아낼 수 없었으므로, 요시다 겐코는 세상이 돌아가는 모양을 보며 "마음속에 오가는 부질없는 생각들을 두서없이 쓰노라니, 이상하게도 기분이 복받쳐 나도 모르게 미칠 것만" 같았던 모양이다.

무상(無常)한 세상

험한 세상을 살았던 사람들은 흔히 '혼란의 시대'를 살았다고 하는데, 요시다 겐코가 살았던 시대야말로 '혼란의 시대'였다고 할 수 있겠다. 그가 태어나기 전인 1274년과 1281년에는 고려와 몽고 연합군의 일본 침공이 있었으나, 때마침 두 번 모두 태풍이 불어서 침략군을 물리쳐 주었지만, 막부는 고려와 몽고 연합군의 3차 침공을

---

[2] 한시(漢詩)에 대응하여 만들어진 일본의 정형시(定型詩). 5음과 7음을 기조로 하는 장가(長歌) 단가(短歌) 등이 있으며, 31음(5-7-5-7-7)을 정형으로 하는 단가(短歌)는 중세 귀족들의 중요한 교양이었다.

두려워하며 불안에 떨고 있었다.[3] 이러한 때인 1293년 4월에는 막부가 있던 관동지방에 대지진이 일어나 사망자만도 2만 3천여 명 이상이라는 대재앙이 일어났다.

그 후에도 잡다한 사건들이 꼬리를 물고 일어나더니, 노령에 접어든 1333년에는 위세를 떨치던 가마쿠라(鎌倉) 막부가 무너지고, 1334년에 천황의 친정(親政)이 시작되어 새로운 시대의 서광이 비쳤다. 그러나 정치의 맛을 본 무사들이 정권을 그냥 내어줄리 없어서, 무사들은 다시 쿠데타를 일으켜 교토(京都)를 접수하였다. 1336년 천황은 요시노(吉野) 산속으로 도망가서 망명정부인 남조(南朝)를 세웠고 교토를 접수한 무사들은 허수아비 정권인 북조(北朝)를 세워 나라가 두 쪽이 났으며, 이렇게 양쪽으로 갈라진 세력은 여기저기서 계속 싸우고 있었다. 이렇게 크나큰 정치적인 혼란기를 겪게 되면, 지식인들은 방관자 입장에 서게 되는 것이다. 당시 요시다 겐코는 교토(京都)에서 이러한 정변을 겪는 동안 정치에서 초월하려고 노력하며, 자기 주변의 문제와 인간 삶에 대해 생각하며 이 책을 쓰게 되었을 것이다.

이 책은 형태를 갖추지 않았으나, 내용을 분류해 보면 무상(無常), 귀족 취미, 처세(處世), 학문의 고증이나 고사(故事), 인간상(人間像) 등에 대하여 써놓았지만, 많은 부분이 귀족 취향의 교양

---

[3] 일본에서 이 태풍은 신(神)이 나라를 구하기 위해 일으킨 신풍(神風: 가미카제)이라 하였고, 2차 대전 말기 일본 군부가 만들었던 자살특공대인 '가미카제 특공대'라는 말은 여기서 나왔다.

에 관한 것임을 볼 때 그가 흘러간 귀족 사회를 얼마나 그리워하였는지를 알 수 있다. 이렇게 옛날을 회고하며 불안한 난세를 바라보는 마음은, 세상을 무상하게 볼 수밖에 없었을 것이다. 그의 무상은 불교적인 분위기에서 자라났지만, 다음에서 보듯이 조금 뉘앙스가 다르다.

개미처럼 모여서 동서로 바삐 가고, 남북으로 달리는 사람들. 신분 높은 사람도 있고 낮은 사람도 있다. 또 늙은이도 있고 젊은이도 있다. 제각기 갈 곳이 있고, 돌아갈 집도 있다. 저녁이면 자고 아침에는 일어난다. 도대체 인간이 하는 일은 무엇인가? 오래 살려고 발버둥치고, 이익을 좇으며 쉴 줄 모르는구나. … 어리석은 사람은 죽음이 닥쳐오는 것을 슬퍼한다. 언제까지나 살기를 바라는 나머지, 세상 만물이 변하는 도리를 깨닫지 못하기 때문이다.

그는 무상을 인생의 본질로 보며, 무상은 만물변화의 원리요 기본구조이므로, 피할 수 없는 것이라 생각하였다. 즉 죽음이 시시각각으로 누구에게나 닥쳐오는 것을 알고 있지 않으면 안 된다는, 당연하지만 납득하기 어려운 말로 무상을 설명하고 있다.

그러면서 그는 무상한 세상을 사는 지혜를 말하며, "자기가 죽고 난 뒤까지 이것저것 생각하며 정해둔다는 것은, 참으로 부질없는 짓"이라고 타이르며, 무상하기에 인생은 오히려 아름답고 정취가 있으니, 지금 사는 세상을 아름답고 즐겁게 살라고 권하고 있다.

사람에 대한 이해

"열 길 물속은 알아도 한 길 사람 속은 모른다"고 하지만, 사람을 아는 것이 인문학(人文學)의 바탕이다. 이러한 의미에서, 일본 고전문학에서 인간을 이해하는 높은 경지에 도달한 사람이 요시다 겐코이며, 인간학(人間學)의 요점을 설명한 『도연초』야말로 일본 문학의 지경을 넓힌 계몽서(啓蒙書)라 할 수 있겠다.

이 책은 취미나 구도자(求道者) 등에 대해 쓰고 있지만, 취미나 구도(求道)의 주체는 인간이므로, 취미나 구도를 접하는 인간상과 심리를 여러 각도에서 보는 것이 인간이해의 방법이었다. 인간 묘사에는 스님이 많이 등장하는데, 스님은 구도자이며 모범적인 삶을 추구하던 일본 중세의 존경 받는 인물들이었다. 그러나 이들은 먹을 것을 탐하는 괴짜이거나 투박한 성격의 인간이었으며, 때로는 사물에 어리석어 실수를 잘하고, 때로는 화도 잘 내는 소박함으로 인간 본연의 모습을 잘 보여주었다.

작가가 인간 모습에 모델로 제시한 것은, 어떤 일에서 높은 경지에 이른 달인(達人)들이었다. 작가가 제시한 것은 고상한 예술뿐만 아니라, 나무타기, 말 타기, 활쏘기 같은 하찮은 방면에서도 오랜 경험을 통하여 터득한 지혜를 도(道)라고 말하였다. 거기에는 인간의 지식으로 이해할 수 없는 불가사의한 지혜가 있음을 알았기 때문에, "무슨 일에나 그 방면에 전문 지식을 터득한 사람은 참으로 존경할 만하다"는 것이다.

그래서 어떤 일에 대하여 잘 아는 사람의 말은 "미천한 사람의 말이지만 성인(聖人)의 가르침과 같았다"고 칭찬한다. 또한 "이 말은 어떤 도(道)에 통달한 사람의 가르침으로, 자신을 수양하고 나라를 다스린다는 유교의 도리와 같은 것"이라 하며, 성인의 가르침을 박제된 '말씀'으로 보지 않고, 어떤 일에나 열심히 노력하는 사람들 속에서 찾으려는 자세에 깊은 깨달음을 보여주고 있다.

요시다 겐코의 사람에 대한 관심은 매우 다양하였다. 그는 사람에 대하여 말하며 우정, 거짓말, 공포심, 술주정, 별명 등으로 사람들의 행동에 나타난 심리를 묘사하였는데, 그의 관찰은 집요하고 냉정하였다.

여자로 변신한 도깨비가 교토(京都)에 나타났다는 소문에 사람들이 법석을 떨고 있을 때, 그는 현장에 사람을 보내어 소문의 근거를 알아보고, "아무도 귀신을 보았다는 사람은 없었다"며, "사람들은 실제보다 과장하여 말을 만드는데, 더구나 세월이 흐르고 먼 나라 이야기가 되면, 제멋대로 이야기를 꾸미게 되고, 또 문장으로 기록되면 사실과는 다른 이야기가 사실로 굳어져 버린다"는 말은 오늘날 우리가 매스미디어를 너무 믿는 것을 꼬집는 듯하다.

그는 사람에 대한 이해로 음주의 양면성을 보여주는데, 술에 취하여 주정하는 사람들을 묘사한 대목은 마치 오늘날의 모습을 보는 것 같고, "달 밝은 밤, 눈 내린 아침, 벚꽃 밑, 한가할 때 뜻밖에 찾아온 친구와 같이 높으신 분이 내려 주시는 술"은 정취가 있다고 한 것은 공감이 가는 이야기다. "친하고 싶었던 사람이 마침 술을 좋아하여, 술을 계기로 아주 친해지는 것도 역시 즐거운 일이며", "어떻든 술을 잘 마시는 사람은 재미있고 순진한 사람이다"고 이야기하기도 한다. 이것을 보면, 그도 술을 좋아하였고, 술을 같이 마셔보면 그 사람을 알 수 있다는 말은 경험에서 얻은 지혜이겠지만, 시공을 초월하여 일맥상통하는 상식이다.

일상생활의 교훈

『도연초』에는 일상에서 찾을 수 있는 진리를 모아놓고, 진리는 일상생활 속에 있다는 것을 강조하고 있다. 작가는 이것을 '진리'라는 어려운 말로 쓰지 않고, '교훈'처럼 말하고 있다. 이것은 앞에서 말한 것처럼, 인간생활과 인간심리를 깊이 관찰한 데서 나온 생활의 지혜라고 할 수 있겠다.

그는 먼저 남자가 갖추어야 할 교양으로, 한학(漢學), 한시(漢詩), 와카(和歌), 음악, 궁중 의식이나 사무에 밝은 것을 들었다. 여기에 서도(書道)와 노래에 소양이 있고 술도 좀 마실 줄 아는 것을 바람직하게 여기며, 남자가 꼭 갖추어야 할 재능으로는 문(文), 무(武), 의(醫)를 들었다. 교양은 금(金)과 같아서 가치가 있지만, 현실적으로 철(鐵)의 쓸모에는 미치지 못하는 것과 같이 귀족사회의 교양은 금과 같지만, 철 같은 무(武)를 갖추지 못하면 정권도 지키지 못함을 일상에서 보았기 때문이다.

그는 친구를 어떻게 선택할 것인가를 논하며, 『논어』의 "익자삼우(益者三友), 손자삼우(損者三友)"를 변용하여, "신분이 높은 사람, 젊은 사람, 신체가 건강한 사람"을 좋지 않은 친구라고 한다. 그런데 이것은 체험에서 나온 지혜일까? 우선 생각하면 그런 친구는 좋을 것 같으나, 신분이 높은 사람과 사귀면 자아를 양보해야 하니 마음이 피곤하다. 젊은 사람과 사귀면 체력 차이로 피곤할 뿐만 아니라, 경험이나 인격이 미숙한데 맞추어야 하니 이것 또한 자아를 굽히는 것이다. 신체가 건강한 사람은 약자나 약한 것에 대하여 배려가 부족하여, 이들도 좋지 않은 친구라는 것은 체험으로만 얻을 수 있는 값진 가르침이다.

또 그는 대인관계에서 성실, 존경, 과묵을 미덕으로 보며 "자기가 잘 알고 있는 일이라도 함부로 말하지 않고, 남이 묻지 않으면 말하지 않는 것이 좋다"고 과묵을 강조하고 있는데, 이것 역시 인생에서 얻은 경험이며 사람에 대한 깊은 이해가 바탕에 깔려있다. 그는 노장사상(老莊思想)에 깊이 공감하였으므로, 인간의 하찮은 지식을 자랑하지 말고 무지무능(無知無能)한 것처럼 처신하라고 충고하였다. 그가 좋지 않은 친구로 '젊은 사람'을 든 것도 젊은이들에게는 듬직함이 없고 자기 과시욕이 강하여 잘 나서는 것을 보아왔기 때문일 것이다.

그는 솜씨, 기술, 인격도 저절로 나타나는 것이 좋다고 하였다. "대체로 부자연스럽게 흥미를 유발하기보다는 있는 그대로 솔직한 것이 더 낫다"는 그의 말은, 손님을 접대하거나 남에게 무엇을 줄 때 일부러 척하는 것보다 자연스러운 것이 좋음을 생활 속에서 많이 보았기 때문일 것이다.

의식주에 관한 그의 말은, 귀족사회의 고급문화를 체험하였기에 들을 것이 많다. "대체로 살고 있는 집을 보면 주인의 교양이나 마음가짐을 짐작할 수 있다"고 한 것은 오늘날도 마찬가지로, 집에서 주인의 취향이나 성격이 나타나고, 또한 만들어지는 것이다. 그러면서 그는, 호화롭지 않으며 고상한 정취가 느껴지는 집을 이상적이라 하였다.

　어느 깊은 가을날 산속에서 고상한 정취가 느껴지는 암자를 보고 마음이 끌렸는데, 마당의 과일나무에 울타리를 단단히 둘러친 것을 보고, 그만 주인의 속물근성에 흥이 깨져버렸다는 예는 우리 주변에서도 쉽게 볼 수 있는 모습이다.

합리적인 사고

당시에는 이상한 자연현상이 발생하면 길흉(吉凶)을 알아보기 위해 '음양사(陰陽師)'라는 점쟁이를 고급 공무원으로 모시고 있었다. 자연현상에는 우리가 이해할 수 없는 일도 많았고, 이러한 것들은 길흉(吉凶)과 반드시 상관있는 것은 아니었지만, 사람들은 눈에 익숙하지 않은 현상을 보면 흉사의 징조라고 겁을 내었다.

　소가 관청에 들어가 장관이 앉는 자리에 올라앉은 이상한 일을 보고, 사람들은 음양사에게 끌고 가서 점을 쳐야 한다고 야단이었으나, 어느 높으신 분이 "소는 분별없는 짐승이니, 어딘들 못 가겠느냐"라고 하였다. 그 후 불길한 일은 하나도 일어나지 않았다.

　"별궁을 지으려고 땅을 고르는데 많은 뱀이 나왔다. 사람들은, 뱀은 땅 지킴이니 함부로 할 수 없다고 하니, 어느 높으신 분이 모두 파내 버리라고 하였다. 뱀을 모두 냇물에 띄워 보냈는데, 그 후 아무 뒤탈도 없었다."

　위의 두 이야기는 당시 미신에 빠진 사회 분위기를 말하는 것인데, '어느 높으신 분'의 말을 빌려 자신도 "괴이한 일을 보고 그것을 괴이하다고 여기지 않으면 괴이한 일은 일어나지 않는다"고 강

『도연초(徒然草)』영문판의 삽화

조하였다.

그는 여러 곳에서 귀족 취미와 정취를 찬미하였지만, 그러한 귀족문화가 반드시 사치로 이어지는 것이 아니라며, 되도록 간소한 생활을 강조하였다. 귀족 취향과 간소한 생활은 서로 상반되는 것처럼 보이나, 자연을 사랑하고 스스로 족함을 아는 정취가 생활의 멋이라는 것을 알았기 때문이다.

당시 위정자들 중에는, 중국 도자기나 진귀한 가구들을 늘어놓고, 정원의 초목도 일부러 꾸며 사람들이 있었는데 그들을 보고, 그는 "보기에도 거슬리고 깊은 실망을 안겨준다. 그렇게 해 놓고 도대체 얼마나 오래 살 수 있을까?" 하고 한탄하였다. 그러면서, 오래전 막부 권력자 한 사람은 밤에 부엌에서 된장을 조금 찾아서 기분 좋게 술을 마셨다며, 위정자의 검약을 강조하였는데, 이것은 단순히 낭비만 비판한 것이 아니라, 그렇게 치장해놓는 것이 아름답게 보이지도 않고, 무상한 삶에 무슨 소용이 있겠는가를 묻는 말이다.

일본의 『논어(論語)』
『도연초(徒然草)』가 일본에서 널리 읽히기 시작한 것은 17세기 초반부터였다. 도쿠카와(德川) 막부는 초기에는 무단정치(武斷政治)를 하였으나, 정권이 안정됨에 따라 유교 교리로 백성을 다스리는 문치(文治)주의로 정책을 이끌어 갔다. 이 때 막부의 유학자들은 일본적인 사상에 관심을 가지고, 인생의 교과서가 될 수 있는 책으로 『도연초(徒然草)』를 발굴하게 되었고, 이 책을 띄우기 위하여 '일본의 『논어』'라고 부르게 되었다.

또 17세기 초반부터 일본에서는 출판문화가 일어나기 시작하였다. 이러한 붐을 타고 『도연초』는 대중들의 읽을거리로 보급되었으며, 『논어』처럼 일방적으로 가르치지 않고 쉬운 예를 들어서 차분히 가르쳐 주었기에, 당시의 독자들은 요시다 겐코의 은자적인 측면보다 현세적인 인간이해에 깊이 공감하였고, 시대를 초월한 인생의 교훈을 좋아하였다.

더 생각해볼 문제들

1. 『도연초(徒然草)』에서 얻을 수 있는 시대를 초월한 삶의 지혜를 찾아보자.

    인간의 삶은 시대에 따라 다르나, 인간 심리에는 변하지 않는 몇 가지 특성이 있다. 『도연초』는 그러한 인간 특성을 색욕, 우정, 거짓말, 공포, 술주정,

별명, 탐욕 등으로 묘사하고 있다.

2. 무상(無常)을 바탕으로 한 자연관, 인생철학, 처세훈 등을 살펴보자.
   - 자연의 미(美)는 변화에 있으므로, 계절의 변화에서 아름다움을 찾으며, 이러한 미의식(美意識)은 일본미의 전형을 이루고 있다.
   - 만남과 헤어짐, 삶과 죽음, 아침과 저녁이 있기에 인생은 재미있다고 보았다.
   - 세상을 살아가는 데는 자신을 알고, 만사(萬事)를 기대하지 말며, 미신(迷信)을 멀리 하고, 매사에 시기(時機)를 잘 아는 일상생활의 마음가짐을 가르치고 있다.

3. 『도연초』에서, 인생은 무상하기에 현세(現世)를 어떻게 살아야 한다고 보았나?
   작자는 "무상(無常)"을 현실에서 접하는 아주 자연스러운 변화로 보았으므로, 무상을 깨닫지 못하고 헛된 명예와 이익에 집착하는 사람들의 모습을 비웃으며, 명예와 이익을 버린 이상적인 삶을 그리고 있다.

4. 중세(中世) 일본의 지식인이 공감한 중국사상은 무엇인가?
   작자는 "읽을 만한 책으로는, 중국 문선(文選)의 감명 깊은 대목들이나, 『백낙천 문집』, 『노자(老子)』와 『장자(莊子)』같은 것이 좋다"고 추천하였다. 당시 일본에는 유교 사상도 도입되었으나, 지식인들은 노장(老莊)사상에 심취하였고, 이러한 경향은 일본 문학에도 적지 않은 영향을 미쳤다.

추천할 만한 텍스트
『도연초·호조키』, 요시다 겐코 지음, 정장식 옮김, 을유문화사, 2004.

정장식(鄭章植)
청주대학교 일어일문학과 교수.

III 현대의 문학 고전들

01 루쉰, 『아Q정전』
02 마오둔, 『자야(子夜)』
03 라오서, 『낙타 시앙쯔』
04 바진, 『가(家)』
05 왕멍, 『변신인형(活動變人形)』
06 가와바타 야스나리, 『설국(雪國)』
07 오에 겐자브로, 『만엔 원년의 풋볼』

아Q는 형식상 패배했고, 변발을 붙잡혀 벽에 네다섯 차례 박히고서야,
건달은 흡족해져 의기양양하게 걸어갔다. 아Q는 잠시 서서 "내가 아들한테
맞은 셈 치지 뭐. 요즘 세상은 말이야, 정말 …" 하고 생각하자 한결 기분이
좋아져 마치 승리를 거둔 듯했다. 아Q의 이런 마음속의 생각은 뒤에도
여러 차례 입 밖으로 나와, 아Q와 농담한 사람들은 모두 그가 일종의
정신승리법을 가지고 있음을 알게 되었다. 그래서 이후 그의 변발을 잡을 때마다
사람들은 "아Q, 이것은 아들이 애비를 때리는 것이 아니라, 사람이 짐승을
때리는 거야. 말해 봐, 사람이 짐승을 때리는 거라고!" 아Q는 양손으로
자신의 변발을 붙잡고 얼굴을 일그러뜨리며 "버러지를 때린다고 하면 어때?
나는 버러지야 그런데도 놓아주지 않을 거야?"

— 『아Q정전』 중에서

루쉰 (1881~1936)

본명은 저우수런(周樹人)이며, 청(淸)나라 말기 저장성(浙江省) 사오싱(紹興)의 사대부 집안의 장남으로 태어나 어릴 적에는 구식 교육을 받았다. 난징(南京)에 있던 일종의 해군사관학교에서 서구의 신학문을 처음 접한 뒤, 1902년 일본으로 유학을 떠나 본격적으로 서구의 학문을 학습하면서 중국이 처한 현실을 목도한다. 여기서 구국을 위해서는 국민의 정신을 계몽하는 것이 가장 중요한 일이고, 이를 위해 문학을 할 것을 결심한다. 귀국한 뒤 신해혁명을 경험하고, 이후 일종의 계몽운동인 5·4신문화운동(新文化運動)시기에 루쉰이라는 필명으로 「광인일기」와 『아Q정전』 등의 소설을 발표하여 일약 문단의 대표적인 작가로 자리 잡는다. 이후 날카로운 필봉으로 중국의 현실을 비판하는 산문과 소설을 지속적으로 발표하는 한편, 실제적인 사회 개혁 운동에 종사하여 근대 중국의 변혁에 있어 사상적으로 지도적인 인물이 되었다. 저작으로는 『납함(吶喊)』, 『방황(彷徨)』, 『고사신편(故事新編)』 3권의 소설집과 시집인 『야호(野草)』 그리고 『무덤(墳)』, 『조화석습(朝花夕拾)』 등의 산문집이 있다.

01

중국인의 일그러진 자화상
루쉰(魯迅)의 『아Q정전』

서광덕 | 연세대학교 중어중문학과 강사

내 안의 아Q

국내의 한 종교학자는 『아Q정전』을 읽은 뒤 쓴 독후감에서 "내가 바로 아Q구나"라고 한 적이 있는데, 이것은 아마도 아Q라는 인물이 지닌 자기기만과 허위의식을 자신도 똑같이 갖고 있음을 고백한 것일 터이다. 자신이 받은 차별과 억압을 자신보다 열등한 인물을 찾아 전가시키고 만족해하거나 아니면 자신의 패배와 굴욕을 정신승리법이란 독특한 방식을 통해 승리로 둔갑시켜 버리는 주인공 아Q의 성격이 자신을 되돌아보는 계기를 제공한 것이다. 이런 점에서 아Q는 인간이 지닌 보편적 속성을 잘 드러낸 전형적인 인물로서 많은 사람들에게 공감을 주고 있다. 『아Q정전』의 현재적 의미 또한 바로 여기에 있다고 하겠지만, 그 밖에도 이 작품은 여러 가지 생각해볼만한 요소를 갖추고 있다.

鬼의 화신, 아Q

중국의 대표적인 현대문학가 루쉰(魯迅)이 지은 『아Q정전』은 1921년 12월 4일부터 1922년 2월 12일까지 베이징의 일간지《신보(晨報)》의 문예부간『신보부간(晨報副刊)』에 매주 또는 격주로 1장씩 연재되었고, 뒤에『납함(吶喊)』이란 그의 첫 번째 소설집에 수록되었다. 이 소설은 미장(未莊)이란 마을에서 위로는 조(趙) 나으리로부터 아래로는 같은 날품팔이 소(小)D에 이르기까지 한결같이 무시당하며 살았던 아Q의 전기다.

소설 1장에서 서술자가 열전(列傳), 자전(自傳), 별전(別傳) 운운하면서 길게 설명한 대로 전기란 전통적으로 황제나 영웅의 일생을 걸출한 문장가들이 기록하는 것이다. 이것에 반해 아Q라는 성도 이름도 모르는, 한마디로 보잘 것 없는 인물의 일생을 기록한 것과 그것을 기록하는 자신이 뛰어난 문장가가 아니라는 사실을 강조한다. 이것은 귀족과 사대부계급의 전유물이었던 중국 구문학의 전통을 비판하고자 하는 의도를 다분히 견지하고 있다고 볼 수 있으며, 그런 점에서 이 소설은 근대 문학으로서의 성격을 드러낸다.

그런데 루쉰이 그린 아Q를 잘 살펴보면 단지 날품팔이 농민으로만 보이지 않는다. 농민이지만 소위 정신승리법이나 봉건적인 차별의식 등 소설 전체를 통해 드러나는 아Q의 성격과 의식은 전근대적이다. 특히 "옛날에는 훌륭했다"고 말하는 자존심 강한 아Q에게서 무지한 농민의 모습보다는 지식인을 포함한 전체 중국인 또는 중국을 연상할 수도 있다. 이렇게 복잡한 형상의 아Q를 계급적으로만 분석했던 사회주의 중국에서의 시도가 얼마나 잘못된 것인지는 말할 필요도 없을 듯하다.

하지만 변화를 요구했던 근대 중국에서 적어도 아Q는 사라지거나 다시 태어나야할 존재였다. 쑨원(孫文) 등의 공화제 혁명이든 마오쩌둥(毛澤東) 등의 사회주의 혁명이든 중국의 변혁이란 시대적 과제 앞에 아Q는 계몽의 대상일 수밖에 없었다. 여기에는 아Q와 같은 인물은 더 이상 신중국에서 존재할 수 없다고 하는 의식이 깔려 있다. 그래서 1930년대 한 맑시스트는 '죽어버린 아Q시대'라고 말했던 것이고, 그 이후 아Q는 사회주의 중국에서도 계속적으로 문제가 되는 아킬레스건이었다. 아Q와 같은 인물을 현재도 주위에서 흔히 볼 수 있다는 사실은 사회주의 근대화 자체가 아직도 완성되지 않았음을 보여주는 증거가 되기 때문이다.

아Q를 둘러싼 위와 같은 논란은 루쉰이 궁극적으로 추구한 과제인 '입인(立人)', 즉 '사람 만들기'와 정확히 부합한다. '입인 사상'에 비추어보면 「광인일기(狂人日記)」의 광인이나 「공을기(孔乙己)」의 공을기와 더불어 루쉰 작품의 일명 광인가족 가운데 하나인 아Q는 진정한 인간이 되지 못해 구천을 떠도는 망령, 즉 귀신에 다름 아니다. 아Q와 같은 광인가족이 진정한 사람으로 탈바꿈될 때 비로소 중국의 변혁은 진정으로 성공하게 된다. 그렇기 때문에 '아Q'의 '정전'은 계몽과 혁명의 이중변주로 이루어진 중국 근대화의 항구적인 과제를 날카롭게 제시한 것이다. 바로 이런 점에서 『아Q정전』은 여전히 문제적 작품이다.

중국 국민성[1]에 대한 해부도?

『아Q정전』은 1910년대 중국 농촌의 한 날품팔이를 모델로 삼아 중국의 국민성 문제를 거론한 작품이라고 평가받는다. 이것은 작가 루쉰의 사상적 경향에 근거한 평가이다. 루쉰은 일본유학시절에 "이상적인 인간성은 무엇인가?" 또는 "중국 국민성의 병폐는 무엇인가?" 하는 문제에 주목했었고, 또 그가 의학에서 문학으로 방향을 전환했던 것은 수업시간에 본 환등기에 비친 중국인들의 멍청한 눈이었다는 사실은 잘 알려진 일이다.

서구 학자들이 정치적·집단적 의식이 직접적으로 작품 속에 드러난다고 하는 이른바 '민족적 알레고리(allegory)'[2]로서 비서구, 즉 제3세계의 근대 문학 작품을 해석하고, 루쉰의 작품 또한 이러한 시각에서 접근했던 것은 바로 문학 창작의 바탕을 이루는 이와 같은 작가의 사상적 경향에 근거한 것이다. 국민의 영혼 또는 국민

---

[1] '국민성'은 일찍이 루쉰이 일본유학시절에 친구들과 함께 사용했던 용어이다. 이것은 서구 열강의 침략을 받고 있던 당시 중국의 젊은 청년들에게 많은 영향을 주었던 계몽가들 사이에서 자주 언급되었던 용어로서, 중국이 이런 풍전등화의 위기상황을 뚫고 국민국가로서 재생하기 위해서는 국민을 양성하는 것이 급선무이고, 이를 위해 현재 중국인들의 결함이 무엇인지를 중국의 문화적인 배경 안에서 찾고자 했다. '국민성'은 바로 이런 의미를 갖고 사용되었다.

[2] 이것은 미국의 문예이론가 프레드릭 제임슨이 사용한 용어이다. 추상적인 개념을 직접 표현하지 않고 다른 구체적인 대상을 이용하여 표현하는 문학형식을 알레고리가 하는데, 제임슨은 이 개념을 이용하여 "개인적인 운명을 다루는 이야기라 할지라도 그러한 이야기는 항상 제3세계의 험난한 위험에 빠진 문화와 사회적 상황에 대한 알레고리"라고 하면서 제3세계 근대문학에 나타난 민족의식을 강조했다.

성 문제를 작품에서 표현하고자 시도했던 것은 서구에 의해 낙후를 경험한 비서구권의 근대문학에서는 보편적인 현상이고, 그런 점에서 루쉰의 『아Q정전』 또한 예외가 아니다.

그런데 아Q와 같은 인간형은 이미 서양인 선교사들이 쓴 글에 나오는 중국인에 대한 묘사와 비슷했다. 서양인들의 눈에 비친 중국인들은 바로 아Q와 같이 근대적 인간형과 거리가 있는 모습이었다. 이것이 일본을 거쳐 중국에도 전해졌다. 루쉰 또한 서양에 의해 창조된 중국인의 형상을 모르지 않았다. 이렇게 근대 초기 동양에 파견된 서양인들에 의해 중국인을 비롯한 동양인들의 상이 정립되어 있었고, 이것이 자연스럽게 서구인들의 동양인 상을 좌우했다. 이것을 우리는 오리엔탈리즘으로 읽어도 무방할 것이다. 오리엔탈리즘적[3] 시각에 의해 형성된 낙후된 중국인상과 일본유학시절이후 시작된 중국 국민성의 병폐에 대한 루쉰의 자각은 『아Q정전』의 아Q를 중국인의 일반적인 성격 즉 국민성 또는 중국이란 국가를 상징하는 것으로 읽는 시각에 이의를 제기하기 어렵게 만든다.

이것은 동아시아의 다른 나라와 마찬가지로 국민국가의 건설 그리고 이를 위한 국민 계몽이 주요한 과제로 등장했던 근대 초기 중국의 상황과 연결지어 생각해보면 이해하기 쉽다. 국민국가 건설이란 시대적 과제는 개명한 엘리트에 의한 우민(愚民)들의 국민의식

---

[3] 에드워드 사이드의 책 『오리엔탈리즘』에서 나온 말로서 서구중심주의적인 동양 타자화 또는 배제의 담론을 가리킨다.

화, 조직화, 동원, 통제를 '국민의 담론'으로서 필요로 한다. 그리고 국민국가론[4]은 철저하게 약육강식과 적자생존으로 대표되는 진화론에 바탕을 둔 제국주의 논리를 내면화하고 있었다. 이 내면화는 결국 국민으로 되는 부류와 그렇지 못하고 배제되는 부류라는 차별 구조를 그 안에 형성한다.

『아Q정전』에서 아Q를 중국의 낙후한 국민성을 대표하는 인물로서 묘사했다손 치더라도 국민국가론적 관점에서 소설을 읽을 때 과연 아Q가 바람직한 국민으로 탄생될 수 있을지에 대해서는 의문이다. 여기에 계몽의 문제가 놓여 있다. 이를 위해 소설에서 아Q의 삶을 묘사하고 있는 또 하나의 존재 즉 서술자에 주목할 필요가 있다. 서술자가 작가 루쉰인지는 알 수 없지만 적어도 문맥상에서 그는 아Q의 속내까지 너무도 잘 아는 지식인 계몽자라는 것은 어렵지 않게 파악할 수 있다. 그래서 '서술자(지식인)-아Q(민중)'이란 관계가 설정되는데, 서술자가 아Q를 보는 시선은 대단히 냉정하다. 아Q에 대한 일말의 동정도 보이지 않는다. 아Q를 섣부른 혁명당원으로 만들려 하지도 계몽하여 국민으로 만들려고 하지도 않는다. 또 억울한 죽음에도 불구하고 마을사람들의 구경거리로 종말을 짓는다.

이러한 전개는 우리들에게 아Q를 국민으로 만드는 국민의 담론

---

[4] 근대의 산물인 국민국가 체제가 국민을 조직하고 동원하여 전쟁을 일으킨 현상을 비판하는 담론으로서 근대 국민국가가 어떻게 과학·학문·사상·예술·풍속 등을 국민국가의 제도이자 국가 이데올로기로 활용했는지를 드러낸다.

도, 혁명당원으로 만드는 혁명의 담론도 루쉰에게 중요한 것이 아니었다고 해석할 여지를 준다. 왜냐하면 이와 같이 주어진 방식으로 아Q의 변화를 그려내기에는 중국의 상황이 그렇게 간단치가 않았기 때문이다. 이것은 루쉰 소설의 리얼리티와 관련된 문제다. 국민성 개조가 당연히 루쉰에게도 초점의 대상이었지만, 5·4신문화운동 주창자들의 계몽방식처럼 낙관적이고 희망적이지 않았다. 중국의 재생은 외부의 방식 그대로 실현되는 것이 아니라고 생각했던 것이다. 따라서 그는 아Q를 죽임으로서 당시 5·4 지식인들의 사고를 뛰어넘었다.

국민국가를 형성하기 위해 국민을 계몽한다는 사명을 문학이 맡아야 했던 시기에 창작된 『아Q정전』이 국민성 개조라는 시각에서 완전히 자유로울 수는 없다. 하지만 루쉰이 아Q를 통해 묻고 싶었던 것은 좀 더 근원적이 인간의 변혁이었다. 이것은 "살아가야만 한다"라고 루쉰의 사상을 정리한 일본의 근대 사상가 다케우치 요시미(竹內好)의 말처럼 중국인이 지구상에서 사라질 위험성에 대한 근원적인 질문에서 루쉰의 글쓰기가 시작되고 있다는 것과 관련된다. 그런 점에서 아Q는 죽어야만 했다. 따라서 "중국인이란 이름이 지구상에서 사라질" 상황 앞에 국민의 담론에 입각한 근대적 계몽의 방식은 루쉰에게 매력적인 것이 아니었다. 이미 루쉰은 이러한 근대적 방식의 심연을 보아버렸다. 『아Q정전』은 바로 이런 얘기를 하고 있는 것이다.

진실과 거짓의 문제, 혁명

『아Q정전』은 크게 두 단락으로 나누어진다. 하나는 앞에서 말한 것처럼 국민의 영혼에 대한 묘사이고 다른 하나는 바로 혁명과 관련된 문제다. 루쉰은 『아Q정전』을 비롯한 자신의 소설이 5·4신문화운동 선구자들의 명령을 받들었던 것이라고 말한 적이 있다.

그 명령이 허망한 희망에 의거한 것이자 실패를 예견할 수 있는 것이라고 할지라도 루쉰은 그 명령을 따랐다. 이렇게 창작된 루쉰의 작품 또한 『납함(吶喊)』, 즉 외침이다. 자신의 내면에서 우러나온 것이 아님에도 그 명령을 받든 것은 자신의 깊은 절망 또한 허망한 것이라고 생각했기 때문이다.

루쉰이 절망을 경험한 첫 번째 사건은 바로 신해혁명(辛亥革命)[5]이었다. 그리고 이것은 『아Q정전』에서 하나의 사건으로서 등장한다. 그런데 전면적으로 드러내지 않고 아Q와 마을 사람들이 반응을 통해 간접적으로 보여준다. 성안에서 혁명당원이 목이 잘리는 것을 보고 "혁명당은 역적이다. 역적질은 자기로서는 못할 짓이라는 생각을 품고 있었다."라고 했던 아Q, 혁명이 성안에서 실제 전개되고 있다는 소식이 전해진 뒤 가짜양놈과 조(趙) 수재가 자유당이란 혁명당의 뱃지를 4푼으로 사는 장면, 그리고 "빌어먹을 놈

---

[5] 1911년 신해년에 일어난 중국의 공화제 혁명으로서 쑨원(孫文) 등의 중국혁명동맹회에 의해 주도되었다. 이 혁명으로 인해 중국은 오랜 왕조체제를 무너뜨리고 근대적인 민족국가로 탈바꿈하였지만, 위안스카이(袁世凱) 등의 보수파에 의해 최종적으로는 실패로 끝나고 말았다.

들을 혁명해줄테다. 가증스런 놈들을… 나도 혁명당에 들어갈 수 있어"라고 말하는 아Q의 반응을 통해 혁명은 고귀한 것이 아니었음을 드러낸다. 이 때문인지 실제로 루쉰은 친구로부터 어떻게 아Q라는 인물이 혁명당원이 될 수 있듯이 묘사했는지 앞뒤가 좀 맞지 않는다고 비판을 받기도 했다. 하지만 그가 말하고 싶었던 것은 바로 자신이 신해혁명의 실패를 통해 얻었던 것, 즉 혁명의 진정성에 대한 것이었다. 혁명은 원래 실패를 통해 영원성을 획득한다. 그렇지 않은 혁명은 아Q와 미장(未莊) 사람들에게 하나의 전염병과 같은 것이다.

　'혁명'과 '근대' 등 서구의 근대적인 이념이 중국에 들어왔지만, 그것이 지닌 진정한 의미를 고민하지 않을 때 그것은 단순히 '왔다'라는 것으로 밖에 받아들여지지 않게 된다. 또 서구의 것이 우월하다는 절대적 인식을 바탕으로 그것을 얼마나 잘 모방하고 추수할 것인가에 집착한다면 결국 여기에 남는 것은 '주의(主義)'밖에 없다. 루쉰은 이것을 말하고 싶었던 것이다.

눈과 눈들의 교차, 파시즘

루쉰 문학을 관통하는 핵심적인 요소는 눈이다. 이것은 중국 사회의 안을 해부하는 노신의 문학적 표현 방식이다. 그것은 「광인일기」에서 중국의 전통사회를 '식인사회(食人社會)'라고 규정한 것처럼 사람을 살리는 사회가 아니라 억압과 차별이 내면화되어 있는 사회라고 보았던 것과 같은 것이다. 『아Q정전』에서는 차별과 무시를 당했던 아Q 자신이 그 내면에 또 다른 차별을 안고 있었음을 잘

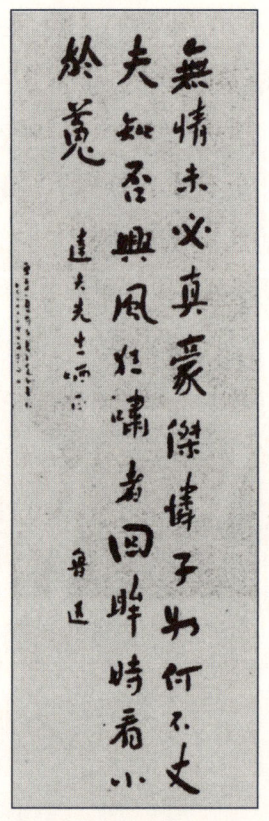

루쉰의 글씨

드러낸다. 예를 들어 정수암(靜修庵)의 비구니가 미장이란 마을에서 가장 무시당하는 아Q의 차별 대상이 되고 있는 것은 불교와 여자라는 소수자 차별의 대표적인 형태를 잘 보여준 것이며 동시에 중국 전통사회가 형성한 연약한 자, 소수자 차별의 이데올로기가 얼마나 뿌리깊게 남아 있었던가를 나타낸다.

한편, 이러한 차별적 구조는 사형장으로 끌려가며 조리돌림을 당하는 아Q를 바라보는 성 안 사람들의 눈에서도 잘 드러난다. 아Q는 이런 눈들에서 산기슭에서 만난 굶주린 이리 눈을 떠올린다. 그것은 "진짜로 이제까지 보지도 못한, 더 무시무시한 눈길을 그는 보았던 것이다. 둔탁한 그러면서도 가시가 돋힌 눈길"이라고 했듯이 자신을 바라보는 눈초리는 바로 자신을 곧 잡아먹을 듯 주시하는 눈길에 다름 아니었다. 이들은 바로 근대적인 사형 형태인 총살이 참수보다 시시했다고 불평하는 사람들이었다. 이것은 결국 집단적 차별 의식의 대표적인 형태다. 루쉰은 이미 "폭군치하의 신민은 대개 폭군보다 더 난폭한" 것처럼 다수의 폭력이 얼마나 무서운 것인가를 얘기한 적이 있다. 중국사회는 바로 이러한 사회였고 그것을 바로 식인사회라고 표현한 것이다.

아Q 또한 자신보다 약한 자, 이상한 자를 무시할 때나 그들에게 예상 밖의 패배를 당했을 때 사용했던 방식이 바로 노려보기였다. 언젠가는 다시 놀려줄 것이라고 생각하면서 또 그들보다 정신적으로 우월하다는 인식을 갖고서 노려보는 것이다. 이러한 현상은 결국 인간과 인간 사이에 소통이 존재하지 않게 만든다. 그리고 그것은 소통이 부재할 때 나타나는 현상이다. 그래서 그는 "남의 일은 접어두고 내 자신의 느낌으로 말하면 우리나라에는 사람과 사람 사이에 높은 담이 있어 서로 격리되어 있는 탓인지 마음과 마음이 통하지 않는다"고 말했던 것이다. 그리고 소통의 부재는 원칙적으로 이러한 약자와 소수자를 타자화시키는 가부장적 혈통주의, 획일성과 통일성을 강요하는 규율 등을 통해 재생산된다.

아Q는 죽음의 순간에 현실을 직시한다. 이것은 혁명, 민주, 민족 등의 추상적 신화로 해석되지 않는다. 그것은 아Q가 직감적으로 깨달은 인간과 인간이 서로를 소외시키는 삶 또 그것을 생산해내는 구조가 사회에 존재한다는 사실일 것이다. 루쉰은 당시 지식인들의 머리를 지배하는 추상적 신화의 틈을 헤집고 들어가 우리의 일상을 지배하는 그 견고한 생활양식을 읽어내는 작업을 시도하였다. "내면화 규율화의 권력이 강하다는 것은 억압과 강제보다는 동의의 기제에 의존할 때"라는 그람시의 테제처럼, 중국 사회에 만연해 있었던 일상적인 폭력 즉 파시즘적 형태를 폭로하였다. 그런 점에서 『아Q정전』은 중국의 전통적인 문화구조가 마련한 여러 가지 픽션장치들 밑에 은폐되어 있던 결을 아Q의 눈을 통해 드러낸 것이다.

현대 중국과 아Q

『아Q정전』은 자만한 채 저항할 줄 모르는 인물형인 아Q를 잘 그려낸 점에서 중국만이 아니라 세계적으로 호평을 받았지만, 그 보다 이 작품은 국민성, 혁명, 파시즘이란 현대성의 신화를 구성한 요소들을 내부에 문제로서 담고 있다. 그리고 아Q라는 인물을 통해 안과 밖의 문제 즉 억압과 차별, 인간간의 소통의 부재를 드러내었다.

이 가운데 가장 근원적인 것은 역시 인간간의 소통의 문제였다. 중국사회에서 이것의 근원적 불가능성을 직시한 루쉰은 아Q를 어이없게도 그가 들어가기를 바랬던 혁명당의 도덕성 회복을 위한 본보기로서 죽임을 당하는 것으로 대단원을 짓는다. 이것은 아Q가 지닌 부조리와 비겁성이 죽음을 통해 극복되고 새롭게 탄생되기를 바란 것이자 아Q라는 인물의 죽음이 중국사회의 재생으로 이어지기를 바랬는지도 모르겠다.

"내가 그린 것은 현재보다 이전의 한 시기이다", "다만 내가 본 것이 현대의 전신이 아니라 현대의 후신, 더구나 불과 20~30년 뒤의 일일지도 모른다는 것을 두려워한다"고 말했던 것은 아Q가 비단 신해혁명 시기의 인물에 국한되는 것이 아님을 예고한다. "모든 죽은 세대들의 전통이 악몽과도 같이 살아 있는 사람들의 머리를 짓누른다"는 마르크스의 통찰처럼 아Q의 영혼은 지금도 여전히 도처에서 떠돌고 있는 것은 아닐까.

더 생각해볼 문제들

1. 이 소설은 '반봉건(反封建)'이란 중국 근대 초기의 시대적 과제를 잘 드러낸 작품이다. 특히 이 작품은 봉건체제를 생산하는 기제를 예각적으로 그려내고 있는데, 중국의 문자와 관련된 문제를 살짝 보여주고 있다. 소설 속에서 가짜 양놈의 표준어—당시로 본다면 신지식인들의 백화(白話)—가 아Q를 환기시키고 있는 장면 그리고 재판장에서 무식자인 아Q가 식자인 혁명당 앞에서 동그라미를 그리는 장면에서 드러나고 있다. 이것은 언어와 이데올로기 상관관계를 보여주는 것인데, 그렇다면 언어와 이데올로기의 문제를 이 소설을 통해서 어떻게 생각해볼 수 있을까?

  네모난 글자, 즉 한자는 중국 문화의 상징이지만, 이것은 절대적으로 상층계급만이 소유할 수 있는 것이었다. 그런 점에서 '문자'는 바로 권력이었다. 근대 시기에 국어의 문제가 국민국가 건설의 과정에서 대단히 중요한 문제였던 것 또한 이런 맥락에서 이해할 수 있다.

2. '국민성 개조' 또는 '국민국가의 건설'이란 20세기 근대적 과제가 현재 새롭게 비판을 받고 있다. 그것은 이러한 국민국가 건설의 주장이 어떻게 다시 인간을 타자화시키고 차별하고 있는 것인가가 여러 가지 사례를 통해 드러나고 있기 때문이다. 이러한 현재적 상황에서 '국민성'과 관련된 얘기는 대단히 조심스럽다. 특히 한중일 간의 역사교과서 문제에 대한 각국의 대응형태에서 '자민족 중심주의' 또는 '일국(一國)중심주의'가 등장할 가능성 또한 배제할 수 없다. 이 작품을 통해 국민성 문제를 다시 사고할 수 있는 계기를 마련한다면 그것은 어떤 것일까?

국민성과 관련된 담론은 대단히 서구적인 산물이다. 왜냐하면 제국주의 시대 침략의 정당화를 위해 자국민과 타국민을 어떠한 기제를 동원해 합리화시킬 필요가 있었고, 여기에 동원된 것이 바로 '국민성'이란 문제였다. 이를 극복하기 위해서는 아Q와 마을 사람들 간의 관계에서 보았듯이 개인이든 국가든 상대를 차별하는 시선을 극복하고 같은 눈높이로 보는 일이 무엇보다 중요하다. 즉 상대화된 시선을 회복하는 일이다.

3. 최근 신세대 중국 학생들은 루쉰이 묘사한 아Q라는 중국인의 상은 옛날이야기일 뿐, 오늘날과는 맞지 않다고 한다. 이런 주장은 이미 1930년대에도 있었다. 아Q를 부정하고 싶은 이런 중국인들의 심경은 충분히 이해할 수 있다. 게다가 이런 심경은 단지 부정하고 싶다는 것이 아니라 현재 경제적으로 급부상하고 있는 중국의 현재적 상황을 배경으로 한 강한 자신감과 자부심에 의해 역전되고 있다. 아Q의 중국은 이제 존재하지 않는다고 말이다. 사회주의 혁명을 수행했고, 지금은 경제대국을 향해 나아가는 중국에서 『아Q정전』은 이제 아무런 의미가 없는 한낱 과거의 얘기를 적은 작품에 불과한 것일까?

우리는 『아Q정전』의 현재적 의미와 문학의 고전으로서 갖는 세계적 의미를 다시금 생각해볼 필요가 있다. 자본주의 물질화가 최상의 기준이 된 지금에서도 진정한 인간과 사회의 의미를 묻는 이 작품을 읽는 의미는 충분하다. 아

Q의 노예근성은 진정한 극복이 없다면 아주 쉽게 노예주의 의식으로 전환하기 때문이다. 따라서 서구에 의해 근대화가 시작된 아시아의 경우, 근대화의 先後가 문제가 되어서는 안되고 진정한 의미의 근대화가 사고의 주요한 대상이 되어야 한다. 이런 점에서도 『아Q정전』은 여전히 훌륭한 자산이다.

추천할 만한 텍스트
『아Q정전』, 루쉰 지음, 전형준 옮김, 창작과 비평사, 1996
『루쉰 소설전집』, 루쉰 지음, 김시준 옮김, 서울대학교 출판부, 1996
『노신문집1』, 루쉰 지음, 죽내호 옮김, 일월서각, 1985

서광덕
연세대학교 중어중문학과 강사.
연세대학교에서 중국 현대 문학을 전공했고, 동 대학원에서 「동아시아의 근대성과 노신 연구」라는 제목으로 박사 학위를 받았다. 루쉰에 대한 관심과 연구를 지속해왔고, 「노신과 근대성 시론」, 「노신의 중국 전통문화관념에 대한 연구」 등의 논문을 발표했다.
최근에는 루쉰 연구의 과정을 정리하고 그 위에 동아시아적 시각을 도입하여 「동아시아 담론과 루쉰 연구」, 「동아시아 지성사에서 루쉰의 의미」 등의 글을 썼다. 이를 계기로 일본의 근대사상가이자 루쉰연구자인 다케우치 요시미(竹內好)에 대해 관심을 갖고, 루쉰 연구를 자신의 비평 활동에 접목시킨 그의 사상궤적을 살피면서 루쉰의 동아시아적 의미를 발굴하려고 하고 있다.
저서로는 『민족혼으로 살다-루쉰, 그 위대한 발자취를 찾아』(1999) 등이 있고, 다케우치 요시미의 『루쉰』(2003)과 『일본과 아시아』(2004, 공역) 등을 번역했다.

증권거래소는 청과물 시장보다도 훨씬 떠들썩했다.
꽉 들어찬 사람들로 거래소 안은 질식할 것은 땀냄새가 가득 찼다.
… 테이블을 두드리는 사람, 전화통을 붙들고 있는
사람들의 얼굴이 벌겋게 달아 있었다.
… 기계들의 소음, 자동차의 매연, 네온사인의 붉은 빛, 여인들의 몸에서 나는
향기 등 모든 게 우 나으리에게는 악마 같은 도시의 혼령처럼 여겨졌다.
―『자야』 중에서

마오둔 (1896~1981)

현대 중국 최고의 장편소설 작가로 평가되는 마오둔(茅盾)은 1896년 저장(浙江)성 통상(桐鄕)현의 중산층 가정에서 태어났다. 본명은 선더홍(沈德鴻), 자는 옌빙(雁氷)으로 마오둔은 1927년 9월 『환멸(幻滅)』을 발표할 때 최초로 사용한 필명이다.

마오둔은 1916년 베이징(北京)대학 예과를 수료한 후 1921년 '사실주의 문학과 인생을 위한 문학'을 이념으로 표방한 '문학연구회'의 결성에 참여했고, 문필 활동과 더불어 1921년 공산당에 가입하였다. 이때부터 제국주의에 반대하는 글들과 마르크스주의에 경도된 문학 이론들을 발표했다. 그 후에도 정치 활동과 문학 활동을 병행하였는데 『식(蝕)』, 『무지개』, 『자야』, 『부식(腐蝕)』, 『서리 내린 붉은 잎은 이월달의 꽃과 같구나』 등의 작품을 계속해서 발표했다.

1949년 중국공산당 정권이 수립된 후에는 '중화전국문학예술가협회'의 부주석과 '중화전국문학공작자협회'의 주석으로 활동했고, 또한 문화부 장관직을 맡았다. 이 기간에는 창작보다는 평론 활동에만 치중하였다. 1966년 문화대혁명으로 문화부 장관직에서 해임된 후 1976년 4인방이 몰락할 때까지의 기간에는 확인된 공식 활동이 없다.

02

1930년 상하이(上海)의 밤과 낮, 돈과 사람
마오둔(茅盾)의 『자야(子夜)』

김하림 | 조선대학교 중국어과 교수

붉은 자본의 도시, 상하이(上海)

사회주의 국가인 중국이 자본주의적 요소를 도입한 '개혁개방' 정책을 실시한 이후, 상하이는 '눈이 부시다'는 표현으로는 부족할 정도로 빠르게 변화·발전하고 있다. 특히 1990년대 초반 떵샤오핑(鄧小平)이 상하이의 '푸동(浦東)'지구 개발을 촉진한 이후, 상하이는 동북아의 중심도시를 넘어서 세계의 중심도시로 급성장하고 있다. 높이 솟은 마천루, 발을 움직이기조차 힘든 인파, 쉴 새 없이 오가는 황푸(黃浦)강의 배들은 상하이 번영의 상징이 되었다. 이런 점에서 중국인들이 흔히 '개혁·개방'의 역사를 보려면 '상하이를 보라'고 말하는 자부심을 흠뻑 느낄 수 있는 도시이다.

그러나 기나긴 중국 역사에서 상하이는 오히려 역사가 매우 짧은 도시이다. 한적한 어촌에 불과했던 상하이가 본격적으로 역사 무대에 등장한 것은 1840년 아편전쟁에서 청(淸)나라가 영국에 패배하면서 맺은 불평등조약인 '난징(南京)조약'에 의해서 항구로 개방되면서부터다. 이후 상하이는 자유항이 되어 서구와 일본 제국주의 세력들의 활동무대이자 각축장이 되었고, 외국인과 외국자본이 물밀 듯이 밀어닥쳤다. 이에 힘입어 상하이는 외국 조계지를 중심으로 기형적으로 발달한 서구 문물이 그 화려함을 다하고 있는 '동방의 국제도시'로 변모하였다.

외국인들은 대부분 조계(租界)에 거주했는데, "중국인과 개는 들어오지 마시오"라는 팻말이 조계의 공원에 걸려 있었던 데에서 알 수 있듯이 조계는 일종의 치외법권 지역으로 중국의 경찰권이나 사법권이 미치지 않는 상태였다. 또한 외국인 투자 기업가들과 매판 자본가들의 가혹한 착취와 열악한 노동조건으로 인해 노동쟁의가 연이어 발생하고 내전과 기아, 질병 등을 피해 대도시로 몰려든 이농민들이 거대한 빈민층을 형성하고 있는, 두 얼굴을 가진 도시였다. 장편소설 『자야』는 바로 이런 상하이의 야누스적인 측면을 잘 반영하고 있다.

1949년 공산당에 의한 중화인민공화국이 수립되고 나서 공장과 상업시설에 대한 사회주의적 개조가 되어, 상하이는 이전의 화려하고 번영했던 자본의 도시에서 급속히 사회주의적 성격을 지닌 생산도시로 변모했다. 예전의 화려함과 활기를 상실한 상하이는 오히려 1921년 중국공산당이 창당된 도시이자 중국 노동운동의 메카였던 측면이 강조되는 혁명전통을 계승한 도시라는 측면이 부각되었다.

그러나 개혁·개방 정책 이후 가장 빠른 속도로 자본주의 도시로 변모하고 있는 상하이의 근래의 모습에서는 1949년 이후의 사회주의적 전통보다는 오히려 그 이전의 자본주의적 전통과 경험을 계승하여 발전시키고 있는 측면이 더 두드러지는 듯 하다.

상하이, 1930년 5월~7월

중국 현대문학사상 가장 뛰어난 사실주의 소설로 평가되는 『자야(子夜)』는 원래 『소설월보』 1932년 1월호와 2월호에 '석양(夕陽)'이라는 제목으로 앞부분 몇 장이 게재될 예정이었으나, '1·28 상하이사변'이 발발, 일본군의 포격으로 상무인서관이 불타버리는 바람에 원고마저 소실되었다. 다행히 작가가 한 부를 더 베껴놓은 덕택에 1년 후인 1933년 1월에 『자야』라는 제목으로 개명서점(開明書店)에서 출판되었다. '자야'는 본디 자시(子時)·오후 11시에서 오전 1시·를 지칭하는 말로, '칠흑 같은 어둠' 혹은 '한밤중'을 의미한다.

마오둔은 "매판 계급, 민족 자본 계급, 혁명 운동가와 노동 대중의 세 측면을 묘사하려고" 『자야』를 창작했다고 술회한 적이 있다. 이 말처럼 『자야』는 제국주의 세력 및 금융 매판 자본 계급을 대표하는 자오보타오(趙伯韜)와, 민족 자본 계급을 대표로 하는 우쑨푸(吳蓀甫)의 대결을 통해 중국 민족자본가 계급의 현실적 상황과 전망을 묘사하고 있다. 그리고 이 중심 테마를 축으로 하여 우(吳) 나리와 쩡창하이 등으로 상징되는 봉건 계급의 몰락 양상, 판보원과 리위팅 등 쁘띠부르주아 계급의 향락적이고 기회주의적인 양태, 노동 운동 및 노동 대중의 흥기 등과 같이 상하이를 배경으로 당시의 사회상이 다양한 측면에서 섬세하고 생동감 있게 그려져 있다.

주인공 우쑨푸는 "중국의 민족공업은 이제 손가락을 꼽을 정도만 남아 있을 따름이니! 비단공업과 중국 민족의 장래는 매우 밀접해! 나라가 나라답고 정부가 정부답다면 중국의 공업도 틀림없이 희망이 있을 텐데"라고 한 것처럼 민족공업을 발전시키겠다는 야심과 모험 정신 그리고 수완이 뛰어난 민족자본가 계급의 전형적 인물이다. 그는 구미를 유람하며 배운 경험과 자신이 기업을 경영한 체험을 토대로 민족공업을 발전시키겠다는 이상을 현실화시키고자 한다. 그러나 금융 매판 자본가인 자오보타오의 압력과 국제적 경제 혼란, 군벌간의 내전으로 점차 위기가 닥쳐오자 자신이 경영하는 공장의 노동자들에게는 무력의 사용조차 망설이지 않는 잔혹한 착취를 감행하고, 공채 투기라는 비정상적인 방법으로 자본을 확대·축적코자 한다. 그러나 결국 외국 자본의 힘에 의해 멸망하고 만다.

일반적으로 반(半)식민지적 사회구조 속에서 민족자본가 계급은 제국주의 세력에도 반대하고, 또한 혁명적 상황이나 혁명을 두려워하는 이중성을 지닌 극히 취약하고 동요하는 계급으로 존재하고 있다는 점이 그 특징의 하나라고 볼 때, 우쑨푸를 주축으로 하는 민족자본가 계급의 패배와 몰락은 커다란 상징성을 부여해 주고 있다.

특히 자오보타오와 우쑨푸의 대립속에서 결국 자오보타오의 계략과 자본력에 의해 우쑨푸가 실패하고 마는 비극적 결말은 작품의 완성도를 높이고 있다.

이 작품에서 또 하나의 주류를 형성하고 있는 것은 '상하이 노동자들'의 이야기이다. 당시 제국주의 세력, 매판 자본, 민족 자본의 경제력이 밀집되어 있던 상하이는 '5·30운동'이나 1927년 대혁명 기간의 '상하이 총파업'이 보여주듯이 노동 운동의 핵심지였다. 그러나 1927년 이후, 특히 4·12쿠데타 이후 노동조합 및 노동자들이 가혹한 탄압을 겪은 뒤, 중국의 노동 운동은 이전에 비하여 상대적으로 저조한 상태였다. 그 이유는 노동 운동 및 노동자들에 대한 가혹한 물리적 탄압과 어용 노조에 의한 개량주의적 노선의 확대 그리고 일련의 패배 속에서 개인적 시련과 생존에 함몰되어 경제적 이익의 추구에 치중하고 있던 노동자들의 움직임이었다. 또 한 가지 덧붙인다면, "너의 지도는 그릇된 것이었어.…너의 지도는 우파의 색채를 띠고 있어. 너는 대중추수주의자 노릇을 한 거야."처럼 후에 '좌익 모험주의'로 비판받은 공산당 지도부의 오도된 전략도 한 요소였다. 이러한 중국 노동 운동의 다양한 측면과 기업주들의 노조 파괴책과 이간책, 탄압 양상, 그럼에도 불구하고 끊임없이 투쟁하는 노동자들의 모습이『자야』에는 생생하게 묘사되어 있다.

이런 점에서『자야』는 1930년대 중국 사회의 각 계급·계층들의 생생한 모습, 정치·경제적 상황, 도덕적 풍조, 복잡하고도 첨예한 모순 속에서 서로 충돌하는 인물들의 사상과 성격, 갈등 등을 섬세하고도 생동적으로 형상화하고 있으며 이를 통해 중국 혁명의 한 단면을 좀 더 현실감 있게 직접적으로 보여주고 있다는 점에서 높은 평가를 받고 있다.

당시 중국 사회의 특징은 무엇이었는가

마오둔은 1939년 6월 신장성(新彊省) 우루무치에서 행한 연설 「'자야'는 어떻게 쓰여졌는가」에서 창작 의도를 밝힌 바 있다.

> 내 병이 다 나았을 무렵(1930년 4월)은 바로 중국 혁명이 새로운 단계로 접어들고 있었고, 중국사회성질논전(中國社會性質論戰)이 격렬하게 진행되던 때였다. 나는 그때 소설의 형식을 빌어 다음 세 가지 방면에 대해 쓰려고 하였다. 첫째는 민족 공업이 제국주의 경제 침략의 압박과 세계적인 경제 공황의 영향 그리고 농촌이 파산된 상황 아래서 스스로를 보존하고자 더욱 잔혹한 수단으로 노동자에 대한 착취를 강화한 점, 둘째로 이로 인하여 노동자 계급의 경제적·정치적 투쟁이 발생한 점, 셋째로는 당시의 남북대전과 농촌 경제의 파탄 및 농민 폭동이 민족 공업의 공황을 더욱 심화시켜 간다는 점이었다.

또한 1977년에 출판된 『자야』 신판에 쓴 「다시 몇 마디 보충함」에서도 그 창작 의도가 당시의 '중국사회성질논전'과 매우 밀접한 관계가 있다고 자술하고 있다. 따라서 작품을 좀 더 명확히 이해하기 위해서는 당시 '중국사회성질논전'과 '남북대전'의 성격을 개괄적이나마 인식할 필요가 있다.

'중국사회성질논전'은 1927년 국공합작[1]이 분열되면서 중국혁명이 저조기에 접어든 후, 중국 사회의 기본적 성질은 무엇이며 사회 발전의 원인과 결과는 무엇인가, 그리고 이에 따른 혁명의 성격은 무엇이고 그 전략과 전술은 어떠해야 하는가를 둘러싸고 학자들과 정치가들 사이에 벌어졌던 논쟁이다.

당시의 '중국사회성질논전'은 세 가지 관점으로 나누어볼 수 있다. 첫째는 중국은 여전히 봉건 사회라는 인식하에 반(反)봉건-부르주아 혁명을 주장한 파, 둘째는 중국은 반봉건(半封建)·반식민지(半反民地)[2] 상태이므로 반제반봉건(反帝反封建)의 민족·민주혁명을 주장한 파, 셋째로 중국은 이미 완벽한 자본주의 사회가 되었으므로 사회주의 혁명을 달성해야 한다고 주장한 파들이다. 이 논쟁 중 주도적인 대립관계를 형성하고 있었던 파는 둘째와 셋째였다.

논쟁은 중국 공산당 초대 총서기 천두슈(陳獨秀)에 의해 시작되었으나, 그 이전 코민테른(Comintern)[3]에서 중국혁명을 둘러싸고 트로츠키파와 스탈린파 사이에 벌어졌던 논쟁과도 깊은 연관을 맺

---

1) 국민당과 공산당이 서로 합작하여 제국주의 세력을 중국에서 축출하고 지역별로 할거하고 있는 봉건 군벌을 타도하여 중국의 통일하자는 입장에서 시작된 협력 체제를 말한다. 1924년에 1차 국공합작, 1936년 서안사변 후에 2차 국공합작이 성립되었다.

2) 당시 중국은 완전한 자본주의 체제와 식민지체제가 아닌 상태였다. 대다수 인구가 거주하는 농촌은 여전히 봉건적 방식에 의존해 존재하고 있었고, 상하이와 베이징, 광쩌우 같은 대도시는 자본주의 체제로 변화하였다. 그래서 반(半)봉건사회라고 규정하였고, 마찬가지로 중국의 일부 영토는 영국, 프랑스, 독일, 일본 등이 실질적으로 지배하는 '조계지'였으나, 대다수 영토는 중국정부가 장악하고 있었다. 이런 이유로 반(半)식민지사회라고 규정하였다.

3) 국제 노동운동 조직이다. 자본주의 체제를 타파하여 노동자를 해방시키고자 하는 사회주의 사상과 "만국(萬國)의 노동자여 단결하라!"는 슬로건으로 상징되는, 프롤레타리아 국제주의를 기본 이념으로 하고 있다. 대표적인 것은 제1인터내셔널(국제노동자협회), 제2인터내셔널, 제3인터내셔널(코민테른) 등이다.

고 있다.

트로츠키, 지노비예프 등은 중국은 이미 자본주의 국가로 변모했기 때문에 봉건주의의 억압은 극히 미미하게 존재할 뿐이며, 후진 지역의 부르주아와 제국주의의 부르주아는 상호 이해관계가 상충되지 않기 때문에 부르주아당인 국민당과의 연합은 프롤레타리아 혁명에 방해가 된다는 견해를 내세웠다. 따라서 자신의 독자적인 깃발 아래 프롤레타리아당을 건립하여 사회주의 혁명을 진행해야 한다고 주장했다. 반면 스탈린과 부하린 등은, 봉건 세력은 중국의 정치·경제에 있어서 기본 역량이며 제국주의는 봉건 세력을 부식(扶植)하여 중국을 통치하고 중국의 근대적 공업, 재정, 금융, 교통 등을 조정·지배하고 있다는 주장을 폈다. 따라서 중국은 제국주의의 견제 하에 있는 반(半)식민지이며, 아직도 많은 봉건 제도가 남아 있으므로 목전의 중국 혁명은 반제반봉건 혁명이라고 주장했다.

이러한 코민테른의 영향 아래, 천두슈는 중국의 모든 농촌 사회 구조는 상품 경제의 지배를 받게 되었으므로 봉건 계급과 부르주아 계급 사이의 경제적 이익에 관한 근본 모순은 사실상 존재하지 않으며, 1925~1927년 사이의 혁명은 부르주아 계급이 승리를 획득하고 정치적 측면에 있어서 각 계급에 대하여 우월한 위치를 점유하였기 때문에 중국은 이미 부르주아 민주 혁명이 완성된 상태이고, 따라서 프롤레타리아 계급은 미래를 기다려 대중 교육과 조직을 통한 사회주의 혁명을 이룩해야 한다고 주장했다. 엔링펑(嚴靈峰), 런수웨이(任曙爲) 등 일군의 학자들도 제국주의의 침략이 중국 민족 자본을 발전시켜서 중국은 이미 자본주의 사회로 전환되어 있기 때문에 혁명의 성격은 반(反)자본주의적 성질을 지녀야 한다고 주장, 천두슈의 견해에 찬동하였다. 이들을 동력파(動力派), 중국 경제파, 혹은 자본파라고 부른다.

이에 대하여 리리산(李立三)을 위시한 왕쉬엔(王學文), 우리핑(吳黎平) 등의 신사조파(新思潮派) — 중국 농촌파라고도 한다 — 는 제국주의가 중국의 전 경제를 지배하고 있으며, 이 세력은 중국의 봉건 세력과 결합하여 민족 자본의 발전을 저해하고 있기 때문에 중국은 반봉건·반식민지 상태이며, 이에 따라 반제·반봉건이 혁명 운동의 기본 전략이라고 주장했다.

이러한 논전들은 제국주의 세력과 중국 사회 구조 및 경제 구조와의 관계, 중국 자본주의의 발전 정도, 봉건 세력이 중국 농촌 경제에서 차지하는 지위 등의 문제점을 둘러싸고 대립적인 관점에서 격렬하고 다양한 논전을 벌였다.

이러한 논전의 영향을 마오둔은 심각하게 받아들였고, 『자야』에 나타나고 있는 민족 자본가, 매판 자본가, 노동자 등 각 계급의 위상과 관계, 역할 등은 '중국사회성질논전'과 매우 밀접한 관계를 지니고 있다.

예를 들면 자오보타오는 "중국인이 산업을 일으킨다 하더라도 외국인의 도움이 없으면 용두사미격이 될 뿐이지."처럼 외국자본의 중요성을 강조하고 있다. 반면에 우쑨푸는 "원대한 꿈이 피어오르고 있었다. 거대한 굴뚝들이 숲을 이룬채 검은 연기를 내뿜고, 기선들이 바람을 타고 물길을 가르며"와 같은 자신의 능력에 의한 민족자본공업의 발전을 이상으로 품고 있다. 반면에 공장노동자들은 "네 주장은 총파업을 취소하자는 것이다. 혁명이 고조된 현 단계에서 비겁하게 물러나는 것이야. 그건 우경화된 관점이야"라고 한 것처럼 혁명투쟁에 모든 역량을 투입하고자 하는 모습을 보여주고 있다.

남북대전(南北大戰)

남북대전 — 혹은 중원대전(中原大戰)이라고도 한다 — 은 1930년 5월부터 10월에 걸쳐 쟝지에쓰(蔣介石)을 수반으로 하는 난징(南京)의 국민정부군(일명 중앙군)과 이에 반대하는 펑위샹(馮玉祥), 옌시산(閻錫山)이 연합한 서북군(西北軍) 및 광시파(廣西派)인 바이충시(白崇禧), 리쭝런(李宗仁) 등의 '반장연합군(反蔣聯合軍)' 사이에 벌어진 내전이다. 그 기간은 약 넉 달에 불과했지만 양측이 동원한 병력과 사상자, 전선의 길이 등에 있어서는 타의 추종을 불허할 정도로 규모가 큰 전쟁이었다. 이 내전의 성격을 좀 더 명확히 파악하기 위해서 먼저 그 이전의 정치적 상황을 살펴볼 필요가 있다.

1924년 1월 쑨원(孫文)의 주도로 1차 국공합작이 성립된 후, 쟝지에쓰를 총사령관으로 한 국민혁명군은 지방에 할거한 봉건군벌을 타도하여 중국의 실질적 통일을 기하고자 '북벌(北伐)전쟁'을 개시했다. 이 과정에서 국민당 우파가 반공 색채를 더욱 강화시키자 왕징웨이(汪精衛) 등을 중심으로 한 국민당 좌파는 공산당과 연합하여 1927년 2월 우한(武漢)에 국민정부(무한정부)를 수립했고, 국민당 우파는 1927년 4월 12일 상하이에서 반공 쿠데타를 감행하고, 18일 난징에 국민정부(남경정부)를 수립했다. 그 후 무한정부의 왕징웨이가 반공으로 전향하자 국민당 좌파의 일부는 무한정부를 이탈해버렸고, 9월 무한정부는 남경정부와 통합했다.

두 정부를 통합하는 과정에서 쟝지에쓰는 무한파의 비난을 피하고자 일단 권좌에서 물러나, 1927년 8월 일본으로 건너갔다. 그 뒤 곧 귀국하여 1928년 1월 국민혁명군 총사령관에 복직했다. 그리고 국민당에 입당한 서북군벌 펑위샹, 산시(山西)군벌 옌시산 등과 결탁하여 1928년 8월 제2차 북벌전을 시작, 베이징을 지배하고 있던 펑톈(奉天) 군벌 장쭈어린(張作霖)을 쫓아내고 베이징에 입성했다. 남경정부는 베이징(北京)을 베이핑(北平)으로 개칭하고 난징이 중국의 수도임을 내외에 천명, 자신들의 최대의 당면 과제였던 '전 중국의 통일'을 달성하였다.

그러나 국민당의 각 파벌 — 쟝지에쓰와 왕징웨이의 2대 파벌 외에 각 지방 군벌을 중심으로 한 파벌 — 은 표면적으로는 화합한 듯 했으나 서로 자신의 세력을 확장하고자 내적으로는 대립과 경쟁이 지속되었다. 쟝지에쓰파는 전국 통일을 달성했다는 명분하에 '재병(裁兵)'과 '편견(編遣)' 작업에 착수했다. '재병'은 병력을 삭감하자는 것이고 '편견'은 군대의 편제를 개편하여 역시 병력을 감축하자는 계획이었는데, 이 계획의 실제적 의도는 각 군벌의 무력을 축소시켜서 중앙집권의 확립을 도모하고 동시에 쟝지에쓰파의 강화를 꾀하자는 것이었다. 또한 여기에는 쟝지에쓰파를 기반으로 하고 있는 상하이와 저장(浙江) 재벌이 왕징웨이를 주축으로 한 광둥(廣東) 재벌을 약화시키려는 의도도 잠재해 있었다.

남경정부는 1929년 1월 '편견회의'를 개최하고 200만 병력을

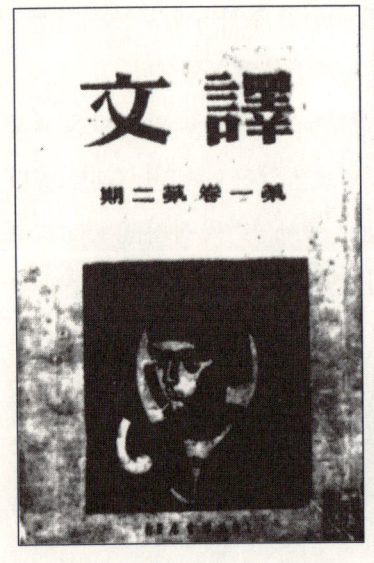

젊은 시절의 마오둔(茅盾)과 『역문(譯文)』 표지

80만으로 감축하며, 그 비용은 공채를 발행하여 조달한다는 안을 통과시켰다(소설에 등장하는 공채가 바로 이것이다). 이러한 군비 감축 문제에 대하여 남경정부에 참여하고 있는 지방 군벌들은 자신들의 위치가 격하되고 불안해지기 때문에 반발하였다. 반대파는 '반장(反蔣)연맹'을 결성하고 국민당의 정통성을 겨룬다는 기치 아래 '반장전'을 벌였다. 그러나 개개의 반장파는 서로 의심하고 보조가 맞지 않았기 때문에 장지에쓰는 이를 이용해 각개격파식으로 세력을 확대해 나갔다.

1930년의 남북대전은 5월 펑위샹과 옌시산에 대한 토벌 명령을 내림으로써 전쟁이 개시되었다. 중앙군의 공격에 대하여 이들 군대가 대항했을 뿐만 아니라 장파쿠이(張發奎)군과 광시(廣西)파의 연합군이 중앙군의 배후를 공격하는 바람에 전장이 더욱 확대되었다. 전쟁이 확대되자 기업가, 지주 등은 모든 재산을 공채 투기에 쏟아 극심한 혼란이 발생했다. 이러한 생생한 모습이 『자야』에 잘 묘사되어 있다.

　전쟁은 중앙군으로 돌아선 장쉐량(張學良)이 9월 18일 베이징을 공격하여 점령함으로써 남경 측의 승리로 마무리되었다. 이후 쟝지에쓰가 이끄는 국민당 정부는 반대파를 제거하고 일당 독재의 기반을 공고히 하였다.

상하이의 다양한 인물군상과 『자야』의 문학적 특징
『자야』에는 이외에도 다양한 인물들이 등장한다. 시골 고향에서 대도시 상하이에 도착하자마자 도시의 충격으로 인해 사망하고 마는 '우 나으리'와 같은 농촌의 봉건적 사고에 젖어 있는 인물, 판보원과 리위팅과 같은 지식인들의 동요하는 형상은 작품의 사실주의적 성격을 높여주고 있다. 마찬가지로 린페이야오, 펑메이칭, 류위잉과 같은 대도시 여성들의 다양한 성격을 섬세하게 그려내고 있는 점도, 당시 상하이의 다양한 계층들의 모습을 엿볼 수 있다. 자신의 딸을 억지로 자오보타오의 정부로 만들어서 공채에 관한 정보를 획득하려는 아버지 펑원칭과 같은 인물은 결국 '돈'이 인간을 어떻게 타락하게 만드는가를 당시의 급변하는 시장 상황과 함께 잘 형상화하였다.

또한 마진, 쑤룬, 차이전, 커쥐푸 등과 같은 여성노동자들과 이들을 탄압하고 노동운동을 와해시키려는 공보리나 왕진전 등의 대립구도도 작품에는 잘 드러나고 있다.

마오둔은 이런 복잡한 상하이의 만화경을 기본 줄거리의 발전과 부차적인 줄거리를 결합시킴으로서 플롯의 구성에 있어 독자적 특성을 구축하고 있다. 우쑨푸의 활동을 유화제사공장의 노동자 파업과 상하이 비단공업의 흥망, 여기에 공채시장를 결합시켜 줄거리를 전개함으로써 기본 축을 형성하고 있고, 여기에 집안 사람들의 관계를 통해 상하이의 다양한 계층을 결합시키고 있다. 여기에 대립하는 자오보타오는 냉혹, 음험한 인물 형상으로 묘사하되 가능한 한 부각시키지 않음으로써 작품의 복선을 잘 보여주고 있다.

작품에는 또한 긴장과 이완이 조화를 이루고 있으며, 적절하게 에피소드들이 배치되어 있어서 읽는데 흥미를 자아내고 있기도 하다.

더 생각해볼 문제들

1. 이 작품에는 '외국자본'과 '민족자본'의 대립이 등장한다. 그리고 작품에서는 우쑨푸와 같은 민족자본가가 패배하는 것으로 나타난다. 따라서 작가인 마오둔은 이를 통해 '자본'의 문제보다는 노동자들에 의한 '사회주의혁명'의 문제를 더 중시하고 있다고 볼 수 있다. 그러나 다른 시각으로 보자면, 자민족의 자본과 기술이 부족하거나 낙후되어 있다면 외국의 '자본과 기술'을 도입하여 민족이나 국가의 이익을 추구할 수밖에 없다는 주장도 작품에는 나타나고 있는데, 이것은 어떻게 해석해야 하나?

    19세기에서 20세기에 걸쳐 제국주의 세력은 식민지 정책을 통해 직접적, 간접적으로 피식민지 국가나 민족을 약탈했다. 이런 과정에서 '외국 자본'의 역할은 피식민지에 도움이 되기보다는 피해를 줄 수밖에 없었다. 중국의 사회주의 혁명은 이런 피해를 단절하자는 목적이 있기도 한데, 21세기 들어 '세계화'가 급속히 진전되는 상황에서는 이러한 고전적 해석이나 관점은 많이 변하고 있다. 예를 들면 '신자유주의'에 반대하기도 하고, 찬성하기도 하는 것처럼. 사회주의 중국이 외국 자본과 기술의 유치에 열심인 것도 바로 이 때문이다.

2. 작품에는 다음과 같은 구절이 등장한다.

    > 우쑨푸는 노동자들에게 '우리의 생산가격이 너무 높아서 일본 상품과 경쟁이 안된다. 우리들의 비단생산은 곧 파산할 것이다. 생산가를 낮추려면 임금을 깎을 수밖에 없고, 민족의 이익을 위해서 노동자들이 잠시 고통을 참고 저임금을 감수할 수밖에 없다'고 말하겠지. 그러나 노동자들은 '물가가 비싸서 먹고 살기에도 힘들어 죽겠는데 또 임금을 깎으면 그것은 목숨을 빼앗는 짓이다. 민족의 이익을 위해서 잠시 당신들이 고통을 참고 이익을 약간

만 줄이라 대답하겠지. 양쪽 모두 일리가 있어.

이처럼 자본가와 노동자가 대립할 경우 어떻게 해야 하는가?

개인이나 국가에 따라 어느 쪽을 중시하느냐의 시각이나 정책의 차이는 있을 수 있으나, 기본적으로 '자본과 노동'은 상호 의존할 수밖에 없는 것이다. 어느 한 쪽만을 과도하게 강조하거나 약화시키는 것은 단기적인 대응방안은 될 지라도, 장기적으로는 부정적 영향을 자아낼 것이다.

3. 이 작품에는 서로 정보를 장악하여 투기를 통해 돈을 벌려고 하고, 남의 약점을 이용하여 자신의 이익을 도모하기도 하는 등 증권거래소의 여러 모습이 등장한다. 이런 주식이나 공채는 한편으로는 '자본주의의 꽃'이라고 평하기도 하고, 한편에서는 부정적으로 인식하고 있기도 한 것이다. 사회주의 중국에서 '증권거래소'는 폐쇄되었다가, 개혁·개방 정책 실시 이후에 다시 증권거래소가 부활했다. 이 점에 대해서는 어떻게 생각해야 할까?

자본이 부족한 기업이나 국가가 주식이나 공채를 통해 자본을 증식하는 일이 부정적이지 않다. 그러나 이 과정에서 정보의 왜곡이나 독점을 통해 단기간에 자신만의 부당한 이익을 도모하는 일은 결코 바람직하지 않을 것이다. 또한 투기적 방법으로 건전한 주식과 공채 시장을 혼란스럽게 하는 일도 옳지 못할 것이다.

추천할 만한 텍스트

『칠흑같이 어두운 밤도(자야)』, 마오둔 지음, 김하림 옮김, 한울, 1986/1997.

김하림(金河林)

조선대학교 중국어과 교수.

고려대학교 중어중문학과를 졸업하고 홍콩 중문대학교에서 수학했으며 고려대학교에서 문학 박사 학위를 받았다. 난카이대학에서 교환교수를 역임한 바 있다.

공저(共著)로『중국현대문학의 이해』,『중문학 어떻게 공부할까』,『노신의 문학과 사상』이 있고 역서로『자야(子夜)』외에『추운 밤(寒夜)』,『동터오는 강변(黎明的江邊)』,『중국과 소련(中國と蘇聯)』등이 있으며, 그 외 루쉰 및 중국 문학에 대한 다수의 연구 논문들이 있다.

전에는 어떠한 고생도 두려워하지 않던 그가 지금은
편안함만을 추구하게 되었다. 바람 불고 비가 내린다고 인력거를 끌지 않고,
몸이 좀 쑤신다고 쉬면 2,3일이다. 자기가 갖고 있는
돈을 절대로 남에게 한 푼도 빌려주지 않는다. …
한가로울수록 게을러지고 할일이 없으니 또한 답답하여 미칠 지경이다.
이렇게 시간과 돈을 낭비해서는 안 되겠다는 생각이 가끔 들기도 한다.
그러나 그럴 때마다 판에 박힌 답이 준비되어 있다.
"왕년에는 나도 악착 같이 노력했다 이거야,
그래서 뭐가 어떻게 됐나, 이 꼴밖에는."
이 말에 아무도 반박할 사람도, 아무도 틀린 점을 찾아낼 사람이 없었다.
그렇다면 그 누가 시앙쯔가 나락으로 떨어지는 것을 막을 수 있겠는가!
— 『낙타 시앙쯔』 중에서

라오서 (1899~1966)

본명은 수칭춘(舒慶春)으로 소설가이자 극작가이다. 만주족으로 베이징에서 태어났다. 1918년 베이징 사범대학을 졸업한 뒤 초등학교 교장과 중학교 교사를 역임했으며 1924년부터 1930년까지 영국 런던대학에 유학하였다. 유학 기간 중 『짱씨의 철학(老張的哲學)』 등 장편소설 세 편을 발표한다. 귀국한 뒤 치루대학(齊魯大學), 산동대학(山東大學) 등에서 교수를 역임했고, 이 기간 중에 그의 대표작인 『낙타 시앙쯔』를 썼다.

1946년 미국에 강연 요청을 받고 갔다가 1949년 말 사회주의 정권이 들어선 뒤에 귀국했으며, 신중국 정권에서 1950년부터 1966년에 죽을 때까지 중국 작가협회 부회장, 중국 정치 협상 회의 위원, 베이징시 문인협회장 등을 역임했다. 1951년에는 베이징시로부터 '인민 예술가'라는 칭호를 받았다. 1966년 문화대혁명이 막 시작될 때, 홍위병들에게 '반동적인 학술 권위자'로 몰려 비판과 박해를 당한 뒤 베이징시의 한 호수에 몸을 던져 자살하였다.

대표작으로는 소설 『낙타 시앙쯔』 외에 『사세동당(四世同堂)』, 『초생달(月牙兒)』 등이 있고, 희곡으로는 『찻집(茶館)』, 『생일(生日)』 등이 있다.

03

인간에서 짐승으로
라오서(老舍)의 『낙타 시앙쯔』

이욱연 | 서강대학교 중국문화전공 교수

농촌을 떠나 도시로 가는 사람들

돈을 벌기 위해서나 공부를 더 하기 위해 자기가 살던 시골을 떠나 서울과 같은 도시로 갈 때처럼 기대와 흥분, 두려움과 걱정이 교차하는 때도 없을 것이다. 꿈에 그리던 대도시로 새로운 삶을 찾아 떠난다는 생각에 기쁘고 들뜬 마음이면서도 마음 한구석에는 두려움과 걱정이 웅크리고 있기 마련이다. 이렇게 맑고 깨끗하고, 정겨운 고향에 다시 돌아올 수 있을까? 이것으로 내 고향과 영원한 작별인가? 익숙한 것들과 작별한 채 낯선 도시로 가서 잘 살 수 있을까? 치열한 도시의 경쟁 속에서 살아남고, 성공할 수 있을까? 도시로 간 뒤 나는, 나의 삶은 어떻게 변할까?

 흥분과 기대를 몰아내는 이런 두려움이 도시로 향한 발걸음을 무겹게 하고 멀어지는 고향을 자꾸 뒤돌아보게 한다. 하지만 결국은 도시로 가고, 대개의 경우는 도시로 갈 수밖에 없다. 공부를 위해서 가고, 새로운 기회를 찾아서 가고, 더 이상 희망이 없는 농촌을 떠나 돈을 벌 수 있는 기회를 찾아, 성공의 가능성을 찾아 도시로 간다. 근대화가 진행되면서 도시에는 이런 이유들로 해서 몰려든 시골 출신들로 넘쳐나게 된다.

그런데 농촌을 떠나 도시로 간 사람들 가운데 성공하기 위해서, 돈을 더 많이 벌기 위해서 도시로 가는 것은 대부분 도시를, 도시의 논리를 믿기 때문이다. 시골의 주업인 농사는 기본적으로 사람과 하늘이 같이 짓는다. 적절한 비와 날씨가 없이 사람 혼자 힘으로 되는 일이 아니다. 농사란 봄, 여름 두 계절 내내 논밭에서 흘린 땀방울을 한 나절의 태풍이 송두리째 앗아가 버릴 수도 있는 일이다. 자기 노력만 믿고서 사람 혼자 아무리 노력하고 발버둥친다고 되는 일이 아닌 것이다. 하지만 도시의 일은 다르다. 자신의 노력으로, 자신의 힘으로 얼마든지 원하는 결과를 기약할 수 있다. 일을 한 시간 더 하면 더 할수록 그만큼 얻는 결과가 다르다. 그만큼 대가가 정직하다. 대개의 사람들은 그렇게 믿기 때문에 도시를 매력이 있는 곳이라고 생각한다. 도시는 1에 1을 더하면 반드시 2가 된다는 근대적 합리성이 지배하는 공간이다. 그 도시의 논리, 근대의 논리를 믿기에 사람들은 농촌을 떠나 도시로 간다.

베이징 거리를 누비는 시골 출신 시앙쯔
한창 근대화가 진행되던 1930년대 베이징에도 그렇게 도시를 믿고, 도시의 논리를 믿고 돈을 벌고 성공하기 위해 시골을 떠나 베이징에 온 열 여덟 청년이 있었다. 시앙쯔(祥子)가 바로 그다. 시골에서 나고 자랐지만 부모를 모두 잃었고, 그 뒤 얼마 되지 않은 밭마저도 남에게 다 떼이고 더 이상 갈 곳이 없는 처지가 된 그는 오직 자기 몸 하나를 밑천삼아 도시로 온다. 시골 청년답게 튼튼하고 실한 몸집에다 성실하기까지 한 그는 밥벌이 할 수 있는 일이라면 안 해 본 것이 없을 정도다. 그러다가 그래도 돈벌이가 좀 수월해 보이고, 젊고 힘 좋은 자신에게 더없이 제격이다 싶어서 인력거를 끌기로 한다.

라오서(老舍)의 소설『낙타 시앙쯔』(1936)는 바로 이 인력거꾼 시앙쯔에 관한 이야기이다. 시골 출신으로 "지옥에 떨어져도 선한 귀신이 될 수 있을 정도로 착한" 시앙쯔가 돈을 벌어 성공하기 위해서 베이징이라는 도시에서 갖은 고생을 하며 몸부림치는 모습, 그러다가 결국은 자신의 꿈을 이루지 못한 채 타락하고 실패하고 마는 과정을 사실적으로 그리고 있다.

작가 라오서는 한동안 영국에서 공부를 했기 때문에 디킨스 소설의 영향을 많이 받았다. 그 때문인지 풍자와 유머를 함께 섞어 쓰면서, 비극적 현실을 서정적 필치와 유머로 표현하는 데 뛰어난 면모를 보여주었다. 또한 평범한 사람들의 일상에 대한 치밀하고 사실적인 묘사를 중시했는데, 특히 베이징의 서민생활을 다룬 지방색이 뚜렷한 작품들을 많이 발표하였다.

라오서는 문화대혁명이 시작되던 해인 1966년에 어린 홍위병들에게 '반동적인 학술 권위자'라는 비판을 받고 수모를 당한 뒤, 수

베이징(北京)의 인력거들

치감을 느껴 베이징의 한 호수에 몸을 던져 생을 마친 비극적인 인물이다. 그는 중국 현대 문학사의 작가들 가운데 베이징에서 태어나 베이징어를 가장 잘 다루고, 베이징 사람들, 특히 서민들이 살아가는 모습을 가장 생동감 있게 묘사한 것으로 손꼽힌다. 그래서 특히 베이징 사람들의 사랑을 한 몸에 받았고, 베이징을 상징하는 작가로 불린다. 『낙타 시앙쯔』 역시 매우 사실적인 기법으로 1930년대 베이징의 모습, 특히 인력거꾼들의 세계를 생생하게 재현하고 있다.

1930년대 중국은 매우 혼란스러웠다. 서구 여러 나라와 일본 등이 중국을 침략하는 가운데 나라가 기울어 가고 있었고, 국민당이 집권하고 있었지만 부정부패와 혼란이 극에 달한 가운데 사회주의 혁명 운동이 빠르게 확산되고 있었다. 그런 정치적 혼란의 중심에 베이징이 놓여 있었다. 라오서는 그런 베이징의 정치적 혼란을 직접 다루기보다는 베이징에서 가장 밑바닥 삶을 사는 인력거꾼 시앙쯔의 살아가는 모습을 통해 당시 베이징 사회의 어둠과 혼란을 드러내고 있다.

인력거를 끌고 베이징의 이 골목 저 골목을 다니는 시앙쯔에게는 한 가지 꿈이 있다. 자기 인력거를 갖는 것이다. 당시 인력거꾼들에게는 크게 세 가지 영업 형태가 있었다. 하나는 인력거 회사에 고용되어 회사 인력거를 끄는 것이고, 두 번째는 돈 있는 집에 고용되어 전세 인력거를 끄는 것, 그리고 나머지 하나는 자기 인력거를 가지고 자유롭게 영업하는 것, 요즘으로 치면 개인택시를 갖는 것이었다.

자기 인력거가 있으면 아무래도 돈벌이도 좋을 것이고 사는 형편도 좋아질 것이지만, 시앙쯔가 자기 인력거를 가진 '고등 인력거꾼'이 되고 싶어 하는 것은 무엇보다 남의 손에서 벗어나 자유롭고 싶어서다. 자기 인력거가 있으면 인력거 차주에게 수모를 당하는 일도 없을 것이고, 다른 사람에게 예속된 삶에서 벗어나서 자기 삶이 남의 손이 아니라 자기에게 달려 있는 삶이 가능할 것이라고 생각한다.

근대 자본주의 체제가 시작되면서, 그동안 사람의 삶을 가두고,

옭아매던 선천적인 억압들, 예컨대 양반과 상놈의 차별 같은 선천적 억압들이 사라졌고, 그만큼 사람들은 더 자유로워졌다. 그런데 선천적인 신분의 억압에서는 자유로워졌지만, 사람을 구속하는 또 다른 새로운 형태가 나타났다. 바로 경제력이다. 이제는 경제력이 사람을 속박하게 된 것이다. 돈이 없으면, 경제력이 없으면 남에게 예속되는 일이 일어난 것이다. 경제력이 개인들의 자유의 폭을 좌우하는 시대가 근대 자본주의 세계이고, 근대 자본주의 시대의 어쩔 수 없는 비극이다. 시앙쯔는 이러한 비극에서 벗어나기 위해서, 남의 손에서 벗어나 자유롭게 살고, 여유롭게 살기 위해 자기 인력거를 가진 '고등 인력거꾼'이 되려고 한다. 이런 성공의 꿈, 미래에 대한 밝은 기대로 가득 차 있는 시앙쯔는 힘든 줄도 모르고, "이를 악물고 고생하며 분투한다." 사실, 사람에게 제일 힘든 것은 육체적인 고생이나 시련이 아니다. 미래에 대한 희망이 없는 삶이 사람에게는 가장 큰 고통이다. 그런데 당시 시앙쯔에게는 미래에 대한 희망, 성공의 꿈이 있어서 아무리 힘든 고생도 고생으로 느껴지지 않았고 더없이 행복하였다.

    그런 성공의 꿈을 가지고 있는 시앙쯔는 자신이 분명 인력거꾼인데도 자신을 결코 인력거꾼이라고 인정하지 않는다. 시앙쯔가 보기에 인력거꾼들의 삶은 지옥 그 자체이다. 자신이 지금 어쩔 수 없이 지옥 같은 인력거꾼들의 세계에 발을 디디고 있지만, 자신은 이 지옥에서 머지않아 벗어날 것이기 때문에 자신은 다른 인력거꾼들과 다르다고 생각하는 것이다. 그래서 동료 인력거꾼들과 차도 마시지 않고 사귀지도 않는다. 소설에서 시앙쯔는 인력거꾼 동료들이나 주위 사람들에게 관심이 없고 오직 자기 인력거, 자기의 성공만을 생각하는 인물이다.

  소설의 처음부분에서 시앙쯔는 작가의 설명처럼, 체면 차릴 줄 알고, 굳세고, 악착같고, 자신의 성공을 위해서 희망을 간직한 인물이기도 하지만 동시에 성공만을 생각하면서 이기적이고 개인적인 면을 동시에 지니고 있는 인물이다. 아직 그는 시골의 순수함이나 체면을 잃지 않고, 때로는 어리석고 바보스러운 천진스러움을 잃지 않고 있다. 하지만 다른 한편으로는 도시의 논리에 따라 하루에 얼마씩을 벌어, 얼마 동안만 고생하면 자기 인력거를 가질 수 있고, 성공할 수 있을 것을 계산하고는 자신의 성공을 위해 오직 자신만을, 자기의 성공만을 생각하면서 동료에게 차 한 잔 사지도 않고, 한 푼 한 푼 철저히 아끼면서 산다. 처음 시앙쯔는 시골적인 것과 도시적인 것을 함께 지니고 있는 셈인데, 그가 잇달아 실패하고 인력거를 갖는 꿈에서 멀어질수록 그에게서 시골적인 모습은 사라지고 도시적인 모습만 남게 된다.

'귀신 그림자' 같은 인력거

시앙쯔는 하루에 얼마를 벌고, 얼마 동안만 고생하면 자기 인력거를 가질 수 있을지를 계산하고는 자기처럼 열심히 일하고 성실한 사람이 자기 인력거 한 대 마련하는 일은 그야말로 시간문제라고 생각한다. "나 시앙쯔는 일 년 반 안에 하늘이 무너져도 내 인력거 한 대를 마련하고 말거야!"

  시앙쯔는 자신의 성공 신화를 위해서 술이나 담배도 하지 않고 오직 인력거를 사기 위해 지독하게 돈을 모은다. 하지만 아무리 애를 써도 인력거 살 돈이 모이는 속도는 조금도 빨라지지 않는다. 결국 원래 자기가 예상했던 기간보다 두 배가 걸려서야 1백 위앤을 모아 마침내 인력거를 산다. 드디어 꿈에 그리던 '고등 인력거꾼'이 된 것이다. 경제적으로도 여유 있고 남의 예속에서도 벗어난 자유로운 삶이 가능해 진 것이다. 시골에서 도시에 올라와 마침내 자기 꿈을 이루고 성공하였다. 너무도 기쁜 나머지 시앙쯔는 자기 인력거를 산 날을 자기 생일로 삼는다. 또 다른 인생이 시작된 것이다. 이제 인력거 한 대를 가졌으니 이대로 나아가면 앞으로 한 대가 두 대가 되고, 두 대가 세 대가 되어 자신도 머지않아 인력거 회사를 차리고 사장이 될 수 있을 것이라는 꿈에 부푼다.

하지만 그러한 꿈의 기반이자 자기 인생의 전부인 인력거는 너무도 허망하게 사라져 버린다. 당시는 국민당과 공산당이 싸우는 한편, 중국과 일본이 전쟁을 벌이고 있던 때였는데, 시앙쯔는 아무런 죄도 없이 국민당 군인들에게 끌려가 군인이 되고, 그 와중에 인력거도 잃는다. 감시가 덜한 틈을 타 간신히 군대에서 도망쳐 나오게 되는데, 시앙쯔는 도망을 나오면서 군에 있던 낙타를 끌고 나온다. 그 낙타를 농가에 팔아 시앙쯔는 다시 살아갈 밑천을 마련하게 되는데, 그때부터 시앙쯔는 낙타라는 별명을 얻어 '낙타 시앙쯔'라 불리게 된다.

자기 인생의 전부였던 첫 인력거를 너무도 허망하게 빼앗겨 버린 뒤, 시앙쯔에게는 중요한 두 가지 변화가 일어난다. 우선 예전에 자신이 가졌던 꿈이 흔들리게 된다. 시앙쯔는 이렇게 생각한다. "악착 같이 노력해야 뭐가 어떻게 된다는 것인가. 이 세상은 자기가 악바리같이 노력한다고 조금도 공평해지지 않는다. 그리고 무슨 권리로 남의 인력거를 아무 이유 없이 빼앗아 갔는가?" 이제 시앙쯔는 장래를 설계하고 희망을 갖는다는 것이 헛된 꿈이라고 느낀다. 물론 이렇게 미래에 대한 회의에 빠지기도 하지만, 그래도 가장 믿음직스러운 희망이야말로 인력거를 한 대 사는 것이라고 마음을 다잡는다. 가진 능력이라고는 인력거를 끄는 것뿐이고 달리 희망을 걸만한 것이 없는 시앙쯔로서는 어쩔 수 없는 일이었다.

첫 인력거를 빼앗겨 버린 뒤 시앙쯔에게 일어난 두 번째 변화는 시앙쯔가 독해졌다는 것이다. 예전에는 다른 인력거꾼의 손님을 가로채지도 않았고, 나이 들어 힘없는 인력거꾼에게는 손님을 양보하기도 했다. 자기 인력거가 아닌 회사 인력거라고 하더라도 애지중지하면서 열심히 닦고 기름칠을 했다. 그런데 이제 동료들의 손님을 가로채고 손님을 놓고 동료들과 싸우기도 한다. 인력거를 열심히 닦는 일도 없어졌다. "모든 것이 다 가짜이고, 오직 돈만이 진짜다"고 생각하는 때가 늘고, 농촌 출신인 그가 무엇보다도 중요하게 생각해 온 체면 역시 돈을 위해 내팽개치는 일이 많아진다. 자기 돈과 미래의 성공만을 생각하면서 다른 사람은 생각하지도 않고, 관심도 없다. 염치를 알고 부끄러운 일을 하지 않던 시골 출신 시앙쯔의 착한 모습이 점점 사라져가고 인력거꾼 사회에서 악명만 높아져가는 것이다. 이제 그는 돈을 벌기 위해 혈안이 된 사람으로 바뀌었다. 자신이 이렇게 망가져 가는 것을 두고 시앙쯔는 이것이 다 인력거 한 대 사기 위해서라고 합리화한다. 자기 인력거 한 대만 생기면 다시 예전처럼 남을 생각하면서 부끄러운 짓은 하지 않을 것이라고 말한다. 그러면서 밤낮 없이 이미 병약해진 자기 몸을 돌보지 않고 이를 악물고 인력거를 끈다.

하지만 아무리 노력해도 몸만 망가질 뿐 생각대로 돈이 벌리지 않는다. 시앙쯔는 아득한 어떤 절망감을 느낀다. "자기처럼 강한 인내심을 갖고 그렇게 피나는 노력을 해도 남들에게 개돼지 취급을 당하는구나"하는 절망감이다. 더구나 인력거꾼들이 자주 드나드는 찻집에서 만난 늙은 인력거꾼의 가난하고 비참한 모습은 흡사 자신의 미래 모습을 보는 것처럼 시앙쯔에게 절망감을 느끼도록 하고, 인력거꾼으로 사는 삶의 끝, 가난뱅이의 운명을 벗어날 수 없다는 비극적인 예감을 갖게 한다.

시골을 떠나 도시에 와서 빈손으로 시작하여 일가를 이루고 성공할 수 있으리라고 믿었지만, 이제 아무리 노력을 해도 돈을 벌수가 없고 출세할 수 없다는 절망감을 갖게 될 무렵, 인력거 회사 사장 딸 후니우가 노골적으로 시앙쯔를 유혹한다. 그 유혹 앞에서 시앙쯔는 사랑하는 것은 아니지만 한편으로는 그녀와 결혼하면 절망스러운 상황에서 벗어나 편하게 살 수 있을 것 같은 생각을 갖기도 한다. 시앙쯔는 결국 "그가 시골에서부터 지니고 온 맑고 깨끗한 정기를 일시에 고갈시켜 버린" 후니우의 유혹에 빠져들어 후니우와 살림을 차린다. 그런데 두 사람의 결합에 반대한 그녀의 아버지는 회사를 처분하고 떠나버리고, 시앙쯔는 사악하고 이기적인데다가 게으르고 낭비벽이 심한 그녀에게 꼼짝없이 붙잡혀 그녀를 부양하면서 산다. 물론 후니우가 가지고 있던 돈으로 인력거를 사기도 하지만 생활비와 약값 등으로 다시 팔아버린다. 그런 가운데 시앙쯔는 점점 게을러지고 몸은 쇠약해져가고 타락하면서, 점점 더 파멸의 늪으로 들어간다. 몸은 약해져 인력거를 끌 수도 없는데 후니우의 낭비벽은 끝이 없다. 약값과 생활비를 대느라 자기 인력거를 가지고 돈을 벌어 성공하겠다는 꿈은 점점 멀어져 간다.

돈을 벌어 성공하겠다는 꿈을 가졌던 시앙쯔는 원래 다른 인력거꾼들과 같은 방탕한 생활도 하지 않는 금욕주의자였다. 그는 오직 자기 인력거만 바라보고 인력거에 빠져 살았다. 그런데 시앙쯔가 인력거에 빠지는 대신에 후니우에 빠지게 되면서 한층 더 절망에 사로잡히게 된다. 시앙쯔는 후니우의 유혹에 넘어가 함께 살게 된 것을 운명의 거미줄에 자신이 걸려들었다고 생각한다. 시앙쯔는 후니우의 꼬임에 말려들어 성 관계를 가진 뒤 "자기 운명이 타인에게, 그것도 무언가 아주 형편없는 인간에게 주물리고 있다"고 생각하는가 하면, "아무 이유 없이 이런 몹쓸 그물에 걸려들어 … 자기 인생도 이렇게 끝나고 마는가 보다"면서 자기 운명에 대한 불길한 조짐을 예감한다. 그 예감은 현실 속에서 그대로 실현된다.

중국인들은 일상 대화에서 '방법이 없다', '어쩔 수 없다' 라는 말을 잘 쓴다.『삼국지』에서 제갈량이 말했듯이, "일을 도모하는 것은 사람이더라도 일의 성패는 하늘에 달렸다"는 생각, 운명에 순응하는 중국인들의 인생관을 담고 있는 말이다. 시앙쯔 역시 '어쩔 수 없다' 는 말을 입에 달고 살았고, 후니우와 만난 것을 운명이라고 생각하였다. 자신이 운명의 거미줄에서 벗어날 수 없다는 것을 예감하고는 운명에 저항하는 일을 포기한다.

중국인들 인생관에서 운명론은 긍정적으로 작용할 경우 자신의 비극을 한 걸음 물러서서 관조할 수 있는 여유를 가져다준다. 내가 지금 겪는 불행이 내 개인의 특정한 잘못 때문이 아니라 원래 운명이어서, 내가 몸부림 한다고 벗어날 수 있는 것이 아니라는 생각 때문에 비극을 한 걸음 물러서서 바라보고 한층 여유 있게 대하는 삶의 여유를 가질 수 있다. 중국인들의 여유는 대개 이런 중국인들의 운명관에서 나온다. 하지만 이것이 부정적으로 작용할 경우 운명의 굴레 속에서 자포자기하고, 체념하게 된다.

시앙쯔는 부정적 차원의 운명론자였다. 열심히 일하면서 초인적인 인내심으로 자기를 이기면서 애를 써도 생활은 하나도 나아지는 것 없이 늘 제자리걸음인 현실에서 결국, 시앙쯔는 자신이 운명의 울타리에서 벗어날 수 없으며, 그런 이상 후니우에게도 반항할 필요가 없다고 생각한다. 가난은 자신의 운명이고 후니우 역시 운명이다. 시앙쯔는 운명에 굴레 속에서 결국은 꿈을 포기하고 자포자기에 빠진다. 시앙쯔에게는 "더 이상 꿈도 희망도 없어지고, 바닥도 없는 나락으로 계속 떨어지면서" 성실하고 노력하는 것이 소용없을 바에는 무뢰한이 되자고 작심하게 되고, "문화의 성 베이핑에서 짐승으로 변하고" 마는 것이다.

애초에 시앙쯔는 다른 인력거꾼들하고 어울리지도 않으면서 인력거꾼의 운명을 벗어나겠다는 꿈을 가졌지만, 작품 말미에서 결국은 자신도 다른 인력거꾼들과 똑같다고 인정한다. 지옥의 세계에 사는 인력거꾼의 운명과 하나도 다를 바 없다는 것을 깨달은 것이다. 결국 자기 인력거를 갖게 되면 부와 자유를 얻고 인력거꾼들의

라오서(왼쪽)와 그의 가족

비극적 운명에서 벗어나 성공할 것이라는 희망과 믿음이 끝내 깨지고 자신도 다른 인력거꾼들과 같은 운명이라는 사실을 확인하는 것이다. 성공의 신화는 자기 것이 아니었고, 결국 허망한 쳇바퀴를 돈 셈이다.

더 이상 시앙쯔의 비극이 없는 세상을 위하여
체면을 알고 순수했던 시앙쯔는 결국 베이징에서 성공하기는커녕 돈에 사람을 팔기도 하고 나쁜 짓을 서슴없이 하는 타락한 인간으로 변한다. 가난에서 벗어나지 못한 채 그의 성공의 꿈, 자수성가의 바램은 실패한다.

　라오서는 소설에서 시앙쯔가 살았던 1930년대 베이징을 '문화의 성'이자 '병태적 사회'라고 규정하고는, 시앙쯔는 베이징이라는 병태적 사회의 산물이라고 말했다. 또한 인간은 자신을 짐승들 속에서 끌어 올렸지만, 지금도 인간은 여전히 자기 동료를 짐승이 되도록 내몰고 있다고 쓰고 있다. 시앙쯔는 자기 동료를 짐승으로 내모는 도시라는 공간, 병태 사회인 베이징에서 좌절을 겪는다. 물론 베이징에서 좌절과 절망을 겪을 때마다 베이징을 벗어나 다른 곳으로 갈 생각을 해본다. 하지만 그에게는 이미 다시 돌아갈 농촌이 없었고, 무엇보다 그는 이미 베이징에 빠진 도시인으로 변해 있었다. 죽으나 사나 그는 도시인인 것이다. 순진한 시골 출신 시앙쯔는 '문화의 성'이자 인간을 짐승으로 내모는 도시인 베이징에서 결국 타락하고 만다. 돈에 사람을 팔아넘기기는 등, 나쁜 짓을 서슴없이 일삼는 '짐승'으로 변하고 만다.

　시앙쯔는 "열심히 노력을 했지만 정당한 대접을 받아보지 못했다"고 생각한다. 자신이 타락한 것은 자신 탓이 아니라는 것이다. "나도 왕년에는 악착 같이 노력했다 이거야. 그런데 어떻게 됐어, 이런 꼴 뿐이야" 말년에 이르러 시앙쯔는 "자기가 아무리 악착 같이 노력하여도 그 보답을 받지 못한다는 사실을 비로소 깨닫게"되고, "못사는 사람이 게을러지는 것은 노력이 수포로 돌아가고 난 뒤의 자연스러운 결과이며, 못사는 사람이 고약하게 구는 것은 다 그럴만한 이유가 있다"고 항변한다. 시앙쯔의 이 항변은 누구나 노력하면 성공할 수 있다는 도시의 약속과 도시의 가능성, 넓게 보자면 도시로 상징되는 근대 자본주의 세계의가 약속하는 성공의 기회와 가능성에 희망을 걸었다가 철저히 배반당하고 좌절한 사람의 항변이자 절규라고 볼 수도 있을 것이다.

시앙쯔와 같은 실패한 인생이 적은 세상, 적어도 시앙쯔가 내뱉는 항변과 절규를 귀담아 듣는 사람이 많은 세상일수록 사람이 짐승으로 변하지 않는 세상일 것이고, 한결 인간다운 세상일 것이다. 열심히 일하고 근면하고 성실하게 살면 잘 살 수 있고, 한 계단 한 계단 올라가면 성공할 수 있고 꿈을 실현할 수 있는 그런 사회, 사람들이 1에 1을 더하면 반드시 2가 된다는 근대 합리주의의 약속을 믿게 만들어 주고, 시앙쯔와 같은 사람들에게도 희망의 가능성을 열어주는 그런 세상을 만드는 일은 비단 시앙쯔가 살았던 1930년대 베이징만의 과제는 아닐 것이다. 사람에게 꿈을 포기하게 만들고, 꿈의 실현을 불가능하게 만드는 사회는 어디나 짐승의 세상이다. 그 짐승의 세상에서 시앙쯔의 비극은 늘 되풀이 된다. 라오서의 『낙타 시앙쯔』가 오늘날에도 인류에게 두루 읽히고 있는 것은 지금 인류가 사는 세상이 아직도 온전히 인간적인 세상이 되지 못하고 있다는 반증 아닐까.

더 생각해볼 문제들

1. 시앙쯔가 자신의 처지를 운명론적으로 받아들이는 것을 어떻게 볼 것인가?

   자신의 비극의 원인을 사회적, 경제적 차원에서 추궁하는 것이 아니라 운명론적 차원으로 돌리는 것은 문제의 진정한 원인을 회피하는 소극적 태도라고도 볼 수 있다. 하지만 다른 한편으로는 어쩔 수 없는 상황, 도저히 자신의 힘으로 극복할 수 없는 상황 속에서는 오히려 자기 자신을 보호하는 자구책일수도 있을 것이다. 중국인들뿐만이 아니라 한국인들에게서도 흔히 보이는 이러한 태도는 어떤 긍정적 측면과 부정적 측면이 있는지 검토해 보자.

2. 시앙쯔가 후니우를 만나지 않았다면 성공할 수 있었을까? 후니우는 무엇을 상징하는 것일까?

   후니우는 시앙쯔를 비극으로 이끈 인물이라고 할 수 있다. 하지만 시앙쯔의 운명이 후니우 때문에 비극으로 흘렀다고 말할 수 있을지에 대해서는 좀더 세심한 판단이 필요하다. 시앙쯔 자신이 절망 상태에 빠져 있는 상황에서 본인 스스로가 지니고 있던 문제점들이 후니우와 만남을 계기로 드러난 것이라고 볼 경우, 후니우가 시앙쯔를 비극으로 이끌었다고 일방적으로 이야기하는 것이 무리일 수 있다. 또한 후니우는 시앙쯔가 운명을 떠올리게 되는 계기가 되기도 하는데, 작품 속에서 후니우라는 '여자'가 어떤 상징적 역할을 하는지 검토해 보는 일은 이 작품을 좀더 여러 각도에서 해석하는 여지를 제공해 줄 수 있을 것이다.

3. 시앙쯔가 성공하지 못하고 타락하게 된 사회적 요인과 개인적 요인은 무엇인가?

   시앙쯔는 자신이 타락한 것은 궁극적으로 사회 탓이라고 했다. 작품에서 그렇게 볼 수 있는 요소가 있는 것도 사실이고, 한 사회에서 개인의 가난이나 불행의 경우 순전히 개인 탓만이 아닌 경우가 많다는 점에서 시앙쯔의 생각이 옳다. 하지만 다른 한편으로는 이런 시앙쯔의 태도는 개인의 불행과 가난을 사회적 요인 탓, 사회구조의 탓으로 돌리면서 자기 책임을 부정하는 무책임한 태도일 수도 있을 것이다.

추천할 만한 텍스트
『루어투어 시앙쯔』, 라오서 지음, 최영애 옮김, 통나무, 1986.

이욱연(李旭淵)
서강대학교 중국문화전공 부교수(중국 현대문학).
고려대학교 중어중문학과 및 대학원을 졸업했으며, 베이징 사범대학 고급진수과정을 수료했다.

그녀는 점차 어둠에 눈이 익어 풀 한 포기, 나무 한그루도 어렴풋이나마
볼 수 있게 되었다. 그것은 너무도 사랑스러웠다. 그러나 그녀는 동시에
자기가 이 모든 것과 이제 곧 헤어져야 한다는 것을 잘 알고 있었다.
삼라만상은 정적에 잠겨 있었고 사람들은 모두 깊은 잠 속에 빠져 있었다.
그러나 오직 자신만이 이 세상을 떠나야 한다. … 그렇다!
그녀의 삶에는 영원히 내일이란 없다. 새들이 나뭇가지에 앉아 노래 부르고
아침햇살이 나뭇가지를 황금빛으로 물들이고 진주 같은 물방울이 호수에
찬란하게 부서질 때 그녀의 눈은 이미 감긴 채 이 모든 것을 영원히
다시 볼 수 없을 것이다. 이 모든 것이 얼마나 아름다운가!
세상은 얼마나 아름다운가!
―『가』 중에서

바진 (1904~2005)

1904년 쓰촨(四川) 청두(成都)의 관료이자 지주의 가정에서 태어난 바진(巴金)의 본명은 리야오탕(李堯棠)이다. 5·4운동 시기에 성도외국어고등학교에 다니다가 서구의 급진 사상인 아나키즘에 처음 접하게 되었고 그의 나이 15세에는 아나키스트인 크로포트킨의 「청년에게 고함」이란 글을 읽고 깊은 감명을 받았다고 한다.
『가』는 그의 자전적 소설이자 대표작이며 격류삼부작 외에 혁명삼부작, 애정삼부작, 항전삼부작, 인간삼부작 등을 집필하여 장편소설의 대가로 불리고 있다. 바진은 사회주의 중국 수립 이후 전국인민대표대회 사천성 대표(1954) 등의 역할을 맡았으나 문화대혁명 시기에는 전면적인 비판을 받았다. 그 후 문화대혁명 이후인 1981년에는 중국작가협회 주석으로 선출되어 현재에 이르고 있다. 문혁기의 체험을 쓴 『수상록』은 중국 당대 지식인의 양심을 대변하는 책으로 평가된다.

04

혁명을 꿈꾸는 휴머니스트
바진(巴金)의 『가(家)』

박난영 | 수원대학교 동양어문학부 교수

혁명을 꿈꾸는 휴머니스트

어린 시절 다른 이들과 마찬가지로 어머니는 바진의 세계의 중심이었다. 어머니는 빈부에 관계없이 모든 사람을 사랑하라고 가르쳐 주었으며, 처지가 불우한 노비들은 동정하고, 자신을 그들보다 높은 인간이라 여기지 말라고 가르쳐 주셨다. 이와 같은 사랑을 받았기 때문에 사랑을 다른 사람에게 나누어 줄 줄 알게 되었으며 이 사랑이야말로 자신의 성격의 뿌리라고 말하고 있다.

그러나 그의 주위에서 일어나는 일들은 "모든 사람을 사랑하라"는 신념과는 너무도 동떨어진 것이었다. 당시 성도 광원현(廣元縣) 지현(知縣)이었던 부친이 죄인들에게 부과하는 각종 형벌과 또 매를 맞으면서도 고개를 조아리며 감사의 말을 되풀이하는 죄인들을 보며 바진은 '인간에 대한 사랑'에 대해 회의가 싹트기 시작한다. 또한 모든 사람을 사랑하라던 어머니가 여동생의 유모가 먹여서는 안될 오이를 먹여 여동생이 수두에 걸리자, 20대의 곤장을 때려서 유모를 쫓아내는 것을 보고 이 세상의 불합리성을 인식하게 된다. 반식민(半植民), 반봉건(半封建) 상태의 중국에서 사회제도의 불합리성에 눈을 떠가던 바진은 5·4운동 시기 성도 외국어고등학교에 재학 중에 다양한 서구 사조의 물결 속에서 아나키즘에 접하게 된다. 신해혁명 이후 중국의 진로를 모색하던 지식인들은 프랑스, 일본의 유학생과 동맹회 회원들이 귀국하여 아나키즘을 선전하자 그 이론에 매료되었다.

약육강식의 사회, 즉 제국주의의 야만적 침략을 변호하는 다윈주의에 대해 불만을 느꼈던 지식인들은 크로포트킨의 상호부조론(相互扶助論)에 의해 사회문제를 개선해 보고자 하여 아나키즘은 광범위하게 전파된다. 자유사회주의, 윤리적 사회주의라고도 불리는 아나키즘은 모든 인간이 자유롭고 평등하게 살아가는 사회를 건립하는 것을 이상으로 삼으며, 마르크스주의보다 먼저 중국에 소개되어 모택동, 주은래 등 많은 중국의 지도자들이 처음에는 모두 아나키즘에 경도되었다고 한다.

바진이란 필명이 러시아 아나키스트 바쿠닌[1]과 크로포트킨[2]의 이름으로 만들어졌다는 점에서 알 수 있듯 그는 15세에 크로포트킨의「청년에게 고함」이란 글을 읽고 평생의 이상을 찾게 된다. 바진이 스스로를 아나키스트이자 크로포트킨 주의자라고 했듯이 크로포트킨은 바진의 일생의 스승이라 할 수 있다.

다윈이 적자생존의 원리, 생존경쟁의 논리로 인류 역사의 발전 원리를 설파했음에 비해, 크로포트킨은 상호부조야말로 인류 발전의 기본원리라고 주장했다. 곤충으로부터 포유류에 이르는 전 동물계를 통해 고립된 채 살아가는 동물은 한정되어 있을 뿐 아니라 퇴화하는 종(種)에 속하며, 서로 돕는 것이야말로 진화의 가장 중요한 요소라는 것이다. 서로 돕는 것, 즉 사회성은 생존경쟁의 최대의 무기이며, 사회성이야말로 사회적 윤리의 바탕이다. 즉 인간은 자유로운 사회적 조화 속에서 살아가기 위한 모든 성질을 태어나면서부터 자기 속에 지니고 있기 때문에 인위적인 규칙을 필요로 하지 않으며, 이는 자연스런 법칙을 지키기에 적합하다는 아나키즘 이론의 근거가 된다. 이에 따라 아나키즘 윤리의 기본 원칙은 자기가 대우받고자 원하는 것과 같이 타인을 대우하라는 것, 즉 평

---

1) 바쿠닌(1814~1876)은 러시아 혁명가로서 아나키스트이며 나로드니크 운동의 지도자로 활동했다. 모스크바에서 벨린스키, 헤르첸 등과 독일 관념론 철학을 공부했으며, 독일 베를린대에 유학해서 헤겔 좌파로 기울었다. 마르크스의 이론을 중앙집권적인 위로부터의 사회주의라고 비판하고, 이에 대항하여 밑으로부터의 자유의지에 입각한 연합과 무정부를 주장하여 이탈리아, 스위스, 스페인의 아나키스트들에게 큰 영향을 끼쳤다.

2) 크로포트킨(1842~1921)은 러시아의 혁명가이자 아나키즘 이론가, 생물학자였다. 모스크바에서 출생한 그는 1862년 중앙유년학교를 졸업하고 사관으로 아무르카자흐군에 복무하였고 1864~66년 러시아지리학협회 북동아시아탐험대에 참가하였다. 1972년 1월 벨기에와 스위스를 방문하여, 바쿠닌과 알게 되었고 인터내셔널 바쿠닌파에 가담하였다. 같은 해 5월 러시아로 돌아와 차이코프스키의 서클에 가입하여 페테르부르크의 노동자 사이에서 선전활동을 하였다. 1974년 체포·투옥되었지만 감옥병원에서 탈출한 후 국외로 도피하여 40년 넘게 망명생활을 하였다. 저서에 『빵의 악취(1892)』, 『무정부-그 철학과 이상(1896)』, 『상호부조론, 진화의 한 요인(1902)』 등이 있다.

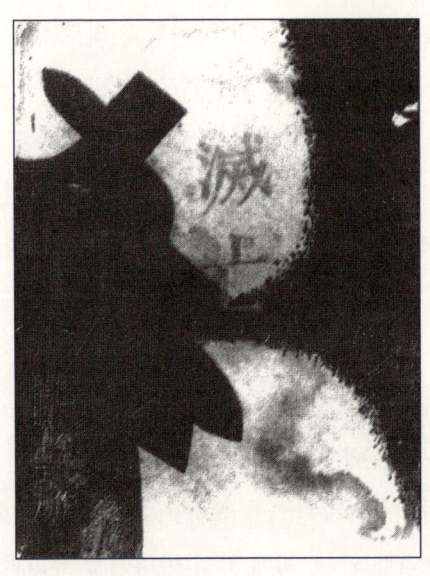

바진의 처녀작 『멸망(滅亡)』

등의 원칙이다.

　아나키스트는 서로 도우며 평등하게 살고자 하기 때문에 그것을 방해하는 악(惡)에 대해서는 증오하지 않을 수 없다. 이 원칙은 바진에게 있어서 추상적 도덕관념이 아니라 무수한 나로드니크주의와 아나키스트 순교자에 의해 구체적으로 구현된 것이었다. "사람이 만일 그 주위의 사람을 해방시킬 수 없다면 동시에 그 자신도 해방될 수 없다"는 바쿠닌의 말과 "행복은 개인의 쾌락이나 즐거움에 있는 것이 아니라, 민중 속에서 민중과 함께 진리와 정의를 위해 분투하는 데서 얻어진다"는 크로포트킨의 윤리학에 의해 바진은 일생

동안 견지하게 될 이상을 형성하게 된다.

자전적 소설이자 대표작이라 불리는 『가』의 발표로 작가의 명성을 얻은 뒤에도 바진은 작가로서가 아니라 아나키스트 혁명가로 헌신하는 자신을 꿈꾸었다. "사람들은 인생은 짧고 예술은 길다고 말한다. 그러나 나에게는 예술보다 더 영원한 것이 있다. 그것은 곧 신념이다. 이를 위해서라면 나는 예술을 기꺼이 버릴 수 있다"고 했듯이 바진의 일생은 자유, 평등, 박애의 정신에 의해 모든 사람들이 보다 인간다운 삶을 누릴 수 있는 사회의 건설을 위한 끊임없는 추구의 과정이라 할 수 있다.

진화과정에서의 중간자: 쮀신(覺新)

바진의 격류삼부작[3]의 제1부인 『가』는 중국현대사의 전환점인 5·4운동 시기[4] 사천 성도를 배경으로, 사대에 걸친 가오(高)씨 일가의 삶을 그리고 있다. 『가』의 무대인 가오씨 집안에는 20여명의 구세대와 30여명의 신세대, 그리고 4, 50여명의 남녀 하인이 살고 있다. 이 집안의 최고 통치자인 가오 나으리, 2세대인 커(克) 자 돌림의 세대, 3세대인 쮀신, 쮀민(覺民), 쮀후이(覺慧) 등이 등장하는

---

[3] 봉건대가정의 몰락을 다룬 격류삼부작의 제1부인 『가』는 1932년, 제2부인 『봄』은 1938년, 제3부인 『가을』은 1940년에 완성되었다.

[4] 베르사이유 강화회의에서 산둥(山東)에 있는 독일 조차지를 전리품으로 일본에 양도한다는 결정을 내리자 베이징의 대학생들이 이에 반대하여 벌인 시위운동이다. 베이징 대학의 많은 교수와 노동자, 상인협회가 학생들의 시위대열에 합류하여 대중의 대규모 시위와 파업, 외국상품 불매운동으로 반제국주의 운동의 기폭제가 되었다.

데, 제3세대인 줴신 3형제의 사랑과 결혼을 중심으로 이야기가 전개된다.

이 집안의 장손인 줴신은 용모가 준수할 뿐아니라 학구열도 대단하여 수석으로 고등학교를 졸업한다. 화학에 흥미가 있어 졸업 후 상하이나 베이징의 대학에 가서 연구를 계속하고 독일에 유학할 꿈도 지닌 전도가 유망한 청년이다. 그러나 제비뽑기로 배우자를 결정해버린 부친의 명령에 의해 그의 희망은 부서져버린다. 그의 총명함과 자질은 재산을 관리하고 집안 경조사를 돌보며 손님을 접대하는 데 쓰인다. 그도 처음에는 이런 처지에 대해 반항했지만 그 결과 더욱 많은 번뇌와 적을 만들었을 뿐이다. 그러자 그는 새로운 처세방법을 발명하여 '작읍주의'[5]와 '무저항주의'를 신봉함으로써 현실에 순응하고자 한다.

줴신은 5·4 사조의 영향으로 줴민, 줴후이와 마찬가지로 자유를 추구하며 개인적 행복을 누리기를 갈망한다. 고종사촌 누이인 메이(梅)와의 사랑은 이러한 갈망을 반영하는 것으로 5·4 신사조가 일깨운 자유연애사상은 줴신 같은 유약한 청년에게도 충분히 매력적이었다. 그러나 부친이 제비를 뽑아 자신의 혼사를 결정한 데 대해, 줴신은 사랑하는 사람이 있다는 말을 감히 꺼내지도 못한 채 묵묵히 순종하고 만다. 『가』에 묘사된 결혼식 날 줴신의 심정을

---

[5] 유반농(劉半農)의 「작읍주의(作揖主義)」(『신청년(新靑年)』 5권 5호(1918. 10)에 게재됨)에서 유래된 말로, 작읍이란 맞잡은 손을 얼굴 앞으로 들고 허리를 앞으로 공손히 구부렸다 펴면서 하는 인사를 가리킨다.

살펴보자.

결혼 날짜가 다가오자 그는 꼭두각시처럼 사람들에게 우롱 당했으며 보배처럼 총애를 받기도 했다. 그는 사람들이 시키는 대로 했을 뿐 기쁨도 슬픔도 없었다. 그는 마땅히 치러야 할 의무를 다한다는 심정으로 이런 일들을 했다. 저녁이 되어 이 연극이 끝나고 하객이 흩어져 간 후, 그는 피로에 지쳤지만 잠을 이룰 수가 없었다. 그 옆에 낯선 아가씨가 자고 있었기 때문이다.

위에서 볼 수 있듯이 쮀신의 비극적 성격은 '자신'이란 존재가 없다는 데서 발생한다. 꼭두각시든 보배든, 그의 인격은 멸시당한 채 독립적인 존재가 되지 못한다. 그는 가정에 예속된 존재로서 가정의 일부분일 뿐이다. 봉건적 의무 때문에 자의식이 억압당하여 그는 진정한 생존의 목적조차 잃어버렸다. 쮀신의 갈등은 바로 자신이 조부의 장손이자 부친의 장자며 아내의 남편일 뿐 진정한 자신으로서 살아갈 수 없다는 데서 발생한다. 그의 고통은 인간으로서 그의 존재가 멸시를 당하는 곳에서도 자신이 인간임을 여전히 잊지 못한다는 데 있다. 봉건적 의무를 충실히 수행함으로써 이 집안에서 가장 총애와 신임을 받고 있다고 해도 그는 시종 명령받고 피해당하는 입장에 처하게 된다.

가오 나으리가 죽은 후 영구가 아직 집안에 있는데 해산하게 되면 시신에 재앙을 끼친다는 이유로 가오 나으리의 첩 천(陳)씨가 해산일이 임박한 쮀신의 아내를 성 밖 외딴 곳에 가서 분만하게 한다.

아내의 생명이 달린 이 중대한 사안에도 쮀신은 여전히 불평 한 마디 없이 따른다. 난산 끝에 결국 쮀신의 아내는 세상을 떠난다. 그는 자신의 나약함에 대해 아내의 용서를 바랄 뿐이다.

쮀신은 봉건예교와 미신을 견고한 것으로 여겨 감히 반항할 생각도 하지 못하며, 한편으로는 불효의 죄명을 감당할 수 없어서 효라는 미명 하에 아내의 생명이 희생되어도 어쩔 수 없다고 여긴다. 이와 같이 봉건 제도의 피해자면서 한편으로는 봉건 질서를 유지하려는 쮀신의 복잡한 성격에서 봉건예교의 심각한 폐해가 드러난다.

쮀신의 비극성은 그가 봉건 세력과 반항적 청년 세대의 중간에 서 있다는 점에서 비롯된다. 이 두 진영 사이에서 그는 구질서의 고유한 위치에 따라서도, 신사상에 의해 마땅히 차지해야 할 자리에서도 자신의 위치를 찾지 못한다. 과도기 뿐 아니라 모든 시대에 인간은 어떤 의미에서 중간에 서 있다고 할 수 있다. 진화의 수레바퀴 속에서는 모두가 중간자이다. 다만 쮀신은 이 시대의 문턱에 선 채 주저함으로 인해 고통이 시작되고 삶은 그에게 특별히 가혹한 것이 된다.

사회개혁과 개성해방의 추구: 쮀후이
이 작품에서 가장 급진적 인물이자 5·4 신세대의 전형적 인물이라 할 쮀후이의 형상은 불합리한 사회제도에 대한 비판과 자신의 삶에 대한 각성으로 표현된다. 그가 봉건적 윗세대 및 예교도덕에 반항하는 것은 이 제도에 의해 개인의 자유가 억압당하고 인간성이 왜곡됨을 인식하고 있기 때문이다. 『가』에서 그의 성격은 하녀 밍펑

(鳴鳳)에 대한 사랑과 봉건예교에 대한 반항을 통해 묘사된다.

관료지주 가정의 자제인 줴후이와 하녀 밍펑의 사랑은 당시 사회 환경에서는 용납될 수 없는 일이었으나, 줴후이는 밍펑의 순진함과 총명함과 아름다움으로 인해 그녀를 사랑하게 된다. 즉 그의 사랑은 밍펑의 인간적 가치에 대한 긍정에서 출발한다. 그러나 불행히도 그들 사이에는 '지주 관료 가정'이라는 뛰어넘을 수 없는 담이 있다. 가오 나으리가 밍펑을 60세의 공교회장(孔敎會長)[6] 펑러산(馮樂山)의 첩으로 보내려 하자, 밍펑은 줴후이에게 한 줄기 희망을 걸고 도움을 청하려 하나 줴후이는 주보사(週報社) 일로 바쁜 나머지 이틀만 기다리라고 한다. 『가』에 묘사된 당시 줴후이의 심정을 살펴보자.

> 그는 밍펑을 생각하지 않을 수 없었다. 그러나 그녀를 꼭 붙잡아야겠다는 것은 아니었다. 오히려 하룻밤 생각 끝에 그녀를 버리기로 했다. 이 결정으로 그는 물론 몹시 괴로웠다. 하지만 그는 고통을 감수할 수 있으며 그만한 이유가 있다고 여겼다. 그가 이러한 결정을 내리는 데 결정적 역할을 한 것은 '진보사상을 지닌 젊은이의 헌신적 열성과 소자산 계급의 자존심' 이 두 가지였다.

그가 밍펑을 만나서 그녀의 의사를 들어본 후 이러한 결정을 내

---

[6] 신해혁명이 성공하여 중화민국이 수립된 후 실권을 장악한 원세개(袁世凱)가 공교를 황제가 되기 위한 수단으로 이용했기 때문에 당시 지식인의 반공(反孔) 정서는 더욱 격렬해진다.

렸다면 합리적이라 할 수 있다. 그러나 그는 밍펑을 만나보지도 않았고 그녀의 심정을 알려고 하지도 않았다. 그렇다면 그의 소위 '헌신적 열정'과 자존심이란 단지 문제를 회피하기 위한 핑계일 따름이다. 아무리 고통 속에서 내린 결정이라 할지라도 그가 고립무원한 밍펑을 버리기로 결정한 것은 그의 반항적 성격 깊은 곳에 감추어져 있는 연약함을 드러내 보인 것이다. 밍펑이 죽은 후에야 그는 비로소 깊은 반성을 하게 된다. 밍펑이 자신의 운명에 반항하여 자살을 택한 사실을 알게 된 후 그의 비분과 회한은 다음과 같이 표현된다.

"내가 그녀를 죽인 살인자야. 아니, 나뿐 아니라 우리 가정, 우리 사회가 모두 살인자야!…"

"나는 그녀가 이런 길을 가리라고는 생각 못했어. 나는 정말 그녀를 사랑했어, 하지만 이러한 환경에서 내가 어떻게 그녀와 결혼할 수 있겠어? 내가 너무 이기적이었나 봐. 아니면 다른 무엇이 내 눈을 흐리게 했던지. 내가 그녀를 죽게 만든 거야…."

이 글의 서두에 인용된 호수에 몸을 던지기 전 밍펑의 독백에서 볼 수 있듯 선량하고 순결한 영혼이 최소한의 인간다운 삶도 누리지 못하게 만드는 사회제도에 대한 분노야말로 작가가 이 작품을 쓰게 만든 원동력이라 할 수 있다.

밍펑이 죽은 후 줴후이의 분노와 절망 및 자아반성에 대한 이와 같은 묘사는 작자의 현실주의적 창작태도를 보여준다. 즉 당시 환경은 자유연애사상이 형성될 수 있을지언정 실제로 이루어지기란 극히 어려웠다. 쮀후이는 봉건적인 가정제도 및 윤리관을 격렬하게 비판했음에도 불구하고, 의식의 심층에는 유교문화의 축적으로 인한 나약함이 숨어있었던 것이다. 이러한 점에서 쮀후이 역시 잠재의식 속에서는 봉건적 의식과 완전히 절연한 상태는 아니었던 것으로 여겨진다. 즉 쮀신 같은 우유부단한 인물 뿐 아니라 쮀후이 같은 진보적 인물에게까지 봉건윤리는 깊숙이 침윤되어 있었던 것이다. 그러나 쮀후이는 밍펑의 희생을 계기로 봉건제도의 잔인성을 인식하게 되며, 그 후 가정 내부의 일련의 사건에서 가장 진보적인 위치에 서게 된다.

쮀후이의 성격은 봉건예교와 윤리제도에 대한 반항을 통해 나타난다. 그는 웃어른의 반대에도 불구하고 학생운동에 참가하며, 자신이 몸담고 있는 봉건가정이 필연적으로 몰락하게 되리라는 것을 제일 먼저 간파한다. 또한 윗세대의 부패하고 타락한 삶을 보고 자신을 포함한 신세대의 고통스런 체험을 통해 봉건예교와 습속에 반항하는 최선봉에 선다. 그는 봉건 시대의 혼인에 대한 쮀민의 반항을 지지하고 도와주며 가오 나으리의 병이 위중하게 되자 귀신 쫓는 굿을 하려는 미신을 신봉하는 윗세대에 반대한다. 가오 나으리의 사망 후 형수를 성밖에서 분만하게 해서는 안 된다며 쮀신에게 봉건적 미신에 굴복하지 말고 분투하라고 격려한다. 이러한 일련의 행동을 통해 쮀후이는 다른 사람의 행복을 위해 자신의 책임을 다해야만 비로소 그 자신의 행복의 추구가 정당하게 된다는 것을 깨닫는다. 즉 자신의 비극적 체험을 통해 개인의 체험에서 한 걸음 더 나아가 사회 전체의 문제에 대한 관심과 이의 해결을 위한 방안을 적극적으로 모색하는 것이 쮀후이라는 인물 형상의 의의라 할 수 있다.

여성의 인간으로서의 자각: 친(琴)

바진이 여성의 운명에 대해 특별한 관심을 지니게 된 것은 당시 사회 환경과 밀접한 관련이 있다. 봉건적 사회구조 하에서 여성은 가장 피해를 당하는 계층이었기 때문에 5·4 시기 여성 문제는 시대적 관심사 중 하나였으며, 여자의 단발, 남녀공학, 봉건결혼에 대한 비판, 자유연애 등은 당시의 여론과 실생활에서 첨예한 대립과 격론을 야기한 문제였다.

친(琴)은 쮀신 형제와 고종사촌 관계로 성립여자사범학교에 재학 중인 신여성이다. 그녀는 쮀민, 쮀후이의 도움으로 민주사상에 접하게 되어 독립적인 인간이 되고자 한다. 친척들의 구설수에도 불구하고 그녀는 쮀민의 지지 아래 남녀공학인 외국어전문학교에 입학하기로 결심한다. 이러한 과정에서 쮀민과 그녀 사이에 애정이 싹튼다. 그녀는 친구에게 보내는 편지에서 "뒤에 오는 여성들에게 새로운 길을 열어주기 위해서 굳세게 분투해야 한다"고 자신이 남녀공학 학교에 시험을 치르는 의미를 토로한다.

그러나 남녀공학에 입학하려는 꿈, 단발 문제 등이 어머니의 반대에 부딪치자 그녀는 갈등에 빠진다. 즉 자신의 행동 때문에 어머니가 친척이나 주위 사람들에게 비난받을 것이 두려워 어머니를 위해서라면 차라리 자신의 희망이 부서지는 편이 나을 거라 생각한다. 이와 같이 그녀는 희생이라는 미명 하에 앞날의 희망을 포기하려 한다. 이는 "자신이 보지도 못할 미래의 자매들을 위해 희생하기 보다는 오히려 자신을 사랑해주고 자신이 사랑하는 어머니를 위해 희생하는 것이 낫다"는 생각에서 기인한다. 여성이 인습을 타파하고 자신의 길을 개척해가는 것이 얼마나 어려운 과정이었는지를 친의 이러한 내적 갈등을 통해 엿볼 수 있다.『가』의 후속편인 『봄(春)』에서 친은 사회문제에도 관심을 지니게 되어 『이군주보(利群週報)』 편집자의 한 사람으로 선출된다.

중국의 여성문제는 여성에게만 부당하게 요구되었던 유가적 악습 — 축첩제, 전족, 정조를 지키기 위해 자결을 권장하던 일, 재가금지, 이혼제도의 모순 — 에 대한 철폐가 선행되어야 했기 때문에 당시 지식인들은 이러한 문제의 해결 방안을 제기하게 된다. 이를 정리해보면 첫째, 여성문제는 남존여비의 편견이 존재하는 한 해결될 수 없으므로 전통적인 사회구조, 정치체제의 개혁이 전제되어야 한다. 둘째, 여성해방은 남녀의 대등한 관계를 기초로 해야 한다. 즉 적대관계가 아니라 반려로서의 여성의 지위 향상을 이룩해야 한다. 셋째, 여성 스스로 자립, 자주의식을 바탕으로 하는 인생관을 수립하도록 한다. 넷째, 여성의 참다운 인간으로의 복귀를 위한 노력의 일환으로 여성 교육의 확대가 수반되어야 한다는 내용이다.

친의 형상은 바로 이러한 시대적 요구를 반영한 것으로 결혼에 대한 여성의 자주권 획득, 교육을 받을 권리, 사회제도 개혁에 대한 참여 등 진보적 의의를 지니고 있다. 그러나 자주적 인격을 획득하기 위한 선결조건인 여성의 경제적 독립, 가족구조의 변화 등에 대

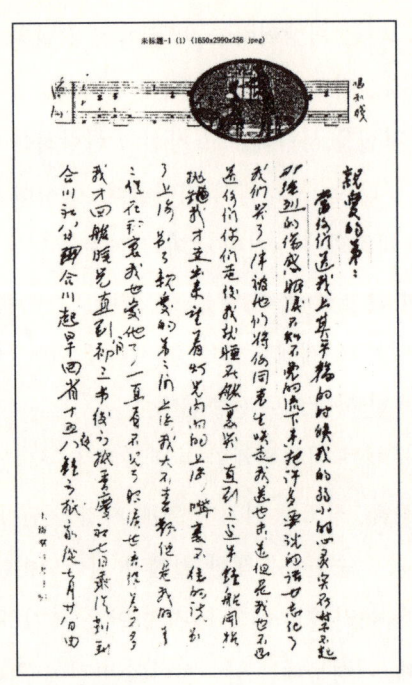

바진의 친필 편지

한 언급이 없다는 점에서 한계를 보여준다. 이 점은 당대를 살아가는 오늘날의 여성들에게도 아직 미완의 과제로 남아있기 때문에 여성의 인간으로서의 자각과 사회제도적으로 남녀평등의 실현을 주장했다는 사실만으로도 그 역사적 의무는 다한 셈이라 하겠다.

결어

"인생은 비극이 아니라 분투다"라는 『가』의 서문에 씌어진 로망롤

랑의 경구는 대학시절 살아간다는 것의 무게에 짓눌려 있던 나에게 한 줄기 햇살처럼 눈부시게 찾아온 희망이었다. 현실에 굴복하여 비극적 인생을 마치게 되는 인물들의 삶은 반면교사로, 온갖 고난에도 굴하지 않고 인간다운 삶을 위해 분투하는 바진 작품의 주인공들은 정면 교사로서 나에게 현실의 어려움을 견뎌낼 수 있는 정신적 지주가 되어주었다.

사회적 현실을 변화시키는 데 있어서 사상의 힘을 대단히 중시한 근대 중국의 일반적 지식인과 마찬가지로 바진의 『가』 역시 인간의 정신적 변혁이 봉건질서를 타파하는 주요 역량으로 작용하고 있음을 보여준다. 아울러 작가는 역사적 전환기에 구시대의 고통을 짊어진 채 새로운 삶에 대한 비전을 지닌 신세대의 민감하고도 풍부한 정신세계를 보여준다.

현실에 순응하는 인간의 전형으로서 줴신은 자신의 비극적 운명을 인식하고 있는 유약한 인간이다. 그는 사상적으로는 봉건적 대가족 제도의 불합리성을 인식하고 있지만, 그 자신이 바로 붕괴해가는 대가족제도의 계승자로서의 위치를 떨쳐버릴 수 없어 봉건제도에 순응하는 인간이 된다. 자신의 생존 권리를 지키기 위해 제도에 순응하여 살아갈 수밖에 없었던 줴신의 비극은 곧 몰락해가는 봉건 제도 속에서 생활해온 대부분의 유약한 지식인이 겪은 비극이기도 하다. 그들은 다른 사람들의 비극을 바라보며 그러한 운명이 자신에게도 닥치리라는 것을 알지만 속수무책으로 다만 그 현실이 좀 더 늦게 닥치기를 바랄 뿐이다. 이로 인해 야기된 절망, 비관, 자기비하 내지는 정신적 붕괴는 전환기 중국 지식인의 보편적 특성이라 할 것이다.

이에 대비되는 인물로서 줴후이, 줴민과 친은 봉건적 전제제도에 반항하고 자유롭고 독립적인 삶을 추구한다. 그들은 봉건적 가족제도에 대한 비판에서부터 출발하여, 자신이 자유롭기 위해서는 주위 모든 사람의 자유가 선행되어야 한다는 이타주의적 윤리관을 지니고 있으며, 봉건 세대의 죄악을 대신하여 자신의 특권을 기꺼이 포기하고자 하는 희생정신을 지니고 있다. 그들의 행동은 신문 발간, 유인물 배포, 연극 공연 등 계몽적 성격을 지닌 단순한 활동에 국한된다. 그러나 주위의 억압받는 자의 고통을 함께 나누고자 한 신세대의 형상은 5·4 시기 진보적 지식인의 공통된 정서라 할 것이다.

더 생각해볼 문제들

1. 『가』의 시대배경인 5·4 시기의 사상적 흐름인 반전통주의(反傳統主義)란 무엇인가?

    '민주적 사회제도'와 '과학적 사고방식'을 양대 기치로 하는 새로운 중국을 탄생시키기 위해서는 불평등한 사회 질서인 유교적 질서에 기반을 둔 과거의 가치와 전통을 총체적으로 타파해야 한다.

2. 작가가 비판한 봉건적인 윤리의 핵심은 무엇인가?

    신하는 임금에게, 자식은 아버지에게, 아내는 남편에게 복종해야 한다는 유교적 질서는 임금과 아버지와 남편의 권리를 우선적으로 중시하며 신하와 자식과 아내는 충(忠), 효(孝), 정절(貞節) 같은 덕의 명칭 하에 비인간적인 윤리의 억압적인 현실 속에 유기되어 평등과 독립을 원칙으로 하는 현대사회에는 맞지 않는다.

3. 여성이 인간다운 삶을 누리기 위해 해결되어야 할 문제는 무엇인가?

남존여비 사상에 기초를 둔 전통적인 사회 제도와 정체 체제의 개혁이 전제되어야 하며, 여성 스스로 자주의식을 지닌 인간이 되도록 여성 교육의 확대가 수반되어야 한다. 이러한 기초 위에 사회의 공적인 영역에서 남성과 대등하게 활동할 수 있도록 경제적 독립이 이루어져야 비로소 인간다운 삶을 누릴 수 있는 기본 조건이 마련되었다 할 수 있을 것이다.

추천할 만한 텍스트
『가』, 바진 지음, 강계철 옮김, 도서출판 세계, 1985.
『가』, 바진 지음, 박난영 옮김, 이삭문화사, 1985.

박난영
수원대학교 인문대학 동양어문학부 교수.
고려대학교 문과대학 중어중문학과를 졸업하고 동 대학원에서 석사, 박사 학위를 취득하였으며 홍콩의 중문대학 아주과정부를 수료했다. 미국 메릴렌드대학에서 동아시아 학부 방문학자로 연구했던 경력이 있다.

한 권의 『변신인형』이, 사람은 가지가지의 세 부분으로 짜여졌다는 것을 니자오가 인식하도록 도와주었다. 모자를 썼거나 쓰지 않았거나 두건 따위를 썼거나 쓰지 않은 장난감의 머리, 옷을 입은 몸, 세 번째는 바지를 입었거나 치마를 입고 장화나 구두, 혹은 나막신을 신은 다리였다. 이 세 부분은 고정되지 않아 변할 수 있었다. … 이렇게 해서 하나의 머리가 많은 사람으로 변할 수 있었다. 하나의 몸도 여러 가지의 머리와 여러 가지의 다리를 가질 수 있었다. 원래 사람의 천변만화와 다종다양은 이렇게 해서 생겨나는 것이었다.

― 『변신인형』 중에서

왕멍 (1934~현재)

1934년 베이징에서 태어났다. 일본 점령 하의 베이징에서 초등학교를 다닌 왕멍은 1945년 베이징 수복 때 국군의 도래를 열렬히 환영했지만, 곧 국민당 정부에 대해 환멸감을 갖게 되었고 1948년에는 중학생 신분으로 공산당에 가입하여 지하 활동을 했다.

1949년 신중국의 건국 이후 공산주의 청년단원으로 활동하면서 창작을 시작, 1956년에 장편소설 『청춘만세』의 일부와 단편소설 「소두아(小豆兒)」, 「조직부에 새로 온 청년」을 발표했다. 1957년 반우파투쟁 때 우파분자로 몰려 하방당했고, 1963년에는 자원하여 신강으로 이주했다. 1971년부터 1973년까지 5·7간부학교 노동개조 생활을 한 뒤 신강 자치구 문화국 일을 하면서 창작을 재개, 신강 생활을 소재로 한 작품을 발표했다.

신시기의 도래와 더불어 베이징으로 돌아온 왕멍은 놀라울 만큼 왕성한 창작 활동을 전개하여 신시기 소설의 흐름을 주도하는 한편, 1989년 천안문사건 직전까지 중국공산당 중앙위원, 국무원 문화부 장관으로 일하기도 했다. 공산주의 청년단 출신의 진보적 정치 그룹의 일원이었던 왕멍은 천안문사건 이후 정치 일선에서 물러났지만, 1990년대에 들어서도 잇달아 세 편의 장편소설을 발표하는 등 활발한 창작 활동을 계속했고 2000년 이후 거듭해서 노벨문학상 후보에 오르고 있다.

05

삶의 진정성에 대한 성찰
왕멍(王蒙)의 『변신인형(活動變人形)』

전형준 | 서울대학교 중어중문학과 교수

20세기 중국의 역사와 작가 왕멍의 삶

봉건 왕조의 종언과 민주공화국의 출범으로 시작된 20세기 중국은 숱한 우여곡절을 거쳐 오늘에 이르렀다. 외세의 침탈과 봉건적 군벌 정부의 지배, 국민당 정권의 성립 이후에도 계속되는 반식민지 반봉건 상황, 일제의 침략, 중일전쟁, 국민당 통치 지구와 공산당 통치 지구, 일본 점령 지구의 병존, 국공 내전, 중화인민공화국의 성립, 사회주의 건설, 반우파투쟁[1]과 대약진운동[2], 마오쩌둥의 실

---

[1] 1957년에 일어난 정치운동이다. 1956년 백화제방·백가쟁명 정책이 실시되면서 걷잡을 수 없을 정도로 현실비판적인 발언들이 쏟아져 나왔다. 반우파투쟁은 이들 비판적 지식인들을 우파분자로 규정하고 하방시켰다.

각과 좌우 대립, 문화대혁명, 현대화와 개혁개방, 1989년 6월 4일 천안문사건[3], 사회주의 시장경제. 이렇게 주요한 표지들만 나열해 보아도 20세기 중국의 역사가 얼마나 복잡하고 혼란스러운 과정을 거쳐 왔는가를 실감할 수 있다.

그러나 이 복잡하고 혼란스러운 과정 속에서 중국 땅에 살아가는 사람들 개개인이 겪은 희망과 절망, 기쁨과 슬픔, 환희와 고통은 위와 같은 나열을 통해서는 — 아무리 자세히 나열한다 해도 — 그 구체적인 모습이 조금도 드러나지 않는다. 그 구체적인 모습을 가장 잘 보여주는 문화적 장치 중의 하나가 문학이다. 20세기 중국문학은 다른 어느 나라의 문학 못지않게 많은 걸작을 낳았지만 그 중에서도 우리에게 특히 주목되는 것은 전반기의 루쉰(魯迅)과 후반기의 왕멍(王蒙)의 소설이다. 중국 현대소설사의 문을 연 루쉰 소설은 오늘날까지도 중국 문학의 살아 있는 중심으로 작용하고 있으며, 루쉰 전통을 계승한 왕멍 소설은 1940년대부터 문화대혁명까지 사회주의 중국의 분투와 영광, 실패와 상처를 짊어지고 개혁개

---

2) 1958년부터 1961년까지 추진된 급진적 경제정책을 말한다. 인민공사를 주축으로 하여 사회주의 단계에서 공산주의 단계로 도약하려는 시도였으나, 객관적 현실을 무시한 이 경제적 주관주의 정책은 참혹한 실패로 귀결되었고 마오쩌둥의 실각을 초래했다.

3) 1989년 6월 4일 베이징 천안문광장의 시위 군중을 군대가 무력으로 진압한 사건이다. 시위 군중은 80년대의 개혁·개방 정책이 경제적 영역에만 국한한 데 항의하고 정치적 민주화를 요구했다. 이 사건은 최근의 중국 역사에서 시대 구분의 기준이 될 정도로 중요한 사건이다. (저우언라이의 서거를 계기로 발발하여 문화대혁명 종결의 신호가 된 1976년의 천안문사건과는 별개의 사건이다.)

방에서 사회주의 시장경제에 이르는 새로운 시대와 삶을 정직하게 대면하고 있다. 1987년에 발표된 장편소설 『변신인형(活動變人形)』은 최근 들어 해마다 노벨문학상 후보로 오르고 있는 왕멍의 대표작으로서 우리는 이 작품을 통해 동시대 중국인의 삶을 구체적으로 이해할 수 있고 나아가서는 인간 존재의 보편적 의미에 대해 깊이 있게 성찰할 수 있다.

작가 왕멍은 1934년에 허베이성에서 출생하여 베이징에서 성장했다. 그가 처음 중국 역사의 격류 속으로 뛰어든 것은 15세의 중학생 때였다. 공산당에 입당하여 반국민당 지하 투쟁에 참여했던 것인데, 이 때의 경험은 '소년 볼세비키'라는 이미지로 훗날 그의 소설에 자주 등장한다. 중화인민공화국의 수립 이후 공산주의 청년단원으로 활동하던 왕멍은 혁명적 낭만주의 계열의 장편소설 『청춘만세』를 쓰는 한편 관료주의를 비판하는 단편소설 「조직부에 새로 온 청년」을 발표했다. 이 작품으로 인해 왕멍은 1957년 반우파투쟁 때 우파분자로 몰려 베이징 부근의 한 집단농장으로 '하방(下放)'[4] 당한다. 대약진운동이 실패로 돌아간 뒤 베이징으로 복귀한 왕멍은 자원하여 서북 변방의 신쟝성으로 이주한다. 이 이주가 문화대혁명이라는 험난한 세월로부터 왕멍을 지켜주었다. 신쟝으로의 이주를

---

4) 당원, 공무원, 지식인, 학생들을 농촌과 공장으로 보내 육체노동에 종사하게 한 것을 말한다. 반우파투쟁 때 우파분자로 몰린 지식인들을 하방시킨 것과 문화대혁명 때 홍위병 활동을 한 청년학생들을 하방시킨 것이 대표적 예이다. 육체노동 체험을 통해 정신을 사회주의적으로 개조한다는 것이 명분이었지만 실제로는 일종의 처벌인 경우가 더 많았다.

권유했던 문학계의 선배는 문화대혁명의 파도에 휩쓸려 목숨을 잃었지만, 정치적 위험 인물이었던 왕멍 자신은 신쟝에서 비교적 평온한 시간을 보낼 수 있었던 것이다. 문화대혁명의 급류가 다소 잠잠해진 1970년대 중반 왕멍은 거의 20년 간 중단되었던 소설 쓰기를 재개, 신쟝의 생활을 제재로 한 장편소설 『이곳 풍경』(미완)과 몇 편의 단편을 썼다.

문화대혁명이 끝난 뒤 베이징으로 돌아온 왕멍은 이때부터 맹렬한 작품 활동을 전개했다. 70년대말 80년대초에 무려 수십 편의 중단편을 발표했는데, 이 작품들은 당시의 중국문학에서 전위적인 역할을 수행했다. 문화대혁명의 상처를 폭로하는 상흔(傷痕) 문학[5]의 한계를 넘어서서 20세기 중국의 역사와 문화에 대해 반성적으로 사유하는 반사(反思) 문학[6]의 지평을 열었고, 리얼리즘의 관습화된 서술 방식을 넘어서서 다양한 서술 실험을 시도한 것이다. 한편, 왕멍은 같은 공산주의 청년단 출신의 후야오방, 자오쯔양의 정치적 대두와 더불어 중국공산당 중앙위원이 되고 국무원 문화부 장관이 되어 민주화에 대해 진보적인 입장에 서서 개혁·개방 정책을 주도하기도 했다. 『변신인형』이 씌어지고 발표된 것은 바로 이 무

---

5) 상흔문학이라는 용어는 루신화의 단편소설 「상흔」에서 비롯되었다. 문혁 종결 직후에 문혁의 상처를 폭로하는 내용의 작품들이 쏟아져 나왔는데 이 문학 조류를 상흔문학이라고 부른다.

6) 상흔문학의 뒤를 이은 새로운 문학 조류이다. 문혁의 상처를 폭로하는 데 머물지 않고 더 나아가 그 상처가 생겨나게 된 역사적 문화적 원인을 반성적으로 고찰하고자 하였다.

렵의 일이다.

  1989년 정치적 민주화의 요구를 무력으로 탄압한 천안문사건이 발발한 뒤 자오쯔양이 숙청당하고 자오쯔양 계열의 인사들이 모두 퇴진할 때 왕멍도 현실 정치에서 물러났다. 그러나 왕멍의 문학 활동은 이때부터 오히려 더 활발해져서『변신인형』의 후속작이라 할 장편소설을 연달아 세 편이나 발표하는 등 동시대 중국 문학의 흐름에 적극적으로 참여해 왔다. 요컨대 왕멍의 삶과 문학은 20세기 중국 역사의 격류 속에서 이루어져 온 것이다.

『변신인형』의 이야기들

『변신인형』은 먼저 1942~43년 일본에 점령당한 베이징의 한 가정 이야기가 나온다. 이 가정은 아버지(니우청), 어머니, 이모, 외할머니, 누나, 남동생(니자오)으로 구성되어 있는데, 아버지는 유럽 유학까지 다녀온 신지식인이지만 속물적이고 방탕한 인물로서, 봉건적인 삶에 매몰되어 있는 어머니, 이모, 외할머니 등과 끊임없이 싸운다. 그 싸움은 결국 아버지 니우청의 자살 미수 사건을 초래하고, 죽었다 살아난 니우청은 홀로 베이징을 떠난다.

  둘째는 언어학자가 되어 있는 성인 니자오가 1980년 독일을 방문한 이야기이다. 니자오는 아버지의 옛 친구인 한학자 볼프강 시트라우스 집에서 '난득호도(難得糊塗)', 즉 "어리석어지기가 어렵다"는 정판교(鄭板橋)의 글씨를 보고 오랫동안 잊고 있던 유년 시절을 회상하는데, 그 회상 내용이 바로 첫 번째 이야기이다.

  셋째는 니자오가 귀국한 뒤의 이야기이다. 아버지의 죽음이 서술

되고, 1942, 43년 당시의 가족 구성원들이 훗날 어떻게 살고 어떻게 죽었는지에 대한 회상이 전개된다.

넷째는 작가 왕멍이 직접 등장하여 자신의 삶의 주요 장면들과 친구들에 대해 이야기한다(니자오도 작중의 작가 왕멍의 친구이다. 하지만 심층적으로 보자면 니자오는 작중의 작가 왕멍의 분신이다).

『변신인형』의 초판을 낸 인민문학출판사의 편집자는 책 앞머리에 다음과 같은 내용 소개를 붙였다. "지식인 가정 내부에서 벌어지는 부르주아지와 봉건주의 두 가지 문화 형태 사이의 목숨을 건 투쟁을 묘사했고, 현대 문명을 동경하지만 아무런 활로를 찾지 못하는 지식인 내면의 분열, 비틀림, 고통과 몰락, 지주 계급의 부패, 완고함, 절망을 드러냈다." 그러나 이 소개에 대해 나는 동의할 수 없다. 우선, 이 소개는 이 소설의 이야기들 중 첫 번째 이야기만 요약한 것이기 때문이다. 이 소설은 앞에 적시한 것처럼 적어도 세 개의 다른 이야기들을 더 포함하고 있다. 또, 첫 번째 이야기에 대한 요약으로서도 부적절하다. 요약을 위해 가지고 들어간 개념이 지나치게 편향된 것인데다가 원래 소설이란 것은 이렇게 한두 마디 개념적 진술로 요약될 수 없는 것이기 때문이다.

네 개의 이야기들을 종합하여 하나의 유기적 전체로서 볼 때, 이 이야기들을 통해 드러나는 것은 일차적으로 개개인의 황폐한 삶이다. 그 황폐함은 너무도 끔찍하고 고통스러워서 거의 인간에 대한 환멸을 불러일으킬 정도이다. 온통 불화와 적의만으로 이루어진 듯이 보이는 그 부정적인 삶들은 차라리 폐기되는 편이 나을 것 같다. 세 번째 이야기에 나오듯 실제로 니자오는 젊은 시절에 그 삶들의 폐기를 주장했었고 그래서 이모와 외할머니를 반동분자로 고발했었다.

그러나 '난득호도'라는 글씨를 계기로 시작된 회상 속에서 그 삶들은 부정적인 동시에 진정성을 지닌 모순된 모습으로 재현된다. 이 모순의 발견은 1980년 독일에서의 회상에서 비로소 이루어진 것 같지만, 실은 이미 니자오 자신이 1957년 우파분자로 몰려 핍박받았을 때부터 잠재되어 있던 것이다. 그 잠재태를 1980년 독일에서의 회상이 현재태로 바꾸었다고 할 수 있다.

왜곡된 삶 속에 숨어 있는 진정성과 의미, 그 모순을 보지 못하거나 부인하는 이상(理想)은 그 자체로 인간에 대해 억압적일 수밖에 없으며 거짓 이상에 지나지 않는다는 것이 이 작품의 강력한 전언이다. 그래서 작가는 홍콩에서 나온 재판 서문에 다음과 같이 썼다.

> 이상은 현실을 개조하지만, 이상은 반드시 현실의 노력을 통해 현실을 개조해야 하고, 그렇기 때문에 현실도 이상을 개조한다. 이 과정은 비록 고통스러운 것이지만 그래서 오히려 큰 의미가 있는 것이다.

이는 작중 인물 니자오의 자기반성이고 작가 왕멍의 자기반성이며 나아가서는 중국의 사회주의 혁명 전반에 대한 근본적 반성이고 개혁·개방이라는 새로운 현실과 미래에 대한 비판의식의 점검이다. 이 메시지는 20세기 중국이라는 특정한 맥락 속에서 제기되었지만 거기서 한걸음 더 나아가 보편적인 호소력을 발휘한다.

인간의 모순을 끌어안는 성숙한 태도

문학적으로 볼 때 이 작품에서 가장 중요한 측면은 시점과 화법의 복합이라는 특유의 서술 방식에 있다. 이 서술 방식을 통해 왜곡된 삶 속에 숨어 있는 진정성과 의미가 설득력 있게 드러난다. 삶의 모순의 발견이 이러한 서술 방식을 가능하게 한 것일까, 아니면 반대로 이러한 서술 방식이 그 발견을 가능하게 한 것일까. 바꿔 말하면, 작가는 미리 이 발견을 가지고 집필에 들어간 것일까, 반대로 집필을 통해 이 발견에 도달한 것일까. 나는 후자 쪽에 더 마음이 쏠린다.

주요 작중 인물들은 각각 자신의 시점에서 자신의 내면을 드러낸다. 가령 어머니 쟝징이의 돈에 대한 집착은 겉에서만 볼 때는 속되고 추하지만 그 내면에서 보면 인간적 절실성을 띠고 있다. 아버지 니우청이야말로 황폐하고 추악한 삶을 대표하지만 그 자신도 미처 의식하지 못하는 내면이 드러날 때 거기서 우리는 일종의 실존적 진실을 발견한다(꿈을 꾸면서 눈가에 눈물이 맺히는 장면이 대표적인 예이다). 주인공 니자오의 유년 시절은 특히 삶의 모순을 잘 보여준다. 지옥과도 같은 환경 속에서 자라지만, 그러나 유년의 니자오에게 삶이란 얼마나 신비로우며 아름다운 것인가 말이다. 더구나 이런 진실들이 자유간접화법[7]을 통해 그 복합성 자체로서 표현될 때 독자는 그 화법이 아니면 체험할 수 없는 실감을 얻게 되는 것이다.

이런 맥락에서 유심히 살펴보아야 할 것은 니자오와 니우청이라는 부자의 관계이다. 니자오는 아버지 니우청을 끝내 증오한다. 그 증오는 유년 시절의 희미한 반감에서부터 독일에서의 회상을 거쳐 아버지의 죽음 이후의 회상에 이르기까지, 끈질기게 지속되며 끊임없이 덧난다. 마지막 장면에서 왕명과 대화하는 1985년의 니자오도 여전히 그 증오를 벗어나지 못한 상태인 것으로 보인다. 그러나 니자오 이야기를 서술하는 작가 왕명은 다르다. 1985년에 이 소설을 쓰고 있는 왕명은 왜곡된 삶 속에 숨어 있는 진정성과 의미를 근거로 니우청과의 화해를 이루고 그에 대한 사랑을 이룬다. 그 화해와 사랑은 작중 인물 니우청에 대한 것인 동시에 작가 자신의 아버지에 대한 것이기도 하다. 이 화해와 사랑이 글쓰기 속에서 생성되었다고 나는 본다. 그리하여 나는, 이 소설을 한 마디로 요약해야 한다면, '인간의 모순을 끌어안는 성숙한 태도의 생성'이라고 말하고 싶다.

소설가 왕명과 정치가 왕명

『변신인형』에서 수행되는 삶의 진정성에 대한 성찰은 소설가 왕명의 몫이다. 이 성찰은 대체로 정치가 왕명에 대해 비판적인 자리에서 행해진다. 정치가로서의 왕명 역시 기본적으로 진보적인 입장에 서 있었고 진지하게 이상(理想)을 추구해왔다고 할 수 있다. 정

---

7) 직접화법의 특징과 간접화법의 특징을 동시에 지니는 혼합적인 화법이다. "덜라에르쉬는 손해를 알아보기 위해 미친 듯이 뛰어갔다. 사람들은 지금 그의 집을 허물고 뭘 지으려 하는가? 도대체 무엇이 일어나는가? 황제가 정지하기를 원했는데 왜 다시 사람들이 시작하는 것인가?"라는 식으로, 자유간접화법에는 종속절이 없으면서도 시제와 인칭대명사의 일치가 있고, 작가와 등장인물의 목소리가 동시에 있다. 한국어에는 별로 발달되어 있지 않다.

소설 『변신인형(活動變人形)』의 표지

치가 왕멍은 소년 시절 이래 사회주의라는 이상을 추구해왔고, 반우파투쟁과 문화대혁명이라는 극좌 사조에 의해 심각한 피해를 입은 뒤 개혁·개방과 민주화를 추구하는 진보주의적 성격을 분명히 해왔다.

그러나 그 이상주의와 진보주의에는 뚜렷한 한계가 있다. 그 이상주의와 진보주의의 정치적 선의가 실제 개별 인간의 삶에 대해 항상 긍정적 결과를 가져다주지는 않는 것이다. 오히려 심각한 가해로 귀결되는 경우가 더 많다. 1950년대의 사회주의 건설 시기에도 그러했지만 80년대의 개혁·개방 시기나 90년대 이후의 사회주의 시장경제 시기에도 마찬가지이다. 정치 지도자와 일반 민중 사이에 극복되기 어려운 거리가 놓여 있고, 또 정치의 기반인 이데올로기와 제도가 인간의 삶이라는 복합성을 끊임없이 단순화하고 억압하기 때문이다.

예를 들어 1990년대에 벌어졌던 상업주의 문학에 대한 논쟁에서 왕멍이 상업주의 문학을 변호한 것은 정치가 왕멍의 딜레마를 잘 보여준다. 상업주의 문학에 대한 비판이 극좌 사조의 부활로 연결될 것을 걱정하는 것은 나름대로 일리가 없지 않다. 하지만 그 변호는 사회주의 시장경제의 모순과 공모 관계로 귀결될 수 있다. 중국의 비판적 지식인들 중 적지 않은 사람들이 왕멍에 대한 평가에 인색한 것은 바로 이러한 이유에서이다.

그러나 소설가 왕멍이 정치가 왕멍의 무죄 증명을 위한 알리바이에 불과한 것이 아니라면 소설가 왕멍은 정치가 왕멍과 구별되어야 한다. 소설가 왕멍은 이러한 정치가 왕멍의 오류와 한계에 대한 가차 없는 비판 위에 생성되기 때문이다. 그 가차 없는 비판이 삶의 모순과 진정성에 대한 감동적인 성찰을 가능하게 해준다. 바로 이 성찰이 문학의 본질인 것이다.

더 생각해볼 문제들

1. 작중인물 니자오와 작중의 작가 왕멍의 관계는 무엇인가?

    앞에서 지적한 것처럼 심층적으로 보자면 니자오는 작중의 작가 왕멍의 분신이다. 왕멍에 대한 전기적 사실을 조사해보면 왕멍과 니자오가 그 환경과 경력에서 닮은 꼴이라는 사실을 금세 알 수 있다. 이런 식의 분열은 이 작품만의 독창은 아니고 세계 문학에서 종종 발견되는 것인데, 그 분열 양상과 의미는 다양하다.

2. 중국의 사회주의 혁명을 어떻게 평가할 것인가?

    20세기의 사회주의 혁명은 실패한 것으로 간주되어 대체로 냉소의 대상이 되고 있다. 그러나 과연 그렇게 간단히 부정해도 될 것인가. 중국의 사회주의 혁명은 '공'과 '과'가 다 있고, 오늘날의 사회주의 시장경제 역시 '공'과 '과'가 다 있다.

추천할 만한 텍스트
『변신인형』, 왕멍 지음, 전형준 역, 문학과지성사, 2004.

전형준
서울대학교 중어중문학과 교수.
문학과지성사 편집위원이다. 학술저서로 『현대중국문학의 이해』, 『현대 중국의 리얼리즘 이론』, 『무협소설의 문화적 의미』, 『동아시아적 시각으로 보는 중국문학』 등이 있고, 문학평론집으로 『지성과 실천』, 『문학의 빈곤』, 『변하는 것과 변하지 않는 것』 등이 있으며, 번역서로 『아Q정전(루쉰 소설선)』, 『변신인형(왕멍 장편소설)』 등이 있다.

국경 — 군마현(群馬縣)과 니가타현(新潟縣)의 접경 — 의 긴 터널 — 군마현과 니가타현을 잇는 시미즈(淸水) 터널 — 을 빠져나오자, 눈의 고장이었다.

밤의 밑바닥이 하얘졌다. 신호소에 기차가 멈춰 섰다.

건너편 자리에서 처녀가 다가와 시마무라(島村) 앞의 유리창을 열어젖혔다. 차가운 눈 기운이 흘러 들어왔다. 처녀는 창문으로 몸을 내밀어 멀리 외치듯,

"역장님, 역장님!"

등을 들고 천천히 눈을 밟으며 온 남자는,

목도리로 콧등까지 감싸고 귀는 모자에 달린 털가죽을 내려 덮고 있었다.

벌써 저렇게 추워졌나 하고 시마무라가 밖을 내다보니,

철도의 관사(官舍)인 듯한 가건물이 산기슭에 을씨년스럽게 흩어져 있을 뿐, 하얀 눈 빛은 거기까지 채 닿기도 전에 어둠에 삼켜지고 있었다.

— 『설국』 중에서

가와바타 야스나리 (1899~1972)

일본 오사카에서 태어났다. 일찍이 부모를 잃고 15세 때 10년간 함께 살던 조부마저 지병으로 세상을 떠나 외로운 어린 시절을 보내야 했다. 그로 인해 생겨난 허무와 고독, 죽음에 대한 집착은 평생 그의 작품에 그림자를 드리운다. 1920년 도쿄 제국대학 영문학과에 입학하지만 곧 국문학과로 전과, 1924년 졸업하였다. 이후 『문예시대』를 창간, 요코미쓰 리이치 등과 감각적이고 주관적으로 재창조된 새로운 현실 묘사를 시도하는 '신감각파' 운동을 일으켰다. 1924년 서정적인 필체가 빛나는 첫 소설 「이즈의 무희」를 발표한 이래, 「서정가」 등 여러 뛰어난 작품을 발표하여 작가로서의 지위를 공고히 했다.

『설국』은 1937년 발표된 이래 끊임없이 언어를 다듬는 여러 번의 수정 작업을 거쳐 1948년 마침내 완결판이 출간되었다. 그는 『천우학』과 『산소리』, 『잠자는 미녀』 등 대표작에서 줄곧 지고한 미의 세계를 추구하여 독자적인 서정문학의 장을 열었다. 1968년 노벨 문학상을 수상했으며, 1972년 3월, 자택에서 가스 자살로 생을 마감하였다.

06

덧없이 타오르는 생명의 불꽃
가와바타 야스나리(川端康成)의 『설국(雪國)』

유숙자 | 번역가

『설국』은 제대로 읽히고 있는가

1990년대 초반부터 일본 문학, 특히 무라카미 하루키(村上春樹)를 중심으로 한 동시대 작가의 작품들이 마치 봇물 터지듯 국내 독서 시장을 파고들기 시작했다. 이는 파격적으로 전개된 일본 문화 개방이라는 시대적 흐름을 타고 한층 그 열기가 더해진 느낌이 없지 않다. 그후 십여 년이 훌쩍 지난 지금, 서울 시내의 대형 서점에는 일본 문학이 고전과 근·현대, 순문학과 대중문학의 경계를 허물며 한데 어우러져 독자들의 시선을 붙잡고 있다.

짐작컨대 하루키와 무라카미 류(村上龍), 요시모토(吉本) 바나나 등의 소설을 즐겨 읽는 독자는 대개 2, 30대 젊은 층이 압도적인 다수를 차지한다고 본다. 국경을 초월한 글로벌 시대를 살아가는 지구촌의 젊은 감수성을 사로잡는 힘이 그들의 문학에 존재한다는 사실을 부정하기 어렵다고 해도, 거기서 이국적인 감흥을 불러일으키는 일은 좀처럼 드물지 않을까?

우리가 외국문학을 읽는 이유 가운데는, 우리와 상이한 그 나라 고유의 문화적 체험을 맛보는 즐거움에 대한 기대도 적잖은 비중을 차지한다. 일본의 전통적 서정이 작품 전반에 흐르고 있다는 의미에서, 『설국』은 일본 문학의 대표 주자로서 전혀 손색이 없으며 지금껏 꾸준히 애독되고 있다.

『설국』은 동양에서 두 번째로 노벨 문학상을 수상하게 된 작품이라는 화려한 수식에 가려져, 문학 작품 자체의 진지한 감상이나 읽기에 관해서는 비교적 소극적인 관심과 태도에 그치는 경향이 있다고 보여진다. 사실 『설국』은 누구에게나 술술 재미나게 읽히는 소설이 결코 아니다. 어떤 이는 읽고 나서 "대체 이것도 소설이야?" "작가는 무얼 쓰고 싶었던 거지?"라는 의문을 품을 수도 있다. 『설국』은 기승전결이 뚜렷한 이야기 전개 방식과는 다른 기법에 의해 묘사되고 있으며, 따라서 '소설이란 무엇인가'라는 물음을 독자 스스로 던져보게 만든다.

여기에는 처음부터 하나의 완결된 작품으로 구상된 것이 아니라, 단편 「저녁 풍경의 거울」(1935) 이후, 단속적으로 발표한 단편들이 모여 연작 형태의 중편 『설국』이 완성되었다는 경위도 깔려 있다. 이처럼 독특해 보이는 『설국』의 창작 방식과 특징은 작가 가와바타 야스나리의 문학이 지닌 개성과 직접적으로 맞물려 있는 까닭에, 이에 대한 이해는 『설국』 읽기의 즐거움을 한층 돋우어 주리라 믿는다.

'설국'이라는 무대 공간

온통 눈으로 뒤덮인 풍경을 가리켜 우리는 '설국' 같다는 표현을 사용한다. 일본어로도 '설국'은 눈이 많이 오는 고장이나 그 지방을 일컫는다. 『설국』이 전개되는 구체적 무대가 니가타 현 에치고(越後)의 유자와(湯澤) 온천이라는 사실은 나중에 거의 확실하게 굳어졌으나, 처음 이 작품을 발표할 당시 작가는 '설국'이 어디인지를 굳이 밝히지 않았다. 소설 못지 않게 너무나 유명한 『설국』의 서두는 이렇게 시작된다.

> 국경의 긴 터널을 빠져나오자, 눈의 고장이었다. 밤의 밑바닥이 하얘졌다. 신호소에 기차가 멈춰 섰다.

'눈의 고장' 즉, '설국'이라고만 되어 있다. '설국'이 어디인가라는 물음에도 작가는 흔쾌히 대답하길 꺼렸다. 그 이유는 무엇일까? 작가는 이에 대해, "우선 지명은 작가 및 독자의 자유를 구속하는 것 같아서, 또 다른 하나는 지명을 밝히면 그곳에 대해 정확하게 묘사해야 할 것 같아서"라고 쓴 바 있다. 그러나 가와바타의 소설 가운데는 '이즈(伊豆)'나 '아사쿠사(淺草)' 같은 지명이 그 제목에 또렷이 명시된 예가 전혀 없는 건 아니다. 그런데도 『설국』에서 '설국'의 실제 지명이 한 번도 거론되지 않은 사실은, 작가가 이 소설을 구상하면서 의도했던 바가 무엇인지를 생각하게 한다. 물론 지명에 관한 작가의 견해를 부분적으로 수긍할 수는 있지만, 무엇보다도 작가는 『설국』의 세계를 비현실적인 환(幻)의 공간으로 설정함으로써 보다 순수하게 추상화시키고자 함이 아니었을까? 이런 추측을 가능케 하는 요소를 우리는 작품 곳곳에서 발견하게 되는데, 우선 시마무라(島村)라는 인물의 존재를 눈여겨 볼 필요가 있다.

시마무라, 그리고 두 여자

『설국』을 가리켜 흔히 '감각적 서정이 돋보이는 소설' 혹은 작가 특유의 '섬세한 언어감각과 탐미성'을 지적하곤 한다. 사실 일본문학사에서 『설국』은 '가와바타 문학이 정점에 도달한 근대 일본 서정소설의 고전'이라는 평가를 받고 있다.

도쿄(東京)에서 한 남자가 기차를 타고 설국을 찾아온다. 그의 이름은 시마무라. 그는 이렇다 할 직업도 없이 서양 무용에 취미를 두어 간간이 비평투의 글을 발표하는 정도의 일을 갖고 있다. 더구나 그가 일본춤이 아닌 서양무용에 호기심을 갖는 이유는, 직접 "눈으로 서양인의 춤을 볼 수 없다"는 데에 있었다. 시마무라는 일본인의 서양무용은 아예 거들떠보지도 않은 채, 서양의 인쇄물에 의지하여 서양무용에 대해 글을 쓴다. 제멋대로의 상상으로 서양의 언어나 사진에서 떠오르는 그 자신의 공상이 춤추는 환영을 감상한다. 그리고 그는 자신이 만나러 온 여자, 고마코(駒子)에 대해서도 서양무용 취급을 하는 게 아닌가, 스스로 어렴풋이 깨닫는 순간이 있다.

일 년에 거의 한 번꼴로 찾아오는 시마무라가 두 번째 설국행 기차를 탔을 때, 그는 유리창 거울 속에 흐르는 저녁 풍경과 어우러져 영화의 이중노출처럼 비쳐진 요코(葉子)의 모습에서 '이 세상이 아닌 상징의 세계'를 발견한다. 특히 처녀의 얼굴 한가운데 야산의 등불이 켜진 장면에서 시마무라는 형용할 수 없는 아름다움에 가슴이 떨리는 체험을 한다. 시마무라가 요코를 실례가 될만치 오래도록 훔쳐본 까닭은 '저녁 풍경을 담은 거울이 지닌 비현실적인 힘'에 사로잡혀 있었기 때문이다.

시마무라와의 우연한 첫 만남을 계기로 결국 게이샤(藝者)[1]의 길로 나선 고마코. 그녀는 비록 산골 생활에서나마 문학과 무용, 영화, 연극 등 도회적인 것에 대해 강한 동경심을 품고 있다. 하지만 자신을 향해 점점 달아오르는 그녀의 열정을 지켜보는 시마무라의 시선은 냉담하다 못해 냉소적이기까지 하다. 그는 모든 게 '헛수고'일 뿐이 아닌가라는 애처로움을 띠고 바라본다. 고마코가 병든 약혼자를 위해 몸을 팔아 요양시킨 것도 죄다 헛수고로 비치는 동시에, 그럴수록 시마무라에게는 어쩐지 그녀의 존재가 오히려 순수하게 느껴진다.

고마코가 동물적 야성을 지닌 여자라면, 요코는 이름이 지시하듯 식물성에 가깝다. 이들은 서로 자신의 개성에 따른 방식대로 사랑을 표현하며 마음의 행방을 좇는다. 시마무라는 무생물적인(광물적인) 존재감으로 이 두 사람에게 내재된 생명의 움직임을 오로지 먼

---

1) 요정이나 여관 등지에서 술자리 시중을 들며 손님의 주문에 따라 노래와 춤으로 좌흥을 돋우는 여자를 말한다.

발치서 안타깝게 주시한다. 고마코가 간절히 다가오면 올수록 시마무라는 자신이 과연 살아 있기나 한 건가라는 가책과 자신의 쓸쓸함을 확인할 뿐이다. 아울러 시마무라의 가슴에 쓸쓸한 공허, 허무한 애수가 자리잡고 있는 까닭에, 고마코의 뜨거운 열정은 한층 애틋하게 부각된다.

요코의 '슬프도록 아름다운 목소리', '찌르는 듯한 눈', 고마코의 "아름다운 거머리가 움직이듯 매끄럽게 펴졌다 줄었다" 하는 입술은, '아름답고 예민한 것의 감각적인 저울'인 시마무라의 냉정하고 예리한 시선에 의해 낱낱이 포착되어, 형태를 갖추고 생기를 띤다.

『설국』은 인간의 생명에 대한 동경을 노래한다. 죽음은 새로운 생명을 잉태한다. 한낱 곤충들이 고통스럽게 죽어가는 모습을 시마무라는 유심히 관찰한다. 몸부림치다 이윽고 조용한 죽음을 맞이한 곤충을 손에 쥐고서, 그는 '어째서 이토록 아름다운가' 하고 생각한다.

가와바타는 소설 집필에 앞서 1934년부터 36년까지 3년간, 예닐곱 차례에 걸쳐 유자와 온천을 방문해 다카한(高半)호텔의 '안개방'에 머물렀다. 그리고 고마코의 실제 모델이 되는 인물과의 만남도 있었다고 전해진다. 그렇다면 시마무라에게 과연 작가 자신은 어느 정도 반영된 셈일까? "시마무라는 내가 아닙니다. 남자로서 존재하는지조차 불분명하며, 단지 고마코를 비추는 거울 같다고나 할까요"라고 작가는 뒷걸음질친다. 작가와 시마무라를 완전히 동일시하는 건 무리일지라도, 시마무라의 일부분에, 아니 고마코와 요코의 일부분에도 작가의 목소리가 담겨 있다고는 할 수 없을런지. 이러한 호기심으로 작가의 문학세계를 형성하는 토대가 된 배경을 살펴보기로 한다.

가와바타 야스나리와 『설국』

가와바타의 문학을 이야기하면서 그의 '고아의식'에 대해 거론하지 않을 수 없다. 두세 살에 부모님을 여의고, 이어서 할머니를, 그리고 열다섯 살까지 단 하나뿐인 누나와 할아버지를 잇달아 저 세상으로 보낸 작가의 내면에는 현실과 삶을 관망하는 자기만의 감성이 어느 틈에 뿌리를 내리게 되었다. 임종이 가까운 조부의 침상을 홀로 지키며 기록한 『16세의 일기』를 보면, 서서히 스러져가는 삶의 마지막 뒷모습, 이미 그림자를 드리우기 시작한 죽음을 응시하는 시선을 통해 이미 작가 가와바타의 탄생을 예고하는 전조를 발견할 수 있다. 화가가 되려던 꿈을 작가로 바꾼 소년 가와바타에게, 조부의 죽음은 '고아'의 숙명을 짊어지고 삶과 죽음에 잠재된 미(美)의 발견자로서 소설 창작이라는 자신의 역할을 자각하게 만든 계기가 되었는지도 모른다.

동경이나 그리움은 있으나 결코 도취를 허용치 않는 가와바타 문학의 특징은 『설국』에서도 예외가 아니다. "고마코의 애정은 그를 향한 것이었음에도 불구하고, 이를 아름다운 헛수고인 양 생각하는 그 자신이 지닌 허무가 있었다. 하지만, 오히려 그럴수록 고마코의 살아가려는 생명력이 벌거벗은 맨살로 직접 와 닿았다. 그는 고마코가 가여웠고 동시에 자신도 애처로워졌다. 이러한 모습을 무심히 꿰뚫어 보는, 빛을 닮은 눈이 요코에게 있을 것 같아, 시마무라는 이 여자에게도 마음이 끌렸다."

'이러한 모습을 무심히 꿰뚫어 보는, 빛을 닮은 눈'은 단지 요코만의 것이 아니라, 시마무라 혹은 가와바타 자신의 그것이었다고 말할 수 있다. 일본의 저명한 문학 평론가 고바야시 히데오(小林秀雄)는 "가와바타 씨의 가슴 속은 참으로 차갑고 휑뎅그렁한데, 이는 실로 귀중한 휑뎅그렁함이라고 나는 늘 생각한다. 그는 거의 스스로 살아 있는 게 아니다. 타인의 생명이 그 휑뎅그렁한 속을, 어떤 빛을 띠면서 통과한다. 그러므로 그는 살아 있다. 이것이 바로 그의 생생한 서정이 태어나는 까닭이다"라고 정곡을 찌른 평을 쓴 바 있다.

작가의 인물 사진을 대할 때마다 필자는 마주한 상대의 속을 파고드는 듯한 그 시선이 왠지 부담스러웠는데, 아닌게 아니라 가와바타에게는 남이 불편하게 느낄 정도로 말없이 빤히 '응시'하는 버릇으로 꽤 유명했던 모양이다. 작가 역시 이 '응시벽'은 장님이나 다름없는 조부의 얼굴을 곁에서 혼자 오래도록 지켜본 생활에서 비롯된 건지도 모른다고, 한 소설 속에서 털어놓았다.

또한 가와바타는 「문학적 자서전」이라는 글에서 이렇게 쓴 적이 있다.

> 나는 진실이나 현실이라는 단어를, 비평을 쓸 경우에 사용하긴 했어도 그럴 때마다 낯간지럽고, 스스로 그걸 알아내려 가까이 다가가고자 마음먹은 적이 없으며, 거짓 꿈에 노닐다 죽어가는 거라 생각한다 … 나는 동방의 고전, 특히 불전(佛典)을 세계 최대의 문학

이라 믿는다.

　이렇듯 인간을 포함한 모든 자연이 늘 변화되어 간다는, 불교적인 무상(無常) 사상에 내포된 만물을 포용하는 긍정의 힘이 가와바타의 문학에 짙게 깔려 있음을 확인할 수 있다. 이는 동시에 자연의 아름답고 추한 모든 존재를 허용하고 이를 투명한 시선으로 담담히 관찰해내는 강인한 감각을 작가에게 부여하는 여지를 마련했다고 생각된다. 여기에는 존재 그 자체에 대한 강렬한 갈망이 요구된다. 갈구하면서도 절대 채워지지 않는, 절대 채워질 수 없음을 직관하는 데서 오는 안타까움을 '설국'의 이방인, 시마무라는 절감한다. 죽음을 앞둔 광기 속에서 정적(靜寂)을 낳을 수 있었던 화가의 눈을 가리켜 가와바타는 '임종시(末期)의 눈(眼)'이라 했는데, 이는 그대로 가와바타 자신에게도 통용되는 게 아닐까?
　원래 '임종시의 눈'이라는 표현은 소설가 아쿠타가와 류노스케(芥川龍之介)의 자살 유서에서 빌려온 것으로, 다름 아닌 죽음을 예감하는 자의 시선에서 모든 예술의 극치를 발견한다는 점에 가와바타 미의식의 핵심이 자리 잡고 있다.
　『설국』은 존재하는 모든 것들에 바쳐진 그리움의 시(詩)다. 그리고 작가는 살아 꿈틀거리는 생명의 아름다움을 추상적으로 혹은 몽환적으로, 탐미적으로 여러 이미지들을 통해 그 모습을 제시한다. 소설의 도입부에서 인상적인 영상미로 독자를 압도하는, 차창에 비친 저녁 풍경 거울, 은하수, 누에고치, 눈 속 화재 사건, 등등.
　1924년, 『문예시대』를 창간하면서 가와바타가 요코미쓰 리이치

(横光利一)와 함께 전개한 '신감각파 운동'은, 소박한 현실 묘사와 재현에만 머물러 있는 종래의 문학을 벗어나, 현실을 주관적으로 파악하여 지적으로 구성된 새로운 현실을 풍부한 감각의 세계로 창조하려는 시도였다. 일본의 고전 문학이 추구한 전통적 정서를 정통적으로 계승했다고 평가받는 가와바타 문학의 성립 과정에는, 서양의 다다이즘(dadaism)[2]이나 표현주의[3], 초현실주의[4] 같은 전위적인 예술 사조와도 관련되어 있음을 빼놓을 수 없다.

가와바타 문학의 세계성

그렇다면 가와바타가 이러한 서구 예술의 영향에서 벗어나 일본의 전통적 미학으로 전환하게 된 배경은 어디에 있을까? 이는 『설국』이 집필되던 당시 일본의 정치적·사회적 분위기 등과 무관하지 않다. 만주사변 발발과 함께 팽창되는 일본의 군국주의적 야심을 서구 열강들이 압박해 가는 상황이었고, 1929년에 일어난 세계공황의 여파는 일본 경제에도 큰 타격을 초래했다. 그 그늘에 놓인 부류로서 일자리를 찾아 도시로 나온 시골 처녀들의 귀향에 작가는 주

---

2) 제1차 세계대전 말엽, 유럽에서 일어난 새로운 예술 운동이다. 모든 가치와 질서를 파괴하고 전통적인 예술 형식을 부정한 전위적이고 실험적인 운동으로, 쉬르리얼리즘(초현실주의)의 모태가 되었다. '다다'는 아무 뜻이 없다는 말이다.

3) 20세기 초에 독일을 중심으로 전개된 문예사조의 한 갈래로서, 강력한 주관을 통해 작가 개인의 내적 생명의 표현을 추구하는 것이 특징이다.

4) 현실을 초월한 세계를 탐구하고 표현함을 목적으로 하는 문예사조로서, 1920년대 다다이즘에 이어 프랑스의 시단과 화단에서 일어났다.

목하게 되었다.

　시미즈 터널이 개통된 지 얼마 안 되는 유자와 온천 마을. 도쿄와 달리 이곳은 서구 근대 문명의 혜택과는 거리가 먼 지역인 탓에, 아직 퇴색되지 않은 일본 전통 문화의 정수를 발견할 수 있는 안성맞춤의 장소를 제공했다.

　「아름다운 일본의 나―그 서설(序說)」은 가와바타가 1968년 노벨 문학상 수상자로서 스웨덴 아카데미에서의 기념 강연을 위해 집필한 원고 제목이다. 이 글에서 작가는 일본의 전통 단시 와카(和歌)에 나타난 자연을 감상할 줄 아는 일본인의 정서를 이야기하고, 일본의 선(禪)불교를 통해 동양적 예술관과 그 사상에 대해 언급하였다.

　"봄은 꽃 여름 두견새 가을은 달 겨울 눈(雪) 해맑고 차가워라." 가와바타가 첫머리에 인용한 도겐(道元)[5]의 이 노래에서 단적으로 드러나듯, 일본의 아름다움은 곧 철따라 변해 가는 계절의 아름다움을 의미한다. 죽었다 다시 소생하는 자연 만물의 아름다움은, 따라서 슬픈 정조를 바탕에 깔고 있다. 유년 시절에 체험한 비애가 뿌리내린 작가의 미의식은 이로써, 일본 고유의 전통 정서 ― 모노노아와레(もののあはれ) ― 와 무리 없이 조우하게 된다. '모노노아와레'에는 인간 존재의 기쁨이나 생명 같은 가치 있는 것의 상실에 대한 연민과 동정심이 내재되어 있다.

---

5) 무상관(無常觀)의 문학을 낳은 불교계의 선사(禪師)이다.

'아름다운 일본의 나'라는 원제목에서 우리말 '의'에 해당하는 일본어는 '노(の)'이다. 그런데『설국』을 영어로 번역해 가와바타의 노벨상 수상에 크게 기여했다고 알려진 사이덴스티커는, 이 제목을 이렇게 옮겼다. "Japan the Beautiful and Myself."

이를 두고, 가와바타 미학의 본질은 '나'와 '일본'을 유기적으로 일체화시키는 '노'라는 조사에 있으므로 '노'를 and로 치환시키는 것은 불가능하다고, 외국의 한 일본 문학 연구자는 날카롭게 지적하기도 했다. 원제목의 의미를 보다 정확하게 전달하기 위해서는 '일본의 미(美)에 의해 탄생한 사람'이라는 식으로 바꾸어야 한다는 것이다. "작가는 이렇게 말하고 싶었던 거다—나는 일본문화가 존재하는 한 존재한다고."

줄거리만을 따라가는 독서 방식으로는『설국』은 언제까지나 난해한 소설로 남기 십상이다. "자연과 인간 운명에 내재하는 존재의 유한한 아름다움을 우수 어린 회화적인 언어로 묘사했다"고, 스웨덴 한림원은 노벨상 수여 이유로 밝힌 바 있다. '미(美)의 생산자'로서의 가와바타 혹은 시마무라의 시선. 그 감각의 움직임을 따라 무한히 확장되는 감성의 세계에서 유영하는 즐거움을,『설국』의 독자는 발견하게 되리라.

이처럼『설국』은 서술 형식에 있어서 '소설은 이런 것이다'라고 인식되어 온 사고의 틀을 흔들어 놓는다. 일본 고전의 문예 이념이 용해된 이 작품의 이국적 요소(개별성)가, 역설적으로 폭넓은 국제성(보편성)을 확보할 수 있었다는 사실은 우리에게 시사하는 바가 크다.

보다 진지한 이해를 위하여

일본 고유의 애수 어린 미적 감각을 체현한 근대 작가로서 가와바타를 높이 평가할 수는 있으나, 그렇다고 이 부분만을 지나치게 강조하는 것도 단편적인 해석에 그칠 우려가 있다. 아무튼 『설국』의 노벨상 수상에 힘입어 일본이 배출한 세계적 문호로서 입지를 굳힌 가와바타의 소설이 세계 각국의 연구자를 비롯한 독자들의 관심과 주목을 한 몸에 받게 되면서, 일본의 미란 무엇인가, 아울러 자국의 전통적인 미란 무엇인가를 생각하게 하는 단서를 제공한 것은 틀림없는 사실이라 하겠다.

　노벨상 발표 이전인 1960년대 초반부터 『설국』은 일찍이 국내에 번역 소개되었다. 이후 『설국』은 당시 아직 저작권 문제로부터 상당히 자유로운 환경이었던 만큼, 참으로 다양한 출판사에서 여러 번역자들의 손을 거쳐 수십 종이나 출간되어 온 결코 흔치 않은 문학 작품으로 기록된다. 필자 역시 우연찮게 『설국』의 번역자로 이름을 올리긴 했으나, 한편 일본문학을 공부하는 사람으로서 마음 한 켠에는 늘 몇 가지 의문들이 또아리를 틀고 있다. 국내의 독자들에게 가와바타는 단지 『설국』이 그의 문학의 시작이자 끝이며 전부로 이해되고 있지는 않은가? 그리고 『설국』이라는 소설 하나만으로 가와바타 문학세계의 전모를 이해하기란 얼마나 역부족인가?

　놀랍게도 『설국』을 제외하면 우리말로 옮겨져 다소 인지도를 얻은 가와바타의 작품 수는 『이즈의 무희』, 『산소리』 등을 포함해 겨우 다섯 손가락에 꼽을 수 있을 정도다. 가까운 중국의 경우를 보더라도, 가와바타의 문학이 우리보다 훨씬 다양하고 폭넓게 번역을 통해 소개되어 왔음을 알 수 있다. 하긴 이러한 번역문학의 허약성이 가와바타에게만 국한된 것은 아닐진대, 외국 문학을 이해하는 데에 있어 좀더 진지하고 지속적인 노력과 실천이 출판 관계자나 번역자, 독자를 포함한 사회 전반적인 분위기의 창출이 무엇보다 소중하다는 사실을 깨닫게 된다. 더구나 '노벨상 콤플렉스'에 젖어 있는 우리의 현실을 감안할 때, 이러한 작업의 의미는 더없이 크고 깊지 않겠는가.

더 생각해 볼 문제들

1. 주인공 시마무라가 두 여성(요코와 고마코)을 바라보는 시선은 어떠한가?

    요코의 순수함, 고마코의 타오르는 열정을 시마무라는 예리한 감성으로 관찰해 나간다. 두 여성의 존재와 생명이 발산하는 아름다움은 시마무라는 스펙트럼을 통해 빛을 발하게 된다.

2. 작가 가와바타의 자연 묘사에는 어떤 특징이 있는가?

    가와바타는 철따라 변화하는 자연의 움직임에 주목한다. 만물이 죽었다 다시 소생을 거듭하듯, 자연의 일부인 인간 역시 그 굴레에서 자유로울 수 없다. 불교적 무상(無常) 사상이 엿보인다.

3. 기존의 소설 양식과 비교할 때, 『설국』이 지닌 독특한 요소는 무엇인가?

    『설국』은 기승전결이 뚜렷한 줄거리 중심의 소설이라기보다, 작가의 주관적인 감각을 중심으로 한 현실 재구성과 묘사에 치중하고 있다. 작품에 흐르는 '슬프도록 아름다운' 기본 정조는, 일본 고전의 '모노노아와레'와 그 맥을 같이 한다.

추천할 만한 텍스트

『설국』, 가와바타 야스나리 지음, 유숙자 옮김, 민음사, 2002.

유숙자

번역가.

계명대학교 일어일문학과와 동 대학원을 졸업하고 일본 도쿄대학 대학원 인문사회계 연구과(일어일문학 전공)에서 연구과정을 수학했으며 고려대학교 대학원 국어국문학과(비교문학 전공)에서 박사 학위를 받았다. 현재 재일(在日) 한국인 문학을 중심으로 일본 근·현대 문학 연구 및 일본 소설 번역에 힘쓰고 있다.

저서로『재일 한국인 문학 연구』가 있으며, 번역서로『만년(晩年)』,『전원의 우울』,『설국』,『사양(斜陽)』,『행인』,『나』,『아름다운 여신과의 유희』,『전후 문학을 묻는다』,『처음 온 손님』 등이 있다.

나의 폭동이라는 말은 기쁘네, 물론 자아도취에 불과하지만.
미츠, 골짜기에서 '본동네'에 걸쳐 수많은 인간을, 어른부터 아이까지
일제히 열중시키고 있는 것은 단지 물질적 욕망이나 결핍감만이 아니야.
오늘은 온종일 염불춤의 북소리와 징소리를 들었지?
실은 그것이 무엇보다 모두를 분발하게 만들고 있어.
그것이 폭동의 정념적인 에너지원(源)이라고! 슈퍼마켓 약탈 같은 건
실제로는 폭동도 무엇도 아니지. 사소한 소란에 지나지 않아, 미츠.
그리고 그것은 여기 참가하고 있는 누구나가 알고 있는 거지, 뭐.
게다가 그들은 여기 참가하는 것으로 백 년을 뛰어넘어 만엔
원년의 반란을 추체험하는 흥분을 느끼고 있어. 이건 상상력의 폭동이야.
미츠처럼 그런 식의 상상력을 작용시킬 의지가 없는 인간에게는,
오늘 골짜기에서 일어나고 있는 일 따위 폭동도 뭐도 아닌 거지?
―『만엔 원년의 풋볼』 중에서

오에 겐자부로 (1935~현재)

일본 에히메현 기타군 오세무라라는 산촌에서 태어났고 도쿄대학 불문과에 재학 중이던 1957년 문단에 등단하여 지금까지 작품을 써 왔다. 아버지 없는 소년으로 10살이 될 무렵 일본의 패전을 맞은 그에게 '전후 민주주의자'라는 자기인식이 작품 활동의 뿌리가 되고 있다.

그의 초기 단편들 「죽은 자의 오만」, 「사육」, 「기묘한 일거리」 등은 갇힌 상태의 젊은이들을 통하여 2차대전 패전 후 일본인들의 굴욕감과 절망감을 형상화하고 있다. 첫 아들 히카리가 뇌에 중증의 장애를 지닌 채 태어난 일로 해서 그는 커다란 충격을 받게 되었고 이것은 작품 활동에도 큰 영향을 끼쳤다. 심지어 그는 자신의 글쓰기에서 가장 근본적인 의미가 그 아이를 대신한 표현자의 역할이라고 말한 적도 있었다. 당시의 기록인 『개인적인 체험』 이후 그는 히로시마의 피폭자들과 만나면서 우리사회의 고통받는 자들, 소외된 자들과의 공생이라는 넓은 지평으로 나아갈 수 있게 된다. 『히로시마 노트』, 「조용한 생활」, 「핀치러너 조서」 등이 그 결과물이다.

그후 『불타오르는 초록나무』 등에서 그의 상상력은 핵전쟁, 인류의 종말, 혹은 우주까지 확장되고 있다. 1968년의 가와바타 야스나리에 이어 1994년 일본인으로는 두 번째로 노벨 문학상을 받았는데 이때, 『만엔(万延) 원년의 풋볼(1967)』이 그의 대표작으로 언급되었다.

07

백년을 뛰어넘는 역사와의 교감
오에 겐자부로(大江健三郎)의 『만엔 원년의 풋볼』

서은혜 | 전주대학교 언어문화학부 교수

어떤 작품인가?

마사오 미요시라는 평론가가 "1960년대를 사는 것의 의미를 1860년대의 개국과 그 이면에서 일어난 것으로 상정되는 농민 봉기와 관련시켜 탐구해 나아가는 자전·역사·정치학·심리연구·가족사·소설·신화를 전부 엮어낸 대규모의 창작"이라고 평한『만엔 원년[1]의 풋볼』은 오에 겐자부로(大江健三郎)의 출세작인『개인적인 체험』이후 2년 반이 지난, 32살이 되는 해에 발표되었다. 그는 이 소설「후기(後記)」에서 이렇게 말한다.

---

1) 만엔(万延) 원년은 1860년 일본의 에도 막부 시대 말기의 단 한 해뿐인 연호이다.

만 2년 동안 그와 같은 우울한 준비 기간을 거치고 나서 나는 그동안 써두었던 노트와 초고를 모두 태워버리는 것으로 일을 시작하였습니다. 그러고나서도 자신에게 들러붙어 있는 이미지들을 모두 구겨 넣듯 하여 『만엔 원년의 풋볼』을 썼던 것입니다. 학생 작가로 일을 시작한 지 이미 10년이 지났고 정치적 과제로서는 이른바 안보 투쟁[2]을 경험하고 있었습니다. 이렇게 써낸 『만엔 원년의 풋볼』은 정말 작가로서의 나에게는 하나의 전환점이었습니다.

『만엔 원년의 풋볼』의 줄거리

백치 아이를 두고 있는 네즈 미츠사부로(根所蜜三郞)는 동생 다카시(鷹四)의 귀국을 계기로, 동생의 권유를 받아들여 자신의 아이덴티티와 재생을 모색하기 위해 시코쿠 산속의 고향 마을[3]로 돌아간

---

2) 1960년 1월 '일·미상호협력 및 안전보장조약(신안보조약)'이 조인되었다. 이는 당시의 미·소 대립을 배경으로 일·미군사동맹을 강화하여 군비 증강을 적극적으로 추진함으로써 일본을 '반공의 교두보'로 만들려는 것이었다. 혁신 세력은 이를, 일본이 미국의 아시아 전략체제에 말려들어 냉전에 가담하는 것으로 파악하고 반대운동을 벌였는데 이 시기에 일어난 일련의 반대운동을 '안보투쟁' 혹은 '60년 안보투쟁'이라 부른다.

투쟁에 참가한 이들 중 중년 이상의 사람들은 전쟁과 전후의 시기에 민주주의 운동을 체험한 것이 이 운동의 동기로 작용했고, 청년층의 경우는 개인주의적 정서에서 권력 정치에 대한 반발심이 주된 동기가 되었다. 그해 6월 15일 시위에서는 우익 단체가 주부 시위대를 습격하여 80여 명이 부상당하는 최초의 유혈사태가 발생했으며, 급기야 국회 구내에 돌입한 전학련(全日本學生自治會聯合會)의 주류파와 경찰이 충돌하여 도쿄대학생 간바 미치코(樺美智子)가 사망하기에 이른다. 이 작품 속에서는 바로 이 6월의 시위가 그려지고 있는 것이다.

3) 도회지 대 지방이라는 뻔한 도식이라고 할 수도 있겠지만 '병든 영혼'을 치유하는 '골짜기의 고향 마을'이라는 의미로서 그의 대부분의 작품에서 반복적으로 나타난다.

다. 동생은 1960년도에 있었던 안보투쟁에 좌절하여 그동안 미국에 건너가 생활하고 있었다.

그들의 증조부는 골짜기 마을의 쇼오야[4]였고 증조부의 동생은 만엔 원년에 일어난 농민 반란의 주모자였는데, 백 년 전의 이 형제에게 미츠사부로와 다카시는 자신들을 중첩시킨다. 특히 다카시는 증조부의 동생, 그리고 패전 직후 조센진 부라쿠[5]에서 살해당한 S형에게서 자기동일성을 추구하며, 골짜기의 젊은이들을 조직하여 조선인이 운영하는 슈퍼마켓 약탈이라는 '상상력의 폭동'을 실행한다. 그 후 다카시는 마을 아가씨를 강간, 살해했다는 죄를 짊어지고 미츠에게 '사실대로'를 고백한 다음, 자살에 이른다. 또한 미츠사부로는 증조부의 동생과 다카시, S형에게서 '자신들의 지옥을 확인'하고 "있는 그대로의 사실에 절규하며 그것을 넘어선 자"들의 계보를 발견하게 된다.

나는 누구인가?

해뜨기 전의 암흑 속에서 눈을 떠 뜨거운 '기대'의 감각을 찾아 험한 꿈의 기분이 남아있는 의식을 더듬는다. 창자를 태우며 내려가고 있

---

4) 에도 시대에 마을의 행정 업무를 맡아보던 사람. 지금의 촌장에 해당한다.
5) 일본어의 부라쿠는 단순히 부락(部落) 즉, 마을을 의미하지 않는다. 백정이나 히닌(非人)이라 불리던 천민들이 모여 살던 촌락을 가리키며 조센진이라는 차별어와 연결되어 이 말은 계급적 차별과 민족적인 차별이 중첩되어 있다.

는 위스키의 존재감처럼 뜨거운 '기대'의 감각이 확실하게 몸 깊은 곳에 회복되어 오기를 불안한 마음으로 갈망하는 이 더듬질은 언제까지나 부질없을 뿐. 힘이 빠진 손가락을 거둬들인다 … 잠들라, 잠들라, 세상은 존재하지 않는다.

27세의 대학 강사인 주인공 미츠사부로는 네즈 집안의 3남으로서 생물학과 관련된 문헌을 번역하는 일로 생계를 꾸려간다. 첫 아이는 백치로 태어나 양호시설에 맡겨져 있고 아내는 그 충격으로 남편과의 접촉을 거부하며 날마다 술에 절어 토사물로 더럽혀진 채 잠이 들고 깨고를 반복한다.

그는 아침해가 뜨기 전마다 새로운 '기대'를 품어 보지만 그것은 날마다 부질없는 헛수고로 끝나고 만다. 그는 잠이 든 것도 깬 것도 아닌 상태로, 아내는 살아 있는 것도 죽은 것도 아닌 상태로 각자의 지옥을 견디고 있다.

"우리 존재의 뿌리, 네즈(根所)는 어디일까?"라고 작가는 묻는다. 미츠사부로는 동생보다 추한 얼굴이 될 것이라는 어머니의 예언대로 추한 용모였고 이해할 수도 납득할 수도 없는 사고를 당해 어느 날 아침 갑작스레 애꾸가 된다. "거리를 걷고 있는데 두려움과 분노의 패닉에 빠진 한 무리의 초등학생들이 돌을 던지기 시작"했고 그는 "한쪽 눈을 맞고 보도에 쓰러진 채, 이 사고에 관해 무엇 하나도 이해하지 못했다"는 것이다.

시력을 잃어버린 까닭에 그는 "두개골 안쪽의 흑암을 향해 열린 눈"을 지니게 되었는데, 그것을 "자기 내면의 밤의 숲을 감시하는 척후병"을 고용한 셈이라고 해석한다. 그는 자신을 네즈미(쥐)라고 부르는 인간들에게 깊이 동감하는 종류의 인간이다.

> 나는 그저 스쳐 지나가는 자로서의 아이덴티티(identity)를 주장할 수가 있다. 네즈미에게는 네즈미의 아이덴티티가 있는 법이다.

세상을 스쳐 지나가는 자, 이것이 그의 자기인식이다. 무엇이 우리의 존재를 의문의 여지없이 긍정적인 것으로 만들 수 있을까? 아마도 그런 것은 있을 수 없을 것이다. 우리는 끊임없이 휘청휘청 흔들리며 시간을 견딘다. 그래서 자기 속의 정신적 폐허에 우두커니 서 있거나 혹은 "잠들라, 잠들라, 세계는 존재하지 않는다"고 절규할 수 있을 뿐인 것이다.

그를 돌이킬 수 없는 절망 속에 빠뜨린 것은 이해할 수 없는 친구의 죽음이었다. 친구는 1960년의 안보투쟁에서 신혼의 아내가 속해 있던 신극단(新劇團)의 데모를 좇아갔다가 머리를 다쳤다. 즉, 경찰의 습격을 받은 아내를 보호하려다 경찰봉에 머리를 맞아 상처를 입은 것이었다. "그 신록이 향기롭던 한밤중의 일격이래" 그의 내면에는 '은미(隱微)한 조울증'이 둥지를 틀기 시작했고 요양소의 치료도 소용없어 여름이 끝나갈 무렵 "붉은 물감으로 머리와 얼굴을 칠갑한 채 벌거숭이 몸뚱이의 항문에 오이를 끼우고 목을 매어 죽었다."

이 기이한 죽음의 이미지는, 말하고 싶은 게 있지만 그것을 끝내 언어로 표현할 수 없는 인간의 내면을 상징하고 있다. 이 사체는

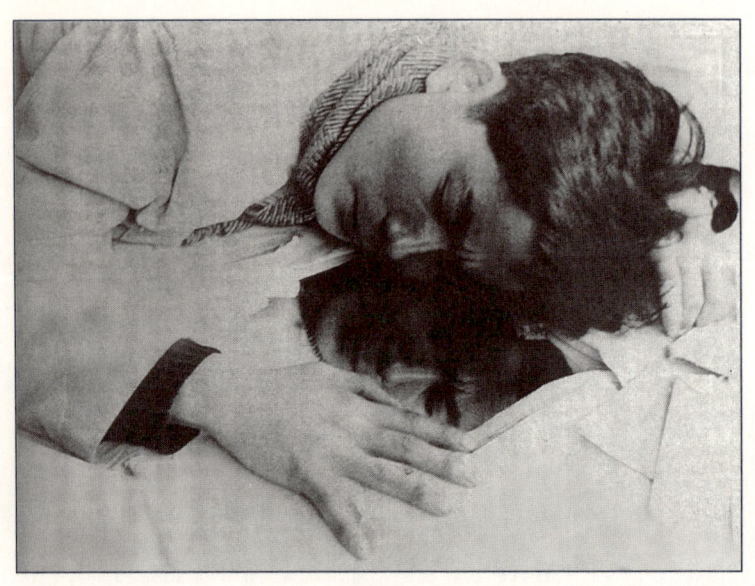

젊은 시절의 오에 겐자부로

'전달 불능의 무엇인가'를 우리에게 암시하고 있으며 "정체불명인 채로 그것은 살아남은 자들을 재앙의 장소로 이끌어 가는" 것이다. 무엇 때문에 미츠사부로는 "가을 새벽에 구덩이 바닥에서 무릎에 개를 올려놓은" 기묘한 자세로 하염없이 앉아 있어야만 하고, 그의 아내는 겁먹은 표정으로 위스키를 들이켜야 하는 것일까? 작품 속의 장(章) 제목은 '죽은 자에게 이끌리어'라 되어 있다.

주인공의 동생 다카시 역시 학생운동을 통해 안보투쟁에 가담했었지만 그 후 미국에서 '회심한 학생운동가'의 이름으로 『우리 자신의 치욕』이라는 전향극에 출연한 적이 있다. 안보투쟁으로 인해 그 역시 씻을 수 없는 상처를 입었고 좌절을 맛보았다. 도대체 당시의 일본의 젊은이들에게 일·미안보조약이라는 것은 어떤 의미였을까?

일본은 태평양전쟁에서 패하여 그들이 일컫는 '영·미 귀축(鬼畜)'의 지배하에 놓였다. 일·미 안보조약은, 한때의 적국에 제 나라의 안보를 일임하는 더없이 치욕적인 일이었다. 더구나 반대운동을 하는 사람들에게 경찰을 앞세워 폭력으로 대응하는 일본 정부도 그들은 견딜 수 없었을 것이다. 하지만 어쩌면 다카시에게 안보투쟁이라는 것이 지닌 사회적, 정치적인 의미는 중요한 것이 아닐 수도 있다. 그는 이미 내면에 '지옥'을 지닌 자이다.

'강권에 불화하는 의지'의 계보

그들이 고향 마을을 찾아가는 행위는, 말할 것도 없이 자기 자신에게로 돌아간다는 의미를 지닌다. 상처를 입기 전의 무구한 영혼으로 남아 있는 곳, 전설과 신화 속으로 돌아가는 것이다.

하지만 그들의 고향마을은 일본의 여느 산골이나 마찬가지로 급격한 산업화에서 소외된 채 침체의 늪에 빠져 있다. 한때의 마을 공동체는 철저히 파괴되었으며 경제적으로 그들을 지배하고 있는 것은 '슈퍼마켓의 천황'이라 불리는 조선인뿐이다. 네즈 집안에 대대로 내려온 구라야시키[6] 역시 그들에게 넘어가기로 되어 있다.

조센진 부라쿠에서 닭을 치고 있던 마을의 젊은이들은 '전혀 상

---

6) 에도 시대 영주가 설치했던 창고 딸린 저택. 영내의 생산물을 저장했다가 화폐로 교환하였다.

상력이라곤 없어', 수천 마리 닭이 하루 저녁에 동사했건만 아무 것도 하려 들지 않는다. 다카시는 "골짜기의 청년들은 지도자 없이는 아무 것도 못 한다. 증조부의 동생 같은 타입의 인간이 나타나야 한다"고 형에게 말한다. 그가 지닌 맹목적이고 광포한 정열, 이것은 그의 핏줄에 담겨 흐르는 무엇이다.

쇼오야 집안이었던 네즈가의 조상, 즉 증조부와 그 동생은 만엔 원년(1860년)의 반란 때 서로 다른 입장에 있었다. 증조부의 동생은 반란의 선두에 섰기 때문에 가문에 해를 끼친 미치광이로 간주되었던 것이다. 하지만 다카시는 증조부의 동생에게서 일체감을 느낀다.

또한 그 증조부 동생의 핏줄인 S형이라는 인물도 특별한 의미를 가지고 등장한다. 일본의 패전 후, 급격히 힘을 얻어가던 조선인 암상인들과 마을 사람들은 서로 대립적인 관계에 있었는데, 당시 그는 홀로 조선인 부락에 침입했다가 살해당했던 것이다. 다카시는, 죽을 수도 있다는 것을 알면서 조센진 부라쿠에 들어갔던 S형을 이해한다. 그는 다카시에게 신화적 존재가 되어버린 것이다.

어쩌면 그에게 열려 있는 길은 현재적인 아이덴티티의 획득 — 자기실현 — 이 아니라 마을의 역사 속에 구조화되어 있는 희생양, 비극적 영웅의 역할을 반복하는 것이었다. 작품 속에는 "폭민(暴民)들의 지휘자인 동생은 이제 만엔 원년의 증조부의 동생과 일체화하여 구라야시키에 숨어 있는 나와 어머니와 가령(家靈)들을 맹렬히 도발하고 있다"고 하여 그들의 일체화를 드러낸다. 그가 이러한 역할을 굳이 선택하는 것은 그의 강한 죄의식 — 누이동생을 자살로 몰고

간 과거의 근친상간이 직접적인 원인이며, 또한 형을 옆에 두고 맺게 된 형수와의 육체적 관계 때문에 — 과 자기파괴의 충동 때문이기도 하지만 그의 행동은 신화에 의하여 지배되는 이 마을 안에서 변혁기면 언제나 반복되는 일종의 의식이라고도 할 수 있다.

주인공의 동생 다카시는 증조부 동생의 혼령에게라도 홀린 듯 무기력한 마을 청년들에게 풋볼을 가르침으로써 그들을 엮어내기 시작하고 마을의 젊은이들은 엄청난 열정으로 그에게 빠져든다. 미츠사부로의 아내조차 남편을 떠나 시동생 다카시에게 이끌리게 되고 마침내 알코올로부터 자유로워진다.

시코쿠의 산 속 마을은 기나긴 겨울 동안 끊임없이 눈이 퍼붓고, 그 때문에 사람들은 생필품이 모자라게 되며 슈퍼마켓의 천황인 조선인 백승기는 이를 이용하여 이익을 챙기려 한다. 이에 분노한 다카시는 마을 사람들을 지휘하여 슈퍼마켓을 습격하고 물건을 약탈한다. 그리고 그것은 북을 치고 염불춤[7]을 추는 등의 마을 전통인 마츠리[8]의 형태를 취하게 된다. 이와 같은 토속적인 정념의 고양이 폭동을 지속시키는 불가해한 에너지가 되는 것이다.

오에는 초기 작품에서부터 조선인들에 대한 끊임없는 관심을 드러내고 있는 작가 중의 하나이다. 이 작품 속에서도 마을사람들이

---

7) 염불인 '와산'을 읊어가며 추는 집단 무용으로서 오랜 세월을 거쳐 점차 예능화·오락화되었다.

8) 신령을 맞아들이고 공양물 등을 준비하여 기원하는 의식이다. 통과의례나 조상신 신앙, 풍년 기원 등의 요소가 섞여 있다.

지닌 재일 조선인에 대한 맹목적인 증오심을 주인공 미츠사부로는 비난하고 있다. S형은 조선인들에게 학살을 당했지만 그전에 이미 일본인에게 의한 조선인 살해가 있었다고 암시되며 뒷부분에 밝혀질 다카시의 범행의 희생자가 '조선옷(한복)'을 입은 육감적인 몸매의 아가씨로 나타나는 등 조선인과 일본인들 사이에는 불행한 역사가 끊임없이 되풀이되고 있음을 알 수 있다.

다카시는 마을의 열광적 분위기에 여전히 무관심한 미츠사부로에게, 이것이 만엔 원년에 일어난 농민 반란의 추체험(追体驗)이며 '상상력'이 없는 놈은 이 '폭동=마츠리'에 참가할 수 없다고 주장한다. 그러나 그들은, 만엔 원년의 반란이 실패로 끝난 후 참가자들이 모조리 참수 당했건만 증조부의 동생만은 도회지로 도망쳐 살아남았다는 사실을 알게 된다. 그리하여 미츠사부로는 증조부의 동생이 남을 부추겨 놓고 책임을 지지 않았다며 그를 영웅시하고 있는 다카시를 비난하기에 이르는 것이다. 마츠리가 끝나고 슈퍼마켓을 습격했던 마을 사람들도 정신을 차려 풀이 죽어갈 무렵, 다카시만이 파멸을 향한 질주를 계속한다.

만엔 원년의 농민반란과 안보조약 개정 반대투쟁, 그리고 마을의 상권을 장악하여 모든 마을사람들을 빚쟁이로 만든 '슈퍼마켓의 천황'에 대한 약탈은 거대한 힘에 대한 힘없는 자들의 저항이다. 그리고 그것은 역사 속에서 반복되어 나타나는, 오에식 표현이라면 '강권(强權)에 저항하는 의지'의 형상화이다. 하지만 이러한 역사적 전환점에서 인간은 언제나 행동하는 자와 바라보는 자로 나뉘고 그것은 무엇보다 개인의 아이덴티티의 문제로 환원되는 것이다. 미츠사부로와 다카시는 비판적 인식자와, 내면의 어두운 정열에 이끌린 행동하는 자로 분열된 작가의 자의식의 표현인 것이다.

사실대로 말할까?

"사실대로 말할까?"

이 말은 요시모토 류우메이의 「폐인의 노래」라는 시의 한 구절인데 다카시는 이 말의 의미를, "그것을 말했다가는 타인에게 살해되거나 자살하거나, 미치광이가 되거나 그 중의 하나를 택할 수밖에 없을 정도의 절대적인" 무엇이라고 해석한다.

다카시가 마을의 소녀를 강간하고 죽였다는 소식 — 소설 속에서 이 사건은 사고였는지 범죄였는지 끝까지 모호하다 — 이 전해지면서 마을사람들은 썰물처럼 그를 떠난다. 버림받은 다카시는 주인공에게 "사실대로 말할까?"라며 이야기를 시작한다.

몇 년 전 다카시는 백치에 가까운 누이동생을 범하여 한동안 부부처럼 살았고 마침내 그녀는 임신과 낙태에 이르게 되었다는 사실, 그리고 낙태수술을 받은 날 밤 동생은 깊은 두려움을 위로 받기 위해 필사적으로 오빠에게 안아달라고 매달렸지만, 그는 동생을 차갑게 밀어냈고 난생 처음으로 폭력을 휘둘렀으며, 그 이튿날 아침 동생은 자살했다는 사실을 고백한 것이다. "그렇게나 겁에 질려 고립무원으로 슬퍼하는 인간을 본 적이 없어." 다카시는 이런 말로 고백을 마친다.

끝까지 분별 있는 어른으로서의 자세를 견지했던 미츠사부로는 이렇게 말하면서 차갑게 다카시를 밀쳐낸다.

너는 위기 때마다 되풀이해서 어리광을 부리지만 최후의 막다른 골목에서는 언제나 도망갈 구멍을 준비해 두는 인간이야. 누이가 자살한 덕분에 벌도 받지 않고 수치도 당하지 않은 채 아무렇지 않은 얼굴로 살아남은 날부터 그것이 너의 습성이 된 거지. 이번에도 너는 어떻게든 비열한 수단을 동원해서 살아남을 게 틀림없어.

1967년, 이 소설이 발표되던 때만 하더라도 일본에서 오누이간의 근친상간은 아마도 충격적인 소재였을 것이다. 물론 오늘날도 여전히 이 일은 흔치 않은 일이다. 하지만 우리는 이보다 훨씬 더 엽기적이고 자극적인 일들로 뒤범벅이 되어버린 세계에 살고 있다.

근래에, 이 작품 전체를 관통하는 가장 중요한 주제 가운데 하나인 '사실대로 말할까?'를 떠받치기에 이 정도의 소재는 지나치게 가벼운 것이며 작품의 완성도에도 흠결이 되고 있다는 비판이 간혹 들린다. 하지만 우리 사는 세상이 이렇게 빠른 속도로 타락해 가는 것이 과연 작가의 잘못일까?

요한복음 8장에서, 간음한 여자를 향해 먼저 돌을 던지라는 예수의 제안에 말없이 돌을 내려놓고 돌아서던 선량한 이들은 이미 존재하지 않는다. 자신의 무죄함을 증명하기 위해 모든 사람이 앞 다투어 돌을 던져대는 세상에 우리는 살고 있는 것이다. 예수조차 이런 세상을 예기할 수 없었다고 그를 비난하는 것이 옳을까?

구덩이를 기어오르다

다카시는, 자기가 죽고 나면 안구를 받아 달라고 미츠사부로에게 마지막 부탁을 하지만 차갑게 거절당한다. 그리고 마침내 그는 엽총으로 자살한다. 얼마 후 쌓였던 눈이 녹으면서 창고 밑의 토굴에서 반란의 주모자 '증조부의 동생'의 편지가 발견된다.

　그는 도회지로 도망친 것이 아니었다. 헛간 마루바닥 아래 토굴을 파고 그 속에 스스로를 유폐시킨 채 자신을 벌하며 일생을 보냄으로써 끝까지 자신의 신념을 관철했던 것이다. 이 사실을 알게 되면서 미츠사부로는 문득 다카시를 이해하게 된다. 그는 '사실대로' 말할 만한 무엇인가를 지녔으며 평생 그것으로부터 도망친 적이 없는 종류의 인간이었다는 사실, 그리고 증조부의 동생도 다카시도 자신만의 '지옥'을 지니고 있었으며 그것을 넘어섰다는 것을 깨달았던 것이다. 나중에 마을사람들은 죽은 다카시를 마츠리의 '영령'으로 삼겠다고 하고 그 말을 들은 미츠사부로는 동생이 구제된 느낌을 받고 안도한다.

　인간의 아이덴티티라는 것은 무엇인가? 스스로의 내면을 아무리 열심히 들여다본들 거기서 아이덴티티가 발견되지는 않는다. 인간은 신처럼 자기완결성을 지니고 있지 못하기 때문에 서로를 바라보면서 자신을 발견할 수밖에 없도록 만들어진 존재이다. 미츠사부로 역시 동생을 거울삼아 자신을 발견했던 것이다.

　『만엔 원년의 풋볼』의 앞부분과 마지막 부분에 나오는, 미츠사부로가 땅에 파 놓은 사각의 구덩이 속에서 새벽을 맞이하는 장면은 상징적이다. 구멍은 갖가지 냄새로 가득 차 있고 물이 고여 있어서 자궁을 상징하는 듯도 하고 사각의 관을 연상하게도 한다. 오에는 그것을 영혼의 죽음과 새로운 탄생을 의미하는 것으로 사용하

오에 겐자부로의 부인(오에 유카리)이 그린 '가족'

고 있다.

　절망 속에 잠겼던 첫 장면의 구덩이, 구덩이를 연상케 하는 움푹 패인 지형(地形) — 오에의 작품 속에 등장하는 고향 마을은 언제나 깊은 골짜기에 있어 '칼집' 등으로 불리며 때로 여성성의 상징으로 사용된다 — 의 고향, 그리고 증조부의 동생이 숨어 있었던 토굴까지를 관통하고 있는 이미지다. 말하자면 미츠사부로가 기어 올라온 구덩이는 증조부의 동생이 들어 있던 구덩이이자 그런 깊이의 정념, 또는 절망이기도 했다. 증조부의 동생, S형, 다카시와 함께, 마침내 미츠사부로는 구덩이를 기어오른다. 더구나 그것은 더없이 고

독한 의식처럼 보이지만 실은 아내라고 하는 타자의 시선에 감싸여 있었다는 사실을 독자는 마지막에서 알게 된다.

오에 겐자부로의 작품 속에는 잉태하는 성, 즉 생명을 낳아 기르는 성으로서의 여성이 자주 등장하는데 그것은 이 작품에서도 나타난다. 미츠사부로의 아내는 배 안에 다카시의 아이를 임신한 몸으로 구덩이를 기어오르는, 즉 정신적인 재생을 이루고 있는 미츠사부로를 지켜보고 있는 것이다.

그녀는 말한다.
"우리가 그런 용기만 지니면 어쨌든 다시 시작해 볼 수 있다는 생각이 들거든, 미츠".
그 숲을 넘어 나와 아내와 태아는 출발할 것이고 이 웅덩이의 골짜기 마을을 다시 찾는 일은 없을 것이다. 이미 다카시의 기억이 '영령'이 되어 골짜기 사람들에게 공유되어 있다면 우리가 그의 무덤을 지킬 필요도 없다. 골짜기를 떠난 후 나의 작업장은 아내가 양호시설에서 찾아온 아들을 우리들의 세계로 되돌려놓으려 노력하면서, 또 한 명의 아기의 출산을 기다리는 나날…

절망을 넘어서

이 작품이 발표된 1967년은 어떤 해였을까? 1960년에서 1970년까지 이어지는 안보투쟁의 한 가운데였지만, 사실은 정치적 이슈들이 점차 힘을 잃어가고 그 자리를 경제적인 풍요가 채워가던 기묘한 시기였기도 하다. 1960년대는 흔히 컬러 티브이, 자동차 그리고 에어컨디셔너의 '3C의 시대'라 불린다. 그해 일본 열도를 질주하는 자동차는 마침내 1,000만대를 넘어섰던 것이다.

오에보다 조금 늦게 등단하여 일본에서 하나의 문화현상이 되어버린 무라카미 하루키 역시 바로 이 안보투쟁을 거친 젊은이들의 세계를 그리고 있다. 그도 '인간의 존재이유'를 테마로 소설을 썼지만 그의 작품 속에서 안보투쟁은 참가한 이들에게 치유할 수 없는 '상실감'의 근원일 뿐 아무런 흔적도 남기지 않는다. 그리하여 「노르웨이의 숲」을 비롯한 대부분의 작품 속에서 그는 "모든 사물을 수치로 변환시켰다." 등장인물들은 자신의 존재를 수치로 바꾸어 놓는 눈물겨운 노력으로 외부와의 관계성을 확보코자 했다는 뜻이다. 고도성장기의 일본 젊은이들은 허망한 '나'를 그렇게라도 붙잡고 싶었던 것이리라.

이와 달리 오에는 전후 세대의 절실한 체험과 희구를 담아 이 『만엔(万延) 원년의 풋볼』을 썼다. 자신이 누구인지를 처절히 추구하며 자신의 아이덴티티를 백년 전 자신의 조상에게까지 확장해 가는 이 작품이 발표되었을 때, 당시 비평은 거의 절찬에 가까웠다. 게다가 같은 해에 '다니자키 준이치로오상'까지 수상한 이 소설은 오늘날까지 그의 『개인적인 체험』과 함께 해외에서 가장 많이 읽히고 있다.

오에는 자신의 내면과 사회, 혹은 역사의 연관성을 끝없이 천착하며 한 걸음도 물러섬 없이 온몸으로 소설을 쓴 일본의 대표적 양심이다. 그리고 현재 그의 최대의 관심은 헌법 9조를 지켜내는 일이다. 일본의 현행 헌법이 '평화헌법'인 이유는 제2장 9조 때문이다. 평화를 희구하며 전쟁을 영구히 포기하고, 어떤 무력도 지니거나 행사하지 않겠다는 약속이 그 속에 들어 있는 것이다. 그는 일본의 급속한 우경화 분위기 속에서 '9조의 모임'을 정열적으로 이끌며 전국의 어린 학생들에게 평화의 중요성을 가르치고 있다. 자신이 열살 짜리 어린 소년으로 앉아 있던 교실에서 전장에서 갓 돌아온 젊은 교사들이 '경건하게' 가르쳤던 일본의 평화헌법을 수호하기 위해 노력하고 있는 것이다.

더 생각해볼 문제들

1. 미츠사부로와 다카시는 어떤 인물로 설정되어 있으며 둘 사이의 긴장관계는 어디서 야기되고 있는 것일까?

    다카시는 행동하는 자아, 미츠사부로는 이 세상에 절망하여 아무 것도 하지 않고 바라보기만 하는 자아를 형상화한 것이다. 따라서 이들은 끊임없이 갈등하고 서로에게 반발할 수 밖에 없다. 하지만 동시에 이 둘은 작가 오에, 혹은 독자의 분열되어 있는 아이덴티티를 상징하기도 한다.

2. 이 작품 속에서 개인의 내면과 그를 둘러싼 역사는 어떻게 연결되고 있는가?

    다카시는 근친상간이라는 지극히 개인적이고 내밀한 죄를 짊어지고 있으며 미츠사부로는 어떤 것에서도 삶의 의미를 찾을 수 없는 근본적 절망에 빠져 있다. 또한 그들은 '안보반대투쟁'에 나섬으로써, 즉 역사의 장에 적극적인 참여를 통하여 그들은 밖으로부터의 구원을 희구하고 있는 것이다. 이는 조선인 마을에서 살해된 S형이나 증조부의 동생에게도 보인다.

3. 여성, 특히 미츠사부로의 아내는 이 소설 속에서 어떤 역할을 담당하고 있는가?

    역사의 전환점에서 남성들이 보이는 역할, 역사의 희생자, 영웅과는 달리 여성들은 생명을 잉태하고 치유하며 낳아 기르는 보다 근원적인 의미에서 생명과 맞닿아 있는 존재이다. 미츠사부로의 아내 나츠미코 역시 첫아이를 장애아로 출산한 절망감에 빠져 있다가 시동생인 다카시에 의해 알코올 중독을 벗어난다. 다카시의 아이를 잉태하고 미츠사부로의 재생을 지켜보며 장애를 지닌 아이와의 공생을 이끌어내는 역할을 충실히 감당하고 있는 것이다.

추천할 만한 텍스트
『만엔 원년의 풋볼』, 오에 겐자부로 지음, 박유하 옮김, 고려원, 2000.

서은혜(徐恩惠)
전주대학교 언어문화학부 교수.
연세대학교 국문과를 졸업하고 일본 도쿄 도리츠 대학 대학원에서 일본 근대 문학을 공부하였다.
「오에 겐자부로의 초기작에 나타난 문제의식」(2002), 「오에 겐자부로의 「뒤바뀐 아이(取り替え子)」소론」(2002) 등의 논문과 『그리운 시절로 띄우는 편지』(오에 겐자부로 지음, 1996), 『사죄와 망언 사이에서』(카또오 노리히로 지음, 1998) 등의 번역서가 있다.

동양의 고전을 읽는다 4 – 문학 下

지은이 | 김민나 외 18인

1판 1쇄 발행일 2006년 7월 18일
1판 1쇄 발행부수 3,000부 총 3,000부 발행

발행인 | 김학원
편집인 | 한필훈 이재민 선완규 한상준
크리에이티브 디렉터 | 김영철
마케팅 | 이상용 하석진
저자·독자 서비스 | 조다영(humanist@hmcv.com)
스캔·표지 출력 | 이희수 com.
조판 | 새일기획
용지 | 화인페이퍼
인쇄 | 청아문화사
제본 | 정민제본

발행처 | 휴머니스트
출판등록 제10-2135호(2001년 4월 18일)
주소 | 서울시 마포구 연남동 564-40 121-869
전화 | 02-335-4422 팩스 | 02-334-3427
홈페이지 | www.hmcv.com

ⓒ 휴머니스트 2006
ISBN 89-5862-114-1 03800

만든 사람들

편집 주간 | 이재민(ljm2001@hmcv.com)
책임 기획 | 정재서(이화여대 교수) 한형조(한국학중앙연구원 교수)
책임 편집 | 박환일 송성희
표지·본문 디자인 | AGI 윤현이 이인영 신경숙
사진 구성에 도움 주신 분들 | 김태성(호서대 겸임교수)